U0126472

曾文正公手寫日記
（一）

國家圖書館出版品預行編目資料

曾文正公手寫日記

(清)曾國藩編著. – 初版. – 臺北市：臺灣學生，
2022.04 印刷
冊；公分(中國史學叢書)

ISBN 978-957-15-1535-9 (全套：精裝)

1. (清)曾國藩 2. 傳記

782.877 100014965

中國史學叢書
吳相湘主編

湘鄉曾八本堂家藏手寫本
曾文正公手寫日記 全六冊

著者：清．曾國藩
出版者：臺灣學生書局有限公司
發行人：楊雲龍
發行所：臺灣學生書局有限公司
臺北市和平東路一段七十五巷十一號
郵政劃撥戶：〇〇〇二四六六八號
電話：（〇二）二三九二八一八五
傳真：（〇二）二三九二八一〇五
E-mail:student.book@msa.hinet.net
http://www.studentbook.com.tw
本書局登記證字號：行政院新聞局局版北市業字第玖捌壹號
定價：新臺幣六〇〇〇〇元
一九六五年四月初版
二〇二二年四月初版二刷

6580112

版權所有・翻印必究

出版前記

編輯叢書以保存及流傳資料，在中國已有七百六十餘年的歷史。在這悠長的歲月中，歷代刊行的各種叢書號稱數千部，其中個人詩文集約占半數，內容割裂實際不合叢書體例的又居其餘之半，其名實相符者仍有數百部；即經過商務印書館再三精選後刊行的「叢書集成」，內含各種叢書也有一百部之多。這在中國出版界眞可說是洋洋大觀，對於促進歷史文化的研究與發展實在有難以形容的價值。

但在這樣龐大的數量中，使用「史學叢書」名稱的却只有清光緒年間廣東廣雅書局的一部。事實上：歷史學在中國是發達最早的一門學問，二千餘年來連綿不斷地繼續發展，並且隨著時代演變更新進步。在世界文化史上，中國史學眞可說是一枝獨秀。近年以來，中國歷史文化的研究成爲世界各國學術界一時風尚，中國史學先哲前賢的珍貴而豐厚遺產，更受到舉世的重視和尊敬。惟其如此，我們自然可以堂堂正正高舉中國史學的大旗，這就是本叢書命名的由來。

中國史學的範圍非常廣泛，要想在這一部叢書中包羅萬象，是事實所不許；今惟有在適應當前中外學人的普遍興趣以及編者個人學識能力的原則下，決定一個方向，就是以明清史料作本叢書選輯的優先對象。

至於史料的選擇取用，主要原則在「實用」與「罕見」，由編者綜合若干有關專家學者的意見而後決定；是這樣地集思廣益，應該可以適應一般需要。

對於史料的形式，也就是版本，儘可能選用初刻或精刻的善本，在「罕見」的原則下自然更注意搜求手寫稿本。

印刷方法是完全按原版影印，不加描摹，因爲此時此地印刷廠沒有描摹的人才；並且爲適合國內多數學人的購買能力，對於許多卷帙浩繁的書籍是採用縮小影印方式，以減少篇幅降低成本。在技術上也無法描摹。至於罕見的手寫稿本則儘可能地按原書大小影印，以便閱讀。

選印在本叢書內的每一史料也就是每一部書，編者都儘可能地約請專家學者撰寫序跋，指陳其價值或版本異同，中外學人當可一目瞭然其書內容大要。

儘管在編印體例上有若干與衆不同的改進，但一定還有許多疏漏的地方，希望海內外方家多加督責，以便隨時更新。

吳相湘

中華民國五十三年十一月十二日於臺北市

曾文正公遺像

先文正　惠敏兩公日記原本搶救紀略

先曾祖文正公曁先祖惠敏公手書日記原本，除　兩公生時，因大局多故，不免偶爾損失外，均先後收存於原籍荷塘鄉富圫之八本堂新宅（又稱富厚堂，以別於其舊址）。民國二十六年，日本軍閥肇釁。明年，湘省局勢漸緊，舍下羣議避地，約農於文夕大火前一日，始獲自富圫首途，遄往桂林，轉赴南甯。既不得直達香港，乃迂道出鎭南關，而達河內。二十八年，始抵香港。此各原本日記，曁近支　先輩其他手澤，幸均予携行。三十年，港九淪敵。祇得與家姊寶蓀等變姓名，蟄伏避禍，徐圖回鄉。既而日人勒令陷港華人爲之廣播。風聞正訪求家姊。於是約農等回鄉之念愈急。雖日軍已任聽居民徒步赴粤，而苦於　先人手澤無法携帶，慮日人覬覦，兼防暴露身分也。正徬徨無計間，友人余六鐵先生，慨然轉介廖傅亞先生，允將各日記原本，由間道逕運湘省。其他　手澤及家藏圖書，則由另一友人，鄭仲衡先生，設法運至廣州灣。在港九逐一點交既訖，農等始能相機脫險，取道廣州灣，旱路回湘。離港之時，已三十一年八月矣。廖鄭兩先生，不獨斷然拒收運費，及任何方式之酬勞，且冒生命危險，以如諾達成任務，片紙未失。嗣聞廖君屬下，於此行中，人手財貨，均遭重大損失。蓋隨時隨地，皆以搶救託件爲先也。而向農等卻隻字未提。雖古之俠客豪情，曷以過此？卽此一端，可知中國之必不亡也。於是旅外圖書，仍歸富圫。三十八年，湘垣準備巷戰，街衢徧布工事。時程潛主湘政，方以爲防共也。適甘地之信徒，召開世界和平會議於印度，家姊寶蓀與約農均被邀出席。方在港九辦理出國手續，而程逆已叛變。聞訊驚駭，立卽設法搶救　先人手澤。幸十之八九，竟於赴印前，獲安抵九龍。會畢返港，不得回湘，流寓旅次者二年。在此期中，蒙　總統介公厚賜，得將　手澤縮印於膠卷，以備損失其正，猶存其副。舍下族衆，靡不深感　大德。四十年春，遂將原本運臺。農等亦蒙　故副總統辭公，撥借宿舍，暫寓北市，靜候光復，忽忽十五年矣。嗟夫！倘無六鐵、傅亞、仲衡三君子之仗義與機智，　先人手澤悉成灰燼矣。今景印行世有日，謹述保存經過，以誌銘謝。惜六鐵已故，不及見耳。　先文正公道光二十一年以次日記，曾由　先伯重伯公　先叔季融公　表叔雲臺公等奉　先本生祖妣郭太夫人命，於宣統元年，委託中國圖書公司，石印行世。當是時也，雖清祚未終，而鼎革之勢已成。匆促間，漏收道光十九、二十兩年日記。今悉予補印。所痛心者，尚有　文正公奏稿及手批書籍，暨　先伯重伯公詩文稿及算草等若干件，未能及時運出，約農罪咎深矣。然退一步着想，據香港時報載，舍下及湘綺樓藏書，合一萬七千餘箱，均遭土共焚燬，則　文正　惠敏兩公日記之富圫存稿，於玄黃遍野之秋，能安全景印，豈人力所能必哉？斯又不幸中之大幸也已。中華民國五十四年四月湘鄉曾約農謹識。

曾文正公手寫日記影印本序

治史者向重原始資料，以其爲當事人自己之紀錄，未曾假手他人，較爲眞實可靠也。然同爲原始資料，價值未必相同：如自傳與日記，一爲事後之回憶，意在傳世，供大衆之觀覽；一爲當時之記載，意在備忘，供個人之反省；二者寫作之時間與動機不同，其價值自不能等量齊觀也。吳相湘教授以治近代史著於時，近應臺灣學生書局之請，編輯「中國史學叢書」。其所取材，以明、清史料爲優先；而於其中之原始資料，尤爲重視。能靜居日記、湘綺樓日記既已印行矣，曾文正公手寫日記亦行將影印問世，而囑余爲之序。

余以曾公之文章勳業，舉世皆知；而欲求其致此之由，則公之日記，實爲最珍貴之史料。謹按公之日記，始於道光十九年己亥，時公年二十九，爲入翰苑之次年。自二十五年乙巳三月至咸豐八年戊午五月皆缺。是年六月初七日起，連續十五年從未間斷，而終止於同治十一年壬申二月初三日，卽公逝世之前一日也。年譜載：公生於嘉慶十六年辛未（西曆一八一一）。自五歲至二十八歲爲求學與應考時期。道光十八年戊戌，公經會試、殿試、朝考，授翰林院庶吉士。自後至咸豐二年五月，除癸卯一度赴蜀爲正考官外，均居京師，職務清簡，潛心學術之研究凡十二年。此期中日記，雖多間缺，然於學養方面之紀錄存留特多。自咸豐三年癸丑（一八五三）至同治十一年壬申（一八七二）二十年中，公參加或主持軍政，爲公建功立業時期。用兵對象，始爲洪、楊；繼爲捻匪；晚年一度爲直隸總督，兩任兩江總督，皆總管軍政之要職。故公之後半生，始終未離軍事生活。此期日記，除缺咸豐三年至七年外，均係連續紀載。雖在軍書旁午，局勢危迫中，未嘗廢讀書；其重要著作，亦多在軍中完成。公之日記除少數楷書外全爲行書，勁美淸晰，足資法式。其紀事，略爲三類：一曰注起居，如作息時間，眠食情況；二曰記公務，如淸理文件，核稿寫信，接見賓客，點名看操，巡視考驗；三曰修德性，如消遣則圍棋散步，養性則靜坐習字，治學則讀書著作；而尤要者，爲本「求闕」精神，時時警惕、時時反省、以期改過遷善，日新又新。王闓運、黎庶昌兩先生均言公之日記多痛自刻責之言，確爲事實，蓋公之日記，純屬「爲己」之作，所以供切實之反省也。

初讀公之日記，似覺平淡無奇，然細加體察，則讀者皆能有所得。言起居，則見公生活之規律、工作之艱苦。言公務，則見公實事求是，目到手到，絲毫不苟；見客有立見、坐見之分，爲節省時間也；觀人有精密方法，簡要紀錄，爲日後之參證也。言修養，則見公之臨危不亂，履險如夷；得勝不驕，失敗不餒；而又虛懷若谷，有超然物外之思。言學術，則見公於諸子百家之書，無所不讀；而於文藝創作與鑑賞，尤能繼桐城之遺緒而發揚光大之。民間疾苦，念念不忘，故聞旱災而憂，聞雨多而憂，聞疾疫而憂，此民胞物與之胸懷也。位極人臣，官居一品，而飮食起居，極端節儉，不肯浪費一文，不肯浪費一物，此克己之精神也。對父母見公之敬愛，對兄弟見公之友愛，對兒女見公之慈愛，對朋友見公之親愛，此藹然仁者之風也。然於戡亂，則主用重典，蓋爲維護大衆安全不得已而有此措施，此又見公之果斷明決也。

綜合言之，公之學，以義理之學爲本：論政治，論修養，本於儒家；論戡亂，參酌法家；論勤儉，參酌禹、墨；論虛靜，參酌老、莊：公之學，固集四家之大成也。自古以來，治義理之學者，多失之空疏迂闊，鮮有能以其所學見於事功者；有之，唯公與王陽明先生耳。公與陽明雖同以理學而建事功，然公事功之艱鉅，似尚過之。究其成功之道，蓋由於學養之深厚、意志之堅强、器宇之恢宏、識見之明澈，此皆可在日記中求得實證者也。

公之日記，有宣統元年發行之石印本，王闓運、唐文治兩先生作序。其書共四十册，約八十萬言。其中漏印道光十九、二十兩年之日記，書既不全，且久已絕版矣。公之曾孫寶蓀、約農兩先生正擬將公之手寫日記全部影印，適吳教授有編輯「中國史學叢書」之議，因得由學生書局承辦其事，精裝六册，列入叢書，於五十四年三月二十八日竣事，是日午間，吳教授約請國立臺灣大學毛子水、姚從吾兩教授，及新自美返國之哥倫比亞大學何淬廉教授等集會於健樂園，對照觀覽公之手寫日記原本及影印本。二者除大小畧殊外，完全一致。寶蓀、約農兩先復生說明抗戰時及以後，公之日記及其他文物遷徙之經過，雖屢經浩刼，仍得保存，亦云幸矣。余追隨諸先生之後，深喜得親公之手澤，更喜公之手澤，將因影印，而得流布於海內外，不僅在國內而已也。

中華民國五十四年乙巳暮春湘潭王鳳喈謹序於國立編譯館

曾文正公手寫日記目次

第一册

第二册

第三册

第四册

第五册

第六册

序

古有左右史以記言動簡策之文未有先於日記者也儒學家乃為日鈔以自策厲自宋以後人有其編然易零散有授存者率不過百數十葉多者一二卷止耳近歲李純客始以巨冊自詡而余亦存日記三千餘葉皆章句飣餖閭里瑣小之事不足示大雅君子往從

曾文正軍府十九年得見其京師日記又多在旁
見其軍中親書日記後又從閱伍徐揚見距覺
前一年行途日記方京師講學時多自刻責
詞甚嚴苦余不以為然嘗進說曰學須誘進
何乃自誹沮公亦許為知言至於每日論人事
臧否決斷則不書於冊蓋仍自省之意非欲
示當世也於古則右史之司非修文之事取

云忘而已
公薨而學者悲思天下仰望片言遺文奉爲
規型既編全書猶以爲未饜於是諸孫乃
出其家藏日記三千數百葉悉付石印以傳
其眞如見其手墨焉蓋法帖古鈔所未有也
人之精神存於手迹得其一二字已勝於數
卷書況絫瀾浩瀚數十萬言乎惜其記事簡

略非同時人莫能知其厓略故闓運觀之而了然不能喻之人也時厤四紀欲學裴松之以注輔志注則同時記錄文字不備無從捜求證明此輪扁所以歎糟粕與慨想音容悲其志事既曠然而又泫然也

宣統元年九月丁未朔王闓運謹記并書時年七十有八

己亥年

正月初一日家居季洪弟受風寒 夜守歲館卷一開半

初二日天陰 請客四席 夜守卷一開

初三日天陰雨 丹閣卅留舍 朱堯階夜來

初四日陰 辰後拜祖墓 午刻朱嘯山來 王待聘妹夫來

作書邀彭冠峯來舍 又作書寄霞仙 季洪弟自來痊

偕堯階嘯山談至天明 雞三更大雪

初五日大雪自昨雞三更起至本日酉刻止 午刻歐陽牧雲來

初六日大晴 二妹之兒巳刻死兒生五十天 家中酬龍頭同龍至

添梓坪總六從祖家申刻歸 朱堯階嘯山辰刻歸去。

初七日晴 早至德六從外祖家 旺劉一天 羅未歸

初八日晴 祖大人壽辰 在漆樣拜拜壽 巳刻龍至柳衙外家 申刻歸 汪德莊來舍

初九日陰 早至柳衙外家 申刻歸 陶村四外來家同飯柳衙外家

初十日陰 早至任萬外家 飯後同龍至曾祖坟上 又至元吉五坟上 午飯賓五弟家羅歸

十一日大晴 早飯賓三從弟家 飯後同龍至祥塢從祖家晚歸

十二日晴 早飯祥塢從祖家 飯後同龍歸羅林龍

十三日晴 大姊家起龍至萼家 遇郭百壽壽七本金翁楚笙 外衙陽賣田事 子託百壽二人調停 是日家中宴客廿千好席

朱堯階專人來舍約予於廿四至彼家撥同當朱君之屋田

四妹議許字朱信嘉之子堯階遣人送男庚來　夜作書復堯階不願成當田予又作書與朱嘯山將四妹女庚發去

劉霞仙論予忠詳　嚶嚶至數箋

十四日晴　飯後家祖同諸弟赴宗坤　左鳳閣來　江南五田舅來

夜作書與劉霞仙店

十五日晴陰　左鳳閣飯後歸去　家祖歸　朱堯階申刻來予言欲當成當田

十六日晴　早飯妹婿家　飯後至歐陽滄溟先生家僕一人肩輿八人

是日彼家二席

十七日晴　飯後由岳家至歐陽宗祠　共八席　夜宿陽祠

十八日陰 由歐陽宗祠走廟山宗祠 莊宿陳石渡王家 家祖亦宿此

十九日晴 由王家至宗祠

廿日陰 在祠 走吞霧坡山掃墓

廿一日陰 在祠 祠內經管請外姓人吃酒四十餘席 莊大雨

廿二日陰 由祠內歸莊宿塘頭灣 係宗貴公後裔

廿三日晴 由塘頭灣歸家申刻到 家中種痘者滿妹痘不好甚危急

料得長子發現尚好 次子未發漿 莊着劉一王萊七走劉冠英家

請醫開方好

廿四日晴 在家 滿妹痘又發不的頂皮紅 醫人謂是子來救母 雜投人參

鹿膠

廿五日陰　昨夜光子發熱　本日現痘不甚多　發熱必三日始現痘為佳
今僅發熱一夜非吉報也　前十七日函約廿六日至堯階家因家中
種痘光景不好不能遽去　午刻遣人持書堯階約廿七日至彼家
狂大風
廿六日陰雨　滿妹痘愈不好　光子植第痘稠密異常　啼哭不止
胖淳甫痘尚未灌漿　一望則疑寄東屏來醫　甚急竟不見到
狂風尤大　滿妹爬破爛痘　面上血淋漓　實痛心也
廿七日大北風　是日備行李將往堯階家　肩輿十人皆已收拾待發　以滿妹及
光子痘症險　遂不忍行　遲至午刻始行　行二十里許　遇則東屏先生　因而同
歸　即作書遣人至堯階家　言不復去　又作書與宋風麓易行告以展日期

兒子痘愈益密如粟滿地無復界限色紫紅 秦屏翠方要清熱
解痘毒 昔西庄犀角等藥 夜稍寧哭稍止 夜深大雪
廿八日大雪 寒甚 滿妹病愈險 痘不潰漿 不甚服藥 一切飲食不入口 但言
嗽口 兩人甚清醒 自昨日未時咬牙戰口 本日愈甚 夜來愈危 面上之痘痂
皆指爪爬破 面及頸皆爛 血漬被褥 淋漓不復可視 臭氣薰蒸 其實慘極
二更後 余攜（扶持）兒子不復去看滿妹 兒子本日仍服昨日方 但去西庄 不復啼哭 暫
留弱年生氣 心知不可救藥 猶冀萬一
廿九日陰雨 辰刻滿妹死 余尚未起 時外婷亦痘亦密甚危 家中啼哭往不敢出聲
恐驚外婷 滿妹生於道光十年庚寅八月初八日辰時 至是日丑時 八歲零一百七
十一天 滿妹病全賴隆侯調湯藥扶持牀褥 余甚未盡手足之情 自廿三日

常服補劑人參鹿茸，竟不能濟，痛哉！是日買棺去五千錢，殮葬皆不從簡，
葬於油麻中。滿妹臨死遍呼家中人，獨不呼次子，殆嫌其如出意也。次子
是日另未服補劑，殆深始服，高郵之滿識以自耕鄭重殿耳者劉亦不解也。
其年倍余憐之，知其將死，是夜買更始睡，余與內人葬不能寐。
二月初一日早雪　次子痘色轉白，昨夜又二次，皆葉也。旋復開方，囑茸心知
其補費情，雲已刻竟死。次子生十七年丁酉十月初二日戌時，至是一歲
零四月。自內子懷孕未嘗服藥，生後至今皆居書家，視大鍾愛異常。
至是家祖皆難為情也。日晡時出葬，與滿妹同穴。滿妹與次子生時本年
刻離，身至是皆以逆痘去，已痛哉！族侄三百又一來會。
初二日陰　拜淳弟屋撤落痂

初三日陰雨 母昨日請劉東屏診視家母，母親積年多病，東屏謂服藥斷
刻必當大效，特存此方於左
代赭石 四錢 生研末 三錢 先下 二錢 抱木茯神 四錢 白旋覆花 三錢 元半夏 三錢
生白芍 二兩半 炙粉甘草 一錢 河南棗 二枚 去核 干柿蒂 七個 山麥冬 二錢 老生姜 三錢
初四日陰雨 劉東屏歸去 溫甫弟傷風
初五日晴 寄對聯上付 丙刻赴共雲亭，嵩山岩專人來，有書寄賀儀
千嵩岩有詩四首 夜作書答雲亭兄弟
初六日晴 溫甫弟病未愈，請陳豐六開方 下半日又請王大誠開方
母親在廚下跌至地，幸無傷損 前在衡陽，歐陽小山託葛館余薦至
葛中道家，本日作書付葛權令下聘閱 夜磨墨

初七日晴大煖 溫甫弟病未愈 陳豐六又開方 郭宜人來 作哭亡妹
亡兒辭 孫請醫甫人尹光六來
初八日晴大煖 溫甫弟病愈 與尹光六下棋 申刻剃頭 龐家廟內無丁
祭陶村族外議罷之祭每人稻谷二斗 祖命為記是日孫為記約四百字
初九日晴大煖 溫甫弟大愈 尹光六去 歐陽楚一至舍
初十日晴午刻雨申刻大雨 王待聘妹夫來 午飯林楚善外家
十一日晴 辰初出門 由井字街至王子山 宿此處 歇李恒四家
十二日早微雨 辰後陰 由李家至此名橋 五里山 金蓮 姚家田橋 抵至
洲上朱太姻伯家
十三日早陰 在朱家 抵晚大雨

十四日陰雨　在朱家　寫扇股幅一天

十五日陰　在朱家早起寫康書四妹許配朱良屯第子存一為寫日朱

家匾額　寫條幅字至三更

十六日早晴晚雨　由大義太姻伯家至良二弟家　寫條幅

十七日陰　由良二弟家至梓門橋路經余雜寺　新莊大村　館士

十八日晴　在梓門橋　与朵堯階罗聚府田二是日踏田地若干畝

塲覆門前蝦公垣其舊屋三座瓦屋一座共間東三座一稍右

一三分二厘一　一六分一厘五　舊佃彭明青彭步瑞　以納租　玉書易柏

寫彭開一　皆踏請在彭明青家晚酒

星日業座二兩日三送錦家好托

四家已打庚書回糕糕

十九日晴　在梓門橋　彼復來　承鬱秉司吳詠將署　又坐書

隨來剃田祥問釋

二十日晴 早起田二巷口佃戶彭簡堂阻新佃易胡家耕作日有人和釋 勸其出錢三千與簡堂已寫退耕領佃字 本日復頑悍不服 辰後帶工永興乃同麥清樓 午飯後由永興趕程至是馬衝宿

二十一日晴 由是馬衝至劉傑罡家 午刻到傑田候霞仙歸至日霞仙舍 家中寄有四月二十二澄七（廿五）弟有信

二十二日晴 至霞仙家下棋數局寫對聯

二十三日晴 寫扇 在霞仙家 計存家衣箱一擔 大（毛）皮袍 皮馬褂 單短褂

託劉買茶葉一簍衣包運歸 留家書在劉家 由劉家至大陂塘

姓

二十四日晴大熱 至曹林之盟家 修功潮 樽之坊 午后由大陂房至田家灣

二十五日晴大熱 晨後寫對聯 午飯後由田家灣至金家灣 彭昌年之來接家信 又接金堅之覆及母之信及金年伯信四昌勤七信 本擬由金家灣至俄思堂家圍閒 俄思堂已先看 故擬由金家灣至江西坦家下縣去

二十六日晴雨 晨後寫對聯 留金家灣 早飯後彭昌年三由江西回家下縣 寫對聯

二十七日陰晴 晨後由金家灣至彭少盧軒家 地名石上

二十八日晴 晨後寫對聯 午後至彭壽亭家 仍歸家少盧

許家

二十九日小雨 由彭廣軒家 十里 羊古墩 十里 大風堆 十里 扶本亭 十五里 湖行 五里 衝埠頭 十里 至江維世外祖家

三十日晴 上半天寫對聯 午後走通十母舅家

三月

初一日晴大熱 早飯極臣家舅四舅十一南八五房為壽 午飯羅九君弟為壽

上半天寫對聯 晚作宗書 與朋早晨二人歸

初二日晴大熱 早飯通十南五二母舅家 飯後走上山田江家老屋

掛匾 夜宿豫章十五母舅家

初三日晴大熱、早飯豫章母舅家 午飯彭家沖 河閣外祖家 夜宿

彭家沖　朱堯階黎雲亭二處並有信來言彭明春事余作書回復

初四日晴大熱僕下著單衣　飯後至秦舅麥田李六外甥家　下半天寫字彭四麻姐往自家來　家嚴命予兩言家中彭人證此事　證

僕有信言今年用功課　歐陽滄溟先生有信言黃冀甫求字樹德堂跋　昨日朱堯階信內有呈詞二紙要託在縣出伏余回信言此刻縣考余宜迴避待考試後再告　昨夜打牌至四更睡

初四夜雷

初五早大雨　飯後至戴家沖　午飯後走魚塘邊星群家　夜復大雨

初六日陰晴　留魚塘　飯後至石華埛掛匾　早剃頭　歸

守府候

初七日晴 由魚塘起身未刻到縣城 住大官廳

初八日晴 留縣城 縣試二場發案 請宗德二閣單拜客 衡陽

黃蓮浦壽六十託歐陽臣川先生託守村德堂跋 是日撥冗書就

發守家信著人明日歸寄錢肆拾枯千在江行八母舅家 是夜作

書與江明日著人去接錢送歸 又作書付寧鄉曾衍詠之子道二

家信三月廿外至伊家去

初九日晴 在城拜客一天 早著四人歸家 是日縣試第三場

初十日晴 在城守府候

十一日陰早晴下半天雨 出北門城至曾常二弟家又至黃學

二老爺家拜客帮寫字

十二日雨　是日題詩四幅　夜寫對聯廿條付扇子十餘把

十三日雨　是日在家寫對聯　早飯後霭亭寫扇盡偕鶴亭之姊壻至十點去

十四日陰　是日請客一席　上半天寫對聯　帮拆銀封

十五日陰　辰刻後寫對聯　午刻飯羅瑞森三爺家申刻歸家寫對聯剃頭亥刻寫扇　子刻作書寄寧鄉家仙舫上舍墨槎托向廬啟為墨種昨日仙舫回

書來送銀貳十兩當退彼寄去刻不受去　且請余為伊母作壽序　余復書謂他日當作壽文寫屏送至伊家　伊又求寫對聯二首已付去　又送伊姐松泉聯一首　下刻作家書、又作書寄黑堯階為梓門橋事

十六日陰晴　辰起與黃七將郢城一切用費公算清　辰飯後由城起程未刻
至蕭眼堂　見祠
十七日大雨　往蕭眼堂　守材勝　朱昨堯階書信來道祥門標事已結
是夜偕書霞堯階　羅姪訂於十月十六于歸　夜守勝至五更未睡
十八日早雨　辰後陰　由蕭眼堂君之徽水寓見曾光文家
十九日陰　早守材勝　辰後由徽水至譚家橋曾運吉家　宿于牌　曾光文
來翁運吉言訟事　運吉家于雍正葬祖坟鱖魚山　曾被彭姓人如爵強葬八棺
乾隆四十九年構訟至五十六年　李藩邑侯斷給押拆給印照為執照　藩邑
侯正育識　今十七年二月周佐才強葬此山壁垣縣頭　運吉欲與周興訟故與合
商

二十日陰 往逢吉家 出平日所爲 午飯後作壽序一首係衡陽唐履震士伊父五十壽文 夜二更始脫稿 作家書 明日將送壽文回家 又擬於門一刻 又擬從逢吉與彭家詩事君若發稿閱看

二十一日晴 由逢吉家至蘇平甫家 夜早睡

二十二日大雨 往蘇家 蘇頤有藏書 是日閱余所未見書有陸穀集嶂雲川吉文麓陌蹊選湯顯叢書及諸種雜書 又為求書樓習樓三字并跋

下半天寫什联 夜打牌

二十三日晴大熱 由蘇家起程 廿里灄水過河 十五里洋書迷 廿五里宿和睦亭

二十四日晴大熱 由和睦亭 十八里倒水過河 五里衛埠頭 廿里中沙 夜到家 行李及下人皆宿於大家也

二十五日早晴　日中大風雨　是日在家

二十六日雨　謝往手塚覺庵師家　佛攜壽字一幅

二十七日雨不止　廣家請予於廿八日壽伊家寫壽文屏予在廿九去　夜作書與朱鳳臺姻姪討做裝　又作書與霞仙將軍遣人去梧家

又作書寄歐陽臣川先生

二十八日雨　東陽弊祖來家　楚芝姪來　言請予代彼壽衡陽田與錫人

二十九日陰　雨家起身去衡陽廣湖莊家　下半天廣以予作壽文中間太費請予改

四月

初一日晴微雨　寄唐調庭壽屏福壽緞寄黃字　字鄧柳識題
蒙以王大令蘭亭帖華嘉續楨西陟四華下識真斛健甚佳
許也　汪德莊世兄亦將是日至唐家　唐家又請款姓人寫壽屏
是日余寫七幅款寫五幅
初二日晴　寫壽屏完　復打牌
初三日晴大熱　唐調庭生日　在宮設筵　汪覺庵師亦至
初四日晴大熱　唐家手開宴　下半天蕭桂招打牌
初五日晴大熱　由唐家走陽光橋　至子瑞地走　四子嶺　至牌一千里
峰莊宿蕭六姑家
初六日晴　下半天雨　由蕭六家起經王梓橋行廿里過渡　至琥蘇堂　十三幅

頭
初七日大雨　往烏嘴頭　寫條幅數首　着別人去南湖（十四）迎康福（十八）臨江（廿）
移三字發信　下半天打牌
初八日早大雨　日中後大晴　由瑰轉去松陂祖祠　順便掃墓二字
下午飯去中　往松陂祖山　下半天過金蘭寺　日黑入祠
初九日晴　往松陂祖祠　寫字數幅
初十日晴大熱　由松陂祠行四里至黃茅補家　是日松陂祠來要賀儀
又前年又報至此祠送三個伊宣當送錢來家賀後食言　今又
索賀儀待八月送　又前日要余撰寫墨　情理不順　余盛氣折之祠內
人甚愧畏

十一日晴大熱　黃蔭甫生日　歐陽巨六亦於昨日來黃家　是日唱劇至
酉多

十二日晴大熱　西湖巡昨日有人來接訂十四日準到　黃家仍三爺招
陂請人說情送揮錢陸拾肆千

十三日晴暖大風　由黃家起身往府軟比橋　着吳六送信并衣回家

十四日陰　由軟比橋至西湖巡曾祠　着邑

十五日晴　由曾祠至逢時三少爺家　着劉一走龍田橋送信

十六日晴　由逢時家至大殷家　與大殷借屋為進家路費大殷已諾允

月初遣人去問信　大殷年少好讀書頗有義氣

十七日晴大熱　由大殷家至西渡山園亭搭船由渡東君落江灘

十八日晴大熱　由花江灘至唐福福支祖堤旁墓次至祠前宿丞八房家

十九日晴　住唐福　著人田宗作書与件父聯譜事

廿日晴　由唐福至鷗江橋　使者由家來接父親手書及四弟信

閱漢書韓彭英盧吳列傳　荊燕吳列傳

廿一日晴下半天微雨　由鷗江橋夜經上二唐福仍至花江宿世祿家

廿二日晴下半天雨　由花江下衡州府城寓新到　星一程心書付全生二

復心書寄文四日生又作書（宗）　又作書与唐山漢雲仲編同往耒陽　星早寄

信与花江人往耒陽

廿三日雨　會衡陽縣州府道及彭雪琴楊輝涵俞霞等并會我處　著五人回家

廿四日大雨　會黃觀江前（蓮）衡州四府理家　并拜客于館家　閱陳曉邨寄家函祈

廿五日大雨　在外拜客　屠加貝書台

廿六日微雨　在家寫扇對

廿七日大雨　沈明府請吃館

廿八日大雨　連日大雨衡州頗漲幸不甚為害　曾大文送飯來寓

廿九日晴　曾上珉送飯來寓　家中有書來　聞姊於四月廿日生子為之

喜　二弟付文一帙一束　昨閱大秀信　季老師正等第三科少詹

五月

初一日晴　着使至楊立山家取收回丙申年所寫書　立山言已遺失矣

初二日晴　辰後由衡府起身　晚宿錢鋼鋪宋家

初三日晴　由錢鋼鋪起程　行三十里至雲江宿魯班廟　作試帖一首

初四日雨 由栗江店至各炭壢拼客宿灣坵九如壢

初五日雨 住九如壢 下半天寫對聯甚多

初六日微雨 早九如壢請客陪席 下半天得宝壢陪席 宿得宝壢

初七日晴 日中飲王俊俏家 仍回九如壢宿

初八日晴 由壢上与希六伯同至常寧紅泥橋上選坪家 住 大雨

初九日早雨 后後晴 住上選坪家

初十日晴 由選坪家行八里紅陵橋十五里黃泥塘十八里五里沖 八里龍門十二里稗田

十一日晴 由稗田過昭陽河十五里南京橋廿里于沖鋪廿里耒陽

縣城會縣令宋君并其客劉鏡涵曹四然二舊熟也

十二日晴　早餞宋公署中　宋名鳳翔號于庭博通經史頗有著述

飯後曾氏祠鎮南巖晏華來接入祠內往寫對聯

十三日晴　往曾氏祠　夜往拜客錢家　午曾祠陪席

十四日晴　早至杜工部祠墓在　有坊名杜陵坊　有碑數石　順治十五年

按察使彭而述處碑　有耒陽道中二十韻并序杜墓詩四首刻石

存祠內又有彭記祠不能解　外有韓淵相傳杜陵墓形係遺蹟

不知信否　君作題宋于亭洞簫詞俚詞二首

十五日雨　錄祠遣宋公署　字對聯掛屏甚多

十六日雨　早餞宋于庭署內　于庭有圖之小像甚是可觀　午

欺宗識和二名家

十七日雨　是日石灣曾氏請予至公宗工匾宗已債與任姓人開店任姓強悍有霸佔之意　曹氏修房門為懸匾地任人擄碑又設此鼓偽背官余書呼與宋公宗六宗甚寔是莊又作書讀宗公也

隨後曾氏宗邀下半天掛匾

十八日雨　仍往曾祠　宗予亭有後書來不以余言為然

十九日早雨　石灣人請余至曾氏寓掛匾　已酉與石灣人下鄉至小水鋪托裏房邀余至都宿

廿日陰雨　由托裏行卅里至石灣曹祠　來陽縣間多山古木蒼藤青苔茂草　殊有幽致　石灣一帶多富民　使到處如此風俗氣象　民

賤忘矣 下半天至祠收拾整齋 夜大雨

廿一日陰雨 辰後至石灣房曹益能拜姪後曾暄家 午後祠內陪讌

夜大雨

廿二日大雨 益能之壻歐陽鎮三偕子西月邀余過飲 余撰聯語書

贈 下半天雨移往益能家 夜歸時參半闌

廿三日雨 往益能家寫對聯 下半天飲洲頭條五房的

廿四日陰雨 希六伯早歸去 早飲益能之姪兆安家 午飲曾煊家 二日

寫對聯屏幅甚多 字頗好 昨夜閱益能家宗甫碑傳 行歐字意

思知顏柳之硬 諸歐之瘦 學書者不可不領畧也

廿五日陰晴 辰後做仍寫對聯條幅 益能拜姪款待甚豐 饋贈甚腆

詳人情數目　午初由石灣黃館家至曾家坪玉川家

廿六日晴　住玉川家一切交際詳人情數目　昨早忽腳痛川風遲故本日未愈　寫對聯條幅頗佳

廿七日晴　由曾家坪玉川家至通書峽房隘

廿八日晴大雅　住通書峽　廿六日請曾家坪昌時至永興發信本日信回永興接廿日　前劉一元弟在常寧回家廿五日至曾家坪　賚卅在家起程也　接舅父大人手書　又接父親大人在省寄回信　本日通書峽請陪客石灣秀才默峰 暄　謙亭 兆安　五房秀才邦傑 號芸蓀　九房秀才秀拔　諸人連日與余追隨意氣投洽

廿九日大晴　由桐樹下 通書 至山平輸　二十里　馬歸輸　十五里　宿柚檀輸

卅日由油榨墟行四十五里至郴州永興縣 是夜作書与石灣家馳
峰要彼明日来永興也

六月

初一日晴大熱 永興城內曾子廟本家接予去 會縣令鄭楊泄方廣
文曾兩都 意氣投洽

初二日晴大熱 住曾子廟寫對聯甚多

初三日晴大熱 飲曾兩都署中 永興本家見余趦趄囁嚅都
鄙可憐廟內大隘毒熱逼人甚煩惱也

初四日晴大熱 住曾子廟 一種心書寄郴州首班房書往無稿

初五日晴 本日雇船由永興下耒陽 燈時開船 永興城外曾傳裕

之子能詩執贄來謁頗依門牆家不甚豐其誠懇可憐々 永豐黃
彩林自薦願侍左右比收留其人甚有用
初六早舟泊青水舖 將存傳各處銀錢彙齊 擬宿青水舖店內
初七日晴 亦熱 留青水舖 石傳宗忍齋使仕謹六 長子貞垣 於公
私禮錢西交 余於功課 格日 讀書要經常与貞垣行二千言甚詳
明忍齋有回信 日晡開船 夜行至耒陽縣城
初八日晴 日中大風雨 早飯耒城寶泉家 寶泉有錢要存衡府換足余錢三
百餘掛託寶泉帶去同換也 遣下人駱泰与寶泉同先赴衡城 余換黃
福下鄉 在段由耒城去西鄉大水洞曾家
初九日晴 往大水洞 下人黃福來從余時其家中父母兄弟皆不及見 其家尚

當贈已黄福 想我多依人處、未從六衙僕半之有情者也 寧聞其將遠行萬里 離家數年 其母日夜啼泣 其兄趕至大水洞 要黄福回去 余亦憐之

初十日晴大熱 由大水洞至洲上黄日家 石傳宗駘峰兄自五月十四夜來城接予下鄉 後日日追隨 又同至永興 又同至大水洞洲上 各處情意綢繆 相隨幾一月 本日告別歸去 頗難為情

十一日晴大熱 由洲上至東江曾家

十二日晴 由東江至劉邀裏 下半天雇船由東江出昭陽河即耒陽州河 四更出衡州大河

十三日晴大熱 早舟至新塘墊 起早四十里至清泉、溪市

十四日晴 住泉溪市 拜客

十五日晴 住泉溪市

十六日晴 住泉溪市、王黎明文物與郡城等

十七日晴雨 由泉溪市赴耒衡府旱路三十里冒大雨行住石鼓書院

十八日大雨 住石鼓書院 拜費鶴江觀察道及李年不遇而明年三四月此上之千丑散館吃虧亦不多又道及穆師受[illegible]害喧信去 面上浮簽及全帳內簽用水紅色箋紙，信用黃色羅紋紙 又道及寄信與藩台辦差 若士前輩李梅舫[illegible]觀察去函 前輩托薦書院館

十九日微雨　沈書仁來　下半天去錢店換銀

廿日微雨　早起寫掛屏對聯

廿一日陰　自衡府起身到宿石鼓書院　唐福玉八爹家

廿二日陰晴　自唐福起程申正到家

廿三日晴　在家

廿四日晴大熱　在家為胖父為修譜事清查源流

廿五日晴大熱　至唐梓坪東陽坪祖家

廿六日晴　在家是君父親自省歸

廿七日晴大熱　澄侯湄甫胖淳三弟自省歸

廿八日晴　為修譜事約族人同至公屋議清印重祥增胖

祖家吃飯
廿九日在家寫信与衡陽任德莊賀晝臣又作書与西湖逸虎福各處囑其早完國課以便辦優免事又作書与黃傳球曾希六曾大啟

七月

初一日 作書与衡州觀察黃鶴江前輩 沈書江明府 又作書与耒陽曾蕃能福六爺姪
初二日晴 遣人走衡陽清泉耒陽各處送信 又遣人走寶慶各宗人處 作書与曾毅然 是日寫對聯條幅
初三日晴 遣人走衡陽宗祠議修譜事 作書邑中族內諸人

初四日晴　昨日走柳衙井家　是日寫竹陂條幅　為歐陽臣川先生來

初五日晴　得覺翁先生復書　作書与陳岱雲　又与凌荻舟　又東生年伯

初六日晴　下半天雨

初七日雨

初八日陰雨

初九日晴　作寧鄉曾仙舫四程之母丁孺人七十壽序

初十日晴　昨日所作壽序本日始完

十一日晴　寫壽序四頁

十二日晴　身上發癬瘋不能寫壽序　陳慶門世叔來

十三日晴　仍發癬瘋　作壽詩一首　接朱堯階信

十四日晴　今日曾買紙為衣兼紙錢為
送祭歷代祖先曾太高祖元吉公中孫以上家所不祀吉祖
兄弟三人三家輪辦祭事起庚辰年本年在叔輩芸芸家
十五日晴　寫對聯條幅共八幀　下半天為羅姓本年綜辦子貫
綜辦雜貨開單　自六月廿二日到家至是將一月在家無所
事事悠忽遷延誠為玩愒
十六日晴　寫壽屏四幅半　是日王大誠請吃飯　衡陽本家
芸弟六兄弟來
十七日晴　在家陪客　復作書與郭筠仙金陵處
十八日晴　請客陪芸弟六兄弟　復作書與朱堯階一

十九日晴 作書與賀春台

廿日晴 作書寄季仙九夫子

廿一日晴 作書寄許吉齋夫子

廿二日陰 東家送史吉堂 下半天下棋 接作書與寧鄉曾仙舫白

慶兄弟

廿三日晴 至葛醇蒼升家 夜後寫字

廿四日晴 至葛澤四家 夜後寫字

廿五日晴 至葛澤九家

廿六日陰 至妹夫王待聘家

廿七日晴 偕王待聘家寫字

廿八日晴　由王家走葛九峯家

廿九日晴下半天雨　由葛家走鄧至曹家一停并宿江嶺

三十日晴　由江嶺行四十里至丹家井宿

八月

初一日晴大熱　由丹家井行經大泉沖曾家

初二日晴大熱　由大泉沖走邵陽牛克祖曾祠計五十里

初三日晴下半日大北風　住牛克祖曾祠　自廿八日至此温庾子山哀江南賦江文通恨別二賦

初四日晴大北風　住牛克祖曾錦城家　夜作慈蔭亭記

初五日晴　由牛克祖行四十五里至一都大平（三）山子沖曾山岩公祠

初六日晴　往岩公祠　下半天寫字

初七日陰　至雲公祠　看劉一田家

初八日陰雨　至書院祠　下棋

初九日晴　早領燕子堂　午至南勝家

初十日晴　至峯公祠

十一日陰　由峯公祠起行宿三柱舖

十二日陰　行七十里至宝慶府城　二日遇王子安采蓮赶

十三日晴　在宝慶府城初寓

十四日晴　在城寫對聯

十五日晴　在宝府城寫對聯出去

十六日晴 同里朱端品二兄過飲
十七日陰 早雨 族中有名國正者在宝慶營其父扨衡陽隨母重湘
鄉因從寓宝慶遂安居此爲生國正兄弟四人来因修譜事蹤跡其
源流惘其孤苦因教之勤儉忠信復至西營及協鎮都督字託
其恩拂 是早由宝府起程川六十里宿
十八日晴 川(四十五里)到桃花坪 聞同里人甚多因往拜客 夜宿同里王學
二鼓
十九日晴 晡時雨 夜雨尤大 由桃花坪起身川八十里至
是夜店安隱
廿日陰 行八十里至七里橋

廿一日陰 至武岡州城 住湘鄉會館

廿二日晴 拜客 日中汶寫字

廿三日晴 寫字甚

廿四日晴 刺史楊華田留飯 至半夜寫字

廿五日晴 由州起身至花園曾祠

廿六日陰 夜大雨 住花園曾祠

廿七日陰 由花園至菴口曾祠

廿八日陰 由菴口至高沙市 夜宿香

廿九日晴 至高沙市曾祠 夜宿曾如鐵家

九月

初一日陰　早霧如鐵家皈　午飯曾炳去房

初二日陰　仍至烏沙市

初三日陰雨　住烏沙市　至馬鞍石曾祠

初四日陰渾　由烏沙川四十里（六）至黃梅橋宿

初四日陰　由黃梅橋川七十里　至新化東山宿

初五日陰　由十里山川七十里至邵陽四都宿

初六日陰　行四十里至新化寓山曾祠

初七日陰　住寓山曾祠

初八日陰　候寓山曾枚朝房家

初九日陰雨　由寓山川十二里　至采葉曾祠　路甚崎嶇

初十日陰雨　由栗蓮行五十里至古塘曾迪惆家二更麥始

到

十一日晴　飲古塘曾氏公寓

十二日雨大　由古塘行廿五里至新化城南門曾祠與曾梓文名宣甸 癸酉舉人

甚相投洽

十三日大雨　在新化城拜湘鄉鄉親 午曾祠陪席甚豐邀

溆浦廣文朱心泉

十四日陰　往新化城 早飲知縣胡廷槐署內　午飲曾廣

富家

十五日陰微雨　由新化城行卌里至科頭曾祠

十六日雨　由新化科頭川八里至官庄曾祠
十七日大雨　由官庄川八里至杉木橋曾功傑家　功傑曾為直隸河
間獻縣知縣　本年六月故　是日開吊　覆了極辦　日整齋作
者輓陝西壯歲宦龍著手畫錦陳南叢桂薊北世棠
十八日雨　住功傑家　功傑兄弟四人　大三已逝　二兄尚在　第八
十餘口家世富厚　不能禮讓
十九日陰　仍至新化城住曾祠
廿日晴　早飯曾粹五家　午飯湘鄉同鄉唐家
廿一日晴　由新化城起川　將歸城外遇朱壽階專使至　前十
三日余在新城專使　知會壽階得九月　底同至拜門　將收租

是日黃階復信曙今不必思歸 又家中着使至新化城
六杉城外遇着 是日行廿里
廿二日晴 行八十里至安化藍田
廿三日陰 住藍田至湘鄉會館
廿四日陰 由藍田行罕里至湘鄉楊家灘劉元升夫子家
廿五日晴 由劉家走團山周劉羅家
廿六日晴 由周家走栟子坳彭雲峰家
廿七日晴 由彭家走富田橋吳碧溪家
廿八日晴 由吳家至荷葉塘曾祠
廿九日晴 由荷葉塘至廖家坐曾祠

卅日晴 由廖家塘至廷坑至李罗三家

十月初一日

初一日晴 去塾 由廷坑八十餘里至砂溪曾祠

初二日晴 往砂溪 朱屆春湘伯及朱壽階來砂溪相會 午飯毅然伯家

初三日晴 早飯曾華國家 由砂溪行六十五里至永豐 夜寓書院

初四日晴 由永豐行卅五里到家

初五日晴 前五月在耒陽曾忍盦謹亡家情甚拮据 尤見豐贈 後宵底在余作書寄忍盦并任借銀道家比來回信 八月

謹六在省會寄嚴函許借二百金 本日作書寄謹六 又
為渠寄聯幅 九月初十衡陽縣大令沈明府送書來言
豐寧江鄰轄有程儀銀送余存伊處伊已自有所贈要
余着人去接 本日作書與沈春江 又作書與黃春台 明日遣
二人去耒陽衡州一帶
初六日晴 寄信與嚴犀生大令
初七日晴 作啟與諸餘生中丞
初八日晴 作啟與王蔭廉訪前輩
初九日晴 作啟與李蓀翁觀察前輩
初十日晴 着人去城送信

十一日晴　料理嫁四妹事　四妹許若園姜名鏡湖乙酉舉人亞元之子寅十月十六日成親婚　全家至朱家百卅里十四日出發一切便早檢點

十二日晴　早中大雨

十三日陰　若園贊階來　四妹係贊階為媒　朱家共來夫三十四名

十四日晴　昨夜未睡　是日黎明送四妹出閣　父親母親及二妹送親　共夫七十八名　并朱家來夫實用十二名　日中飯黃巢山　程宿梓門橋　早與朱家待黃巢山　媒轎來往及親轎來往共四餐皆余家辦　此次門樓來往四餐皆朱家辦　四妹出閣哭甚哀　余亦無甚離別之情

十五日晴 行四十里至朱家 歇程

十六日晴 在朱家

十七日陰 在朱家

十八日大風甚冷 由朱家起程仍宿祥門楊

十九日大風日中微雨 由祥門楊回家

廿日陰 在家

廿一日陰 在家寫字甚多 寫多

廿二日陰 在家拜本王房各伯叔 飯茶程叔祖家

廿三日晴 拜彭姑祖母及王太伯舅回家

廿四日晴 在家寫對聯甚多

廿五日晴 從弟國芳請為其父寫主題主

廿六日晴 以三弟渭甫出繼與叔父高軒為嗣 先是渭甫少時星者言其當從叔父義，史乃得長生鄉從呼乾爺也 後叔父無子嬸母病十餘年 祖父屢欲以渭甫出繼未果 本年七月叔父以見屬託 母親不允至是再四勸諧 是日請族戚四席

廿七日晴 挈眷至房族處午飯 東陽叔祖家

廿八日晴 在家寫字 衡陽劉賀先生家屬說先錢亭到京眾還是日作書回匯洋錢五十元至劉家

廿九日晴 丹閣來叔續任 丹閣叔先娶朱氏次娶許氏皆已亡娶左氏 今年擬卅兩歲 月此上因丹閣叔喜事 心田侄 二

更歸

卅日晴 在家 羽進京館兩封好行李檢拾家中來山寓

十一月

初一日晴 在家 昏刻葛澤亦來 楚善伴東貢甚重

往年受衡陽彭人田業連年求售與彭人不得成 本年

欲售與（羽本於田）東陽外祖家與東陽多言勸說亦不得成 楚善

避債多方甚者凍餒之憂亦無可如何也

初二日晴 是日起行進京 寅刻生一子二月初一史子積第

天後內人不時啼泣雖獨蒲雲不止也 九世祖妣居老拜

人葬衡山白果鐵公頭周人屋后 復失掛掃 今年 祖父

至白菓君設出　本日開扶壹拉上呈碑共百餘人在案

家同去　往宿白菓　下半日陰　此屋

初三日陰　由白菓起程至易風岡家

初四日陰　住易風岡家

初五日陰　由風岡家行四十里至湘鄉縣城

初六日陰　在縣城拜客　住賀獻臣家

初七日陰　縣令嚴雅生送餞　往住洙津渡楊亭

初八日陰　發諭章湘霖送餞

初九日雨寒　由縣城至寧鄉四十里宿河堤街

初十日雨雪　由河堤街行五十里宿石堤張湘汶家

十一日雨，泥甚，寒。由張湘紋家行五十里至寧鄉陳麻田曾仙舫、白廬家，二更始到。

十二日陰雨。往白廬家，仙舫不在家，是日陰霽。

十三日陰。往白廬家。白廬之尊人名衍詠，號星雲，昔嘗請於有司，求為宗聖後世襲翰博，後又倡修曾子廟，求為曾氏南宗子，曾氏有修譜者就之。余家議續譜，奉辦，官有成議，於是余與家群及王增祥同至仙舫、白廬家訂修譜事，議每丁出錢四百三十文，務精印譜一部，團印譜三部，外需譜者每部錢四千文。白廬之母丁氏，本年余嘗為作壽序也。

十四日晴 早到麻田彥祠 飯後去寧鄉縣城 往先覺府

十五日晴 由寧鄉城行四十里 到宿油草塘

十六日晴 由油草塘行六十里 至省城 住東牌樓成萃君寓

十七日陰 在省城拜客 早在曾子廟祭祖

十八日晴 在省城

十九日晴 在省 午飯陳岱雲家

廿日雨轉大雨 午飯金耀南年伯家

廿一日雨 往左恆泰午 接侯人殷

廿二日晴 往殷叔就

廿三日陰　將赴日政遂留香海閣

廿四日陰　下半天往雲下河

廿五日陰。家拜遂董者城是日指揮　家嚴遣人午後

是日腹痛

廿六日晴　柴棟山偕同往作伴　旬余期會長崎久候

某是日清晨開船川幸千里投宿金崎港

廿七日晴　柴棟山雁日到君雇一小艇與家嚴同趕至

金澤港本日辰刻相會　午刻拜謁野啟君　投宿某州

廿八日晴　辰刻至相陰郭以歸仙家下半天大雨　投宿

歸仙家　閱歸仙遊記數文二首駢體文一首詩數千首

甚有進境可用意也
廿九日晴（陰雨）早開船下灘行十餘里宿
卅日陰大北風 逆風行四十（餘）里 至白魚池宿

十二月

初一日陰雨 大北風 逆風行卅里 至陳池壁
初二日大北風大雪甚寒 住陳池壁
初三日大北風雪 泊陳池壁
初四日大風雪 泊陳池壁
初五日大風雪 泊陳池壁
初六日 北風雲雨 由陳池壁逆風行廿里至鹿角用 轉南

米山野岸出月積雲未消月明如畫船甚多遠火
高低与星熒熒二更以舟艙睡
初七日晴 由鹿角行五十里至岳州謁府學感思堂同年
又至蕭濂學使晤李靜青雅君於署中暢談志
懽忍出其詩古文詞出復淹雅兼茂是好學
者也
初八日晴 由岳州順風行九十里又行數十里至石頭口宿
初九日晴 狂陌南風又行四十里宿螺磯
初十日晴 行一百卅里
十一日晴 行一百○五里至漢口住華宗巷長郡公所

十二日晴　著人往武昌打探春甫合宜

十三日晴　過江拜客　飯儲柳溪家　柳溪之弟名德燦

舊僑　柳溪家近黃鶴樓是雒霜伊宅

十四日晴　仍渡江拜客

十五日晴　拜客　外居

十六日晴

廿一日在漢口閒事　來此冊誤置箱內不能逐日取出隨手記載

茲憶前事補記大略　廿二日在漢口與朱味山二人共僱二把

手小車每兩予瓦三兩半　廿八行至河南羅山縣崇小桐

過雪度歲　庚子正月初二開車　初七至周家口換騾三套

去車二兩朱卣二套等卣六套初九日開車十二日至長辛店城住宿十六復行即於是日三更渡河廿八日到京一路平安二月初一日住貴南橫街千佛菴內房四間每月大錢四千文到京以後與梅霖生陳岱雲兩同年聯課館詩賦每日寫散館卷四月初一搬下圓明園掛甲屯吉陞堂寓與梅陳及廣東梁儼齋同住十七日散館題正大光明殿賦以執兩用中懷永圖為韻詩題賦得人情以為田得耕字十八日搬回城內寓是日出單予取二等第十九名一等共十七人阮忽農祖懋第一二等共一百一十六名三等共二名廿二日引見同年僅兩人改部三人改知縣餘皆留館可謂千載一

過雷鳴後，本要用功，而因眠倦，不覺過了四十餘天，前
寄信去家，議接家眷，又寄南中諸信，此信季仙九師壽文
一首，餘皆怠忽，因循過日，故日日無可記錄。茲擬自今以後，
每日早起，習寸大字一百，又作應酬字少許，否則溫經書，
有所知，則載茶餘偶談；日中讀史，亦載茶餘偶談；申酉刻
至亥刻，讀集，亦載茶餘偶談。或有所作詩文，則鈔錄，不讀
書，但作文可耳。憶自辛卯年改號滌生，滌者，取滌其舊染
之污也；生者，取明袁了凡之言：「從前種種，譬如昨日死；從後種種，
譬如今日生也。」改號至今九年，而不學如故，豈不可歎！余今年
已三十，資質魯鈍，精神虧損，此後豈復能有所成？但求勤儉者

恒無缺憾以貴先人元氣固知勉勵期有寸得以無失詞臣體面日日自苦不至佚而生涯如種樹然斧斤縱尋之牛羊無從而牧之如燈然膏油將盡之時無使微風乘之庶幾稍可培養精神不至自遽夭殘惟日日用功有常則可以保身體可以自立可以仰事俯蓄可以惜福不使祖宗積累自我一人享用而盡可以無愧詞臣尚能以文章報國謹記於此

六月初七夜記

十月初八日早起，毛獻侯來，費伯鎔、嵩仙來，後蕭史樓來躭擱。
讀經工夫實書後倦睏，下半天寫在西州字數紙，看閱二十四
寫李文正耔石記，蔡錄佛談一則。
初九日早起，窗下陽光大好，只能寫字，好後因錢塘來收書送
對句，寫唐文方功書辭，回中看正史，耐經一冊，陳伐生來，午飯
後去琉璃廠，將所買正史仍換易松鐸，又買卷施閣稿一部，
回至琴樵看田野雜書，郭雨之請寫回寫，翻閱卷施閣集。
初十日早起，習字，寫畢後，龍楊辰來，辰後寫筆一冊，又一日中
讀詩經二南，記偶談對則，陳伐生來，邀至伊家吃飯，歸后
歸寓。庚恒曾仙芸來拜客作，四日十五錢，楊香農來拜霖生作

雲來，燈下讀顧亭林古文，偶談二則。

十一日早晨起，飯後出門，至內城庶常館及諸友，出城拜嘉興會館。下半天有客，夜寫家信，言父親不必送眷口。

十二日晨起，飯後錢翁仙來，復寫家信。下半天周韓城諸人來。宋味山來，託寄家信同去。

十三日早起，出門拜客，飯後寫寄諸弟信，言作文及諸事甚長，已寫千餘字，尚未畢。下半天安樸寄鹿鳴何時墨棹鈴華項西家信。晚出門，至歐陽陳岱雲處，夜二更歸，寫寄號家信。

十四日早，著人送信及物至屋館。飯後周房內共雜難吐困

在外間息午後寫應酬字數方黃以正忠二來因與之言其
失偶之事燈歐小岑來長談至三更
十五日早起至會館辦黃正堂大雪下午味山留吃飯傷
晚始歸寫應酬字
十六日早陳岱雲來因留飯飯後至黃南卿處寫正堂事
是日因生房太熱移過南房寫冬事畢因走小岑處
小岑邀同去聽戲頓小岑處夜燈上始歸則楊春農已在
寓見候談過二更始去寫應酬字數方
十七日晏起早後看寧存題數十葉後睡午飯後寫應酬字
數方夜楊春農歐小岑來長談至三更去

十八日早起寫字 辰後看吳子序解題 倦甚 復酣睡 午後鍾溪來

陳岱雲處 同至小岑處 云郭筠仙與張芸閣先在 夜大雨

張芸閣同過 小岑同來 余屬鬮歸 為戲至三更

十九日郭筠仙在寓暢敘一天 是日大雨不止 至五更尚雨 郭不能

歸 僅寫應酬字二方

廿日早起 辰後筠仙欲歸 又為大雨所阻 午後同筠仙至岱雲

處 又至吳子序處 與子序劇譚 二更始歸 寫應酬字二方

是夜在吳子序處 看子序論為學之方 手過至嚴之要之效

則百病皆除 自後寫此二字 須則斷不敢稍有隕越

廿一日早起 辰後閱易知錄 陳作梅 郭芸陔來 午正曹西垣

來久坐留飯傷晚因同至梅霖生處又至肖史樓處又至

楊杏農處二更始歸寫字百餘閱歸方白古文

廿一日晏起辰後閱課文係梁佩叢送來者午後楊春

皆來陳岱雲來楊杏農孫芝房來至仁處去又閱課

文是日共閱課文十五篇

廿二日晏起飯後閱課文十首午後閱課詩廿餘首陶佩叢

來申正去岱雲處邀同至陳慶覃處更初始歸寫字數

十閱侯朝宗文數首記過則

六月廿四 人漸有痢 飲食少減 精神不振

廿六 覺稍覺 請金少峯醫 芳喫粥

廿八九 人更不快 每餐僅稀飯

卅 覺更佳 請陸潤存余寓所 有從人焦吏在座 是日余

喫飯

七月初一日 見病勢漸加 移寓葉子巷第 順庵與湘潭歐陽小岑

同住 是日服藥除暑還二劑 以後請劉午峰 黃兆嵋諸醫

初二 初三 微好 初四日 頭痛甚不可解 數日矣

初五 請吳嶽英竹如比部（名廷棟）（山西拔貢京官） 診視 知為瘧

瘧 初七日 病始加劇 以後連服清火藥 並食西瓜 幾及十七

日病畧好十八日能吃飯十九日廿日覺大好似無病者究竟邪熱
未全退病雖愈不可恃廿一日辰後怕冷發熱午正無異如未
開方吃下藥廿二日人大困請許青齋師來診視吃兩劑又半
杯而邪火一發不可遏矣由是病日加重口渴舌似青胎一日
數夜同居歐陽小岑時時診視醫藥一切皆小岑經理護持
同年同鄉諸公來看者都以為難治而吳竹如以為萬無一
失多服犀角地黃湯以凉陰解邪熱又間服大黃芒硝以
以蕩內熱熱甚危急其賴服藥不差至有小岑時時檢
點至八月初旬漸有好機至初八日能食粥自廿一日起至初八
共十七天除藥水外一無飲食初九日能下床倩人挽持十一日吃

飯以後，數日每日由床抱至胡床上，冥坐終日，每餐食飯碗許，兩
半步不能移動。十五日始用山藥一碗嚥飯，不用油膩。十六日始用
羊肉、豬腰子，每日一對。廿一日以後，添用肺、肚、心等。十八日以後，稍學
步，頗能行走一兩步，以後借人扶持，每日走幾步。廿四五以後漸
能走矣。廿四日恐家中懸望，即勉強寫家信，備述病中情狀。九
月內與小崇同住店內，弟未養病，男法日日將息，無多，或寫字
幾個。
於十二日奉
派磨勘差使，勉強到禮部房磨勘一回。廿日又接對覆試卷。廿四日
與陳岱雲等去請恒太守。以後漸須出門應酬。

十月廿六日謝至達子營應壽庭上人[illegible]

初五嚴居壽居李陶齋房楚生就譚十一日集至十初度是日

俞樾青前輩請吃飯御橋同年有數人來寓

十一月初一日在會館朱嘯山處早飯陽小峯處午飯下半天回至寓

已燈後矣鄭雨之在寓

初二日晨得有雲已回寓字大雪華蓉初之年伯趙瑛

初三日無訣壽居有同年鄭畏鍾陳毛筱殷四諸人來寓至申初始散

初四日晨後劉頭早初出門謝李申正飯梅霖生處坐二更始歸

初五日早飯後去請陳莞農代寫信二封廣堯海前輩來謝朱嘯山來同

至琉璃廠買紙又同至楊杏農處又同至曾史樓處請自寫壽屏

芸書

早起寫寸大字五十個辰後單日讀經雙日讀史至午正
未初起單日讀史雙日讀集至天黑止燈後寫茶餘偶
談寫過隙影每三八日出門及做他應酬事
初六日晨起辰後寫應酬字十數張寄董芸初之年伯挽聯下款至
午正止接到陳堯農前輩書讀堯翁于十月廿七才出無疑
將出京又至楊春皆處談歸方晚出拜客飯畢天黑始批讀
山谷所作文二首山谷文深厚迴異凡庸
初七日晨起做寄郭雲仙詩一首楊春皆來請兹舟來午飯後做
詩並椿深得二首
初八日早起方晚出來辰後春陔郭仙僕小說心甚不快方晚出

後壽雲來 西將去 沈念農來 燈後潘樹庵來 接作詩一首 共四首 寫完 將寄郭筠仙

夜雪

初九日 早起 往陳岱雲處 拜年伯母壽 辭初與凌荻舟 黃生 張雨農 首服丹處 仍回岱雲處中飯 至二更方歸 寫楷書 開父親節略 將請凌荻舟作壽文

大風

初十日 飯後陳岱雲來 去後李少庵來 金竹亭來 寫信寄郭筠仙

陰

十一日 早起 往東頭朱嘯山處 寫壽屏 日正 早寫四幅 申正至金竺虔處 酉正歸 閱讀 宿嘯山處

陰

十二日 仍在東頭寫嘯山壽屏 日正 早寫五幅 燈後歐陽小岑處 下棋

雨。同諸子至更始睡。

大晴　十二日　在東山寓寫壽屏二幅，午正完。飯後拜況[illegible]周頤。回寓已晚。趙鐵子寶來，看山說數千葉。

晴　十四日　晨後寓中評少峯書。閱楊春宵詩，隨意滿索何居楊春肯知笙房隱，蘭皆陳堯農文，與陳文泉對弈，歸寓小岑已來，談至夜分歸去。是夜看東坡說至三更始睡。

晴　十五日　晨飯後愚園南來，後至城隍廟燒香，拜蘇居帝楊豐、何王夫、張星白、何耕雲、王秋卿、王穀臧、吳伯如、陳慶雲、至少岩。最後相鏡海文來送織補水利一部。是日閱李崆峒山文集一本，是經楊壽[illegible]傳得是明中[illegible]文

晴。十六日晏起。飯後黃恕皆來談，及鏡海先生每飯必記于日錄，
對倭艮峰進呈讀佛云不問，王荊公學之。朱嘯山來。劉頤後、楊
寶來。邵蕙西來談，及國朝二魏、李文貞、熊孝感、張文端諸人，申初
始去。飯畢，即晚燈後代人作寒暄信一首。作寫茶餘偶談于道德行
門五條。

晴。十七日早起，寫字數十個。飯後寫熊秋白山先生之幅。黃正齋來，隨
至陳堯農處，書遇翁芸房、楊春皆處，四家寫冊頁半開。鄒
芸陔來，戴蓮溪來，梅霖生來，陳岱雲來，留梅、陳二人吃
飯，談至二更始散。是日所談多戲謔，自覺太放恣。寫字後
寫冊頁一冊開，寫茶餘偶談德行門二則。

晴

十八日晨起飯後看小說十餘葉方坎叔來久談寫吳丹如屏一葉周星橋來又寫屏二葉又寫行書條幅一飯後上讀詩性理中語錄寫屏送歐陽小岑記茶餘偶談讀德行門三則

晴

十九日早起閱小說飯後臨帖寫五箴將與小岑寫屏又寫吳丹如屏半葉鴻樹堂來遂同至小岑寓中飯燈後始歸寫家信與叔父論讀書之法甚詳又寫信與歐陽牧雲要伊代替舅拜說法其日極欠親切知家眷已於十月十一起行記茶餘偶談德行門二則三更盡始睡

陰

廿日晨起飯後方坎叔來寫吳丹如條幅一葉半陳岱雲來又寫數十字自覺懶惰悵思已甚因出門拜陳堯農處久坐

書南垣消樹堂更田宮院頤和園二本小說又記德行門三則

陰 廿一日晨起早飯後看許師雲郎蕙西雲讀及理學郡守劇

蕺山先生書多看恐不免有膚郭矣不如看薛文清公陸清

獻公李文貞公張文端公諸集最為醇正自愧未見諸集為

笑柄也後至黃雲路師雲方德堂更至梅霖生雲留晚中飯薄起

更二方歸寓閱小說二本記道德門二則

晴 廿二日晨起早飯後方德堂來雲穿舟如屏兩幅半出行去外馬房

至未刻閱王若化館二庭車回寓抄詩穿舟更三閱半記德行門

二則

晴　有雪

廿三日晏起負諒方廷璽來交力字來寫冊頁兩開小岑至坭唐
鏡海先生來出行至勞辛階處道喜又至楊杏農處久談
燈後寫字約三楊寫書寄郭筠仙記德行門二則

陰

廿四日早起至許師處拜壽來收祝敬鄧芸陔來留飯飯後寫小岑屏
一張太懶與筠仙靜談不用功未正鏡子寫冊廿二扇晚飯後又一扇記
德行門一大則

晴　大風

廿五日晏起飯後封信寄郭筠仙又寫信寄家出東至棉花衚
衕同看房子又至琉璃廠綠字葛刻字鋪歸來遇李笏生同吃晚飯
會力坪梁僻堂來更訪娛散代鏡子寫作題畫詩記德行門一
則

晴 大寒

廿六日晨起 偕及陳岱仙至東大後吉橋樹之爭春寄子 文村蘇慶堂

田吉生 戴蓮溪 至杜蘭溪 李村壽 村植夢 冊輝 瑪樹堂

來 錄記德行門二則

晴 大寒

廿七日早起 後楊春浦來久談 畢 劉頤程出不得 暮歸 體事

黃蓮溪來 方聽帝來 梁玉臣暮少坪之兄來 飯後與岱崙

仙談四書文 暮輪至二更 將錄記德行門二則 是日事

未作工夫 偏身體

晴 雪接 小

廿八日晨起 飯後與岱崙仙剃於鐘子寓 往至湖廣會館 請程玉

樵 屢訪 德閣 歸來陳岱仙雲暮同甫來又同岱仙雲至傳岩雲抱

與岱崙仙閒談 又錄德行門二則

晴 大風 冬至 祖母生日

廿五日 早起 因祖母生日 恐客來 無以款宴 出門走曹西垣處 早飯 飯後 西垣請赴戲 至慶和園 觀劇 劇畢始歸 走陳競農處 晚飯後 到家 與嵩仙暢讀家庭事 夜 記德行門二則

晴 大風

卅日 黎明起 飯後 至神武朝房 磨勘湖北浙江江西福建試卷十二本 回至戴蓮溪 來相壽雅 走湖廣館赴秋 晡時 歸 與嵩仙讀文 後 記德行門二則

晴

十二月初一日 黎明起 飯後 拜客 至吳竹如 穆中堂處 至城外 賀李申正 至陳岱雲家 苦留吃飯 飯 更後 方歸 作詩一首 記德行門二則

晴

初二日 黎明起 飯後 出行 拜客數處 午正 始歸 於 出門 走查豐宇 晡時 歸 燈後 閱嵩仙玉書 歸寫家冊 記德行門

則

晴 甚寒 初三日晨起飯後至崙仙處談，旋至胡公莊舫處下棋一局，楊性農來，午飯後燈下閱韓歲秘書一本，又閱英中壹筆記一本，記德行門二則。是日發江西家信，寄舒伯

陰 初四日晨起飯後帶人同出門，候民宣房屋，又至楊性農處一談，下半天至崙仙閒話，並記德行門二則

晴 稍暖 初五日五更起至午門外當班，辰刻至部，並候李閣赴部，留陪飯，畢歸，稼子寶來，步行至杜崙閣處吃飯，申正歸，並杜家下人在寓與外面佳人吵鬧，至二更始歸，寫記德行門二則

晴 初六日晨起飯後方欲出門，楊性農來，李古香來，始出門買書

歸，晚午飯。飯後至崙仙談，復為崙仙閱詩對句，夜課記德行

門一則。

晴

初十日晨起，飯後與崙仙談，旋至青麟寓，偕李雲陔至俞

壽雲寓，晚中飯，二更始歸。內崙來談，至三更始睡。是夜未記

德行門。

晴

十一日早起，晴，崙來，出吃飯。飯後同至樹堂寓，再至雲陔寓，拜陳

岱雲，岱雲留吃飯。飯後與梅霖生、岱雲同至劉椒雲寓，二

更歸。記德行門二則。

陰雪

十二日晨起，飯後走拜黃竹亭、胡雲莊、何丹畦，乃城外答雲申，歸

晚午飯後同崙仙至鍾子寓，談至二更歸，記德行門一則。

陰 大霧

初十日晨起夜飯後与崙仙同談又同十家又送去少府來拜

王醉芳孫翔同看房子歸寫信飯後黎樾喬來二更去地著

解偶法則

晴

十一日晨起飯後出門看房子命寫字步歸王玉青處下半天看

粉房琉璃街屋一所燈時歸飯後陽小岑來寓談至四

更同歸

晴

十二日晨起小岑是日生辰在寓邀客飯後同王瑞臨街看屋

張玉鳴樹堂雯瑞又同來寓請孫丹來借飯燈後小岑塔帥

楊春皆張耕皆來談至二更散記茶餘偶談德行門四則

補昨日所未及

晴

十三日晨起飯後與崙仙談旋出門拜蘇賡堂畢叢至

琉璃廠看房子因拜某屋側蔣君談及於此屋曾經住狀

老輩雙之夫人王恭人在此屋殉節京城住房者多求吉利

恭人殉節 祗聞不得謂之秘命此房亦不得謂之不祥然忠

節二字庶使仰慕芳徽當時窮於門庭之幸加以此房太

貴屋太多宗頗佳是日買棉花六條翻閱房子交兩月錢大

剃頭下半天至梅霖生處遇岱雲三人長談至二更後

方歸記德行門二則

晴

十四日晨起飯後寫安翻字數方旋出門至邵蕙西處久談天至

矩卿師處申正歸飯後與崙仙閒談旋深拜劉玉坡接宇海

鈔長摺子記德行門二則

晴 十五日晨起飯後出門看房子旋歸又至青廠衚衕李宅申刻歸雲仙垣來馮樹堂來程子崙仙楊儒至二更去看月光明如晝清寒徹骨記德行門二則

陰 晴 十六日晨起飯後方硯南來拜莘楊春皆字芝房雲全中楷文戲同來寓念堂偕世兄來寓偕雲甫遊同至彈叢中又將至琉璃不果因同至樹堂處便歸晚飯後雨三更久讀記德行門二則

晴 十七日早起飯後將行李收拾搬至棉花六條胡同繪此房子午正移寓毛文叔來雲南垣湯樹堂來寓留飯晡時散旋杏農來小岑來晚與岑遊同至越芳處旋歸芳置請子在深記德行門二則

晴 十八日晨起崙仙來商之來同至芬人處早飯申刻出散訪何弟
諸同年來煙善所事閙甚早睡
晴 十九日早起隨匠來糊窗戶飯後走琉璃廠午後歸朱仲山雲軒
來陳四弟三來留吃中飯下半天有客在普安棧請人來四更散訖
德行門四則
晴 廿日早起隨岱雲遊同至琉璃廠買書買紙已而歸早飯後
果山同年來申刻散岱又遊至錢月橋處中飯暢談二更歸
寫本年詩讀張簡記德行門二則
晴 陰 廿一日早起是日廳點何南雲貴川廣七省試卷余因知會本日始到來
出及又去岱處買假早進內城至胡家及吳仲之家歸早飯後雲生

素田中鐵群子異同甫來午飯後打掃房屋當令人收拾箱物林子

錄奏記德行門二則

陰

晝寒

廿二日早起此之房來飯後至錢門買史樓至大街買論衡一部

至青雲閣買雲（堯）雲嗶嘰錢崙仙方攜來在寓宇家住擬送去內

寄覺世經二紙擬閱論衡

辛丑年

晴　正月元日二鼓起坐車至東長安門步至午門外翰林院朝房胡應春前輩祁仞章在焉五鼓跪送

聖駕出長安門詣

堂子行禮鼓樂前導旋迎

駕入宮黎明隨班朝賀在

太和殿下行禮是日有高麗國陪臣數員在和禮畢回寓設香案祀天地祖宗為父親慶賀飯後偕假准旋走各老師處拜年是日走內城申刻還寓

晴　初二日早起走書館飯後偕嘯山雲程走內東城走後門會雲出內西城順

成門出城燈後還寓與　父親談京城請領事

陰寒　初三日早起飯後出門拜年走順城門外東城西城會客燈

時還寓

晴　初四日早起走順城門外南城去西拜年　午後還寓拜年賀年

拜客老師陶廣同鄉甲午鄉試去同年　戊戌會試同年到一

日起至星早拜完是日黃正岱二男心壹請　父親吃飯余在家

同舍弟園爐閒話　父親燈後還寓又歷言多時事二更

盡始歇

晴　初五日早起飯後梅世兄來是日　父親出門拜年余與舍弟

圍爐閒坐中飯後走鄒崙仙雲邀同王梅霖生雲遊話霖

坐留飯二更盡始散歸時父親已睡

大北風　初六日早起陰　父親出食飯後寫家信錢篛仙戴蓮陸

劉茗仁來　鄭小珊來拉與父親小坐申初去赴勞辛階處

吃飯二更始散是日北風甚大飛砂揚石

晴　初七日晏起　飯後　父親出門拜客檢點頭事擬江蘇謝　恩摺子擬

上諭一道寫家信代官卿平寄兩周備生往閱薛文清讀書

錄燈後楊春皆來長談為六弟講文

晴　初八日早起　祖太夫人壽辰同　父親設香案遙祝六弟略傷風

飯後同父親去張繡廬未初還午飯後擬謝　恩摺子款式

陰　查閱薛文清讀書錄十葉

晴

初九日早起陪 父親吃飯後出門步行看陳梅方鍾蘇請安謝壽畢正歸寓歐曉岑來談至燈上始去是夜早睡

夜大雪

初十日三更起是日湖南公謝 恩為岳常澧諸處被水緩徵借給籽粮三更入園在翰林朝房久坐黎明在賢良門外橋南三跪九叩是早雪深盈尺北風甚勁謝 恩後與俞岱青楚芳黎樾喬陳廣敷黃恕皆鄭小珊陳岱雲同在掛甲屯福慶堂早飯申初回寓夜聞九弟背誦京江南程略講解○上年六月嘆咭唎家突寇浙海踞定海聖恩寬大不欲遽彰天討命大學士琦善往廣東查辦乃逆夷性同犬羊貪求

無虞上年十二月十五攻破沙角炮台正月初五日報到後又攻（直逼）

虎門正月初八報到

皇赫斯怒于初六日通諭中外初九日　授奕山為靖逆將軍

隆文楊芳為參贊大臣本日又　派侍衛四人往廣東

備差遣

晴

十一日早起侍　父親側飯後錢崙仙來久談程子　父親率

同崙仙至琉璃廠崇正還寓晚飯陳岱雲來邀余至小珊處不

值坤睡發弟背賦粗侍　父親圍炉解發弟文

晴

十二日晨起飯後將去年端節後館錢數目查點約計去年用

銀八百兩還賬三百用去五百數目不甚清晰本年恐至一薄

須條分縷晰自立章程　馮樹堂楊春霖來談　下半天封家

信寄南雅仍寫數篇

晴　十三日早起是日九弟開課為文余亦欲開課卒無所成僅与　父親

團炉坐一日夜候弟文成始睡

晴　十四日晏起陳岱雲來飯後為九弟改文久荒制藝甚難成就

至申正始完是日岱雲同嫂來寓夜讀文數編　為九弟講

詩一首夜深香燭敬　神

晴　頗暖　十五日晏起飯後走街上買棋燈提玉陳亮熹孫　芝房楊春

皆來午飯歸夜戴蓮溪來侍　父親与九弟走琉璃廠

點燈歸歐小岑來陳岱雲兄弟梅溪兄來侍　父親小

宴

晴　十六日早起讀　又祝生飯後擬為曉岑作策而未成錢崙仙來久譚寫聯送季助青　表伯崙仙在寓便飯申正始去燈後小珊來談至二更始散　對聯下款

晴　十七日早起讀文祝生飯後寫作　至霖生芸房芸渠香雲旋出寫冊頁陳岱雲來久談中飯後小坐言及九弟讀詩法　小珊來霖生來談至二更散

晴　十八日早起出東門至內城曉岑雲樵走陳岱雲雲赴飲未刻散　偕岱雲至霖生雲岩談至二更歸未甚困即睡

晴　十九日早起為九弟改文與其頌美手文小譜樓坐　飯後劉輝至湖廣

館園排宴請 父親携弟弟來館看燈戲二更要散因疲於視

歸來即睡

晴 廿日早起書小冊書畫雲歸吃早飯飯後遲 父親出門吃酒

睡一會捉弟九弟回交未至剃畢 邵雲陔來 應星十坊來申刻去 許師雲文

去去喬仙雲一[illegible]

晴 廿一日早起侍 父親吃飯後書農來拉出門步行至西城曉峯

雲校張藝閣雲五生東至藝陔雲下半天至全飯金巴雲度來書

山讀雲更[illegible]始歸

晴 廿二日早起飯後閱漢書高帝本紀十五葉 喬仙來談又邀同至

蓮溪雲歸閱明史稿太祖本紀十二葉天黑時書小冊雲文

談更訪陽閱文選詩十二頁補已述德勵志責躬應詔諷諫等
篇為九弟批閱鑑字句之疑
晴 廿三日早起侍父親坐最後閱明史稿太祖本紀二十五
頁柳太祖安孝陵論得天下大勢諸文閱前漢高祖本
紀畢計廿頁王雨刻止燈後閱文選公讌詩四首出補未
維談至二更夢是日九弟課題予與蕾長矣
晴 廿四日早起飯後為九弟改文改起竣後游宋山東黃友瑋書
西垣來留晚飯二人晚飯哺時方去燈後將九弟文改完
講一遍又讀方朴山王如和此文與弟讀
晴 廿五日早起日晴進城寬山堂甚陸文出郡早起甚多

金甲錢請更雅步行至内城廣鏡齋早飯後閱餞

第五卷之一 十月我行圖 一五原學金圖經 令黃葛卿兄

來又步行至琉璃廠 賈人少峰 歸後閱卅四家時文 好選手

九本讀 鞭不合意 夜大雪 是日奉 上諭祁寯藻大學士 援未缺

大雪

廿六日早起 飯後閱易知錄漢宣帝元帝及哀平帝五頁 極深思 好古來

政事人物不類 隨手摘記 實為有用 書未有條佈

晴

廿七日早起 飯後精神起 閱易知錄成帝 卅頁 修 歐陽小岑來 因留吃中飯

小岑遂同至曹西垣 馮樹堂處 燈後還寓 讀文與小岑論 陳岱雲 趙楷

青來 二更始去 復閱哀帝平帝 讀抄饋貧糧 數則

晴

廿八日早起 飯後閱孺子嬰 王莽 更始 光武共六十葉 記茶餘

偶談讀史門八則 夜早睡 是日張相皆來 李瑞生來 父親出門
拜客 前廿三日考中書 本日發案 湖南共取九人 陳丹伯 徐
芸渠 孫芝房 劉佩泉 劉鏡清 張閬農 黃玫堂 張野芝 閣
第一 係浙江邵蕙西懿辰

晴
廿九日早起 為九弟改昨日課文 題有不虞之譽 至旰時始畢
夜飯後少睡 日中命岱青 楊杏農來 燈後走鄭小珊處久
談 歸 將昨夜所記茶餘偶談抄出

晴
二月初一日早起 步行至杜蘭溪處 陳丹伯 芸渠 陳岱雲處
旋至吳蕙人處 以請黃矩卿呷酒 走梅霖生處 曾梅岑處
歸少息 陳岱雲來 燈後小珊來談 至夜分 閱易知錄漢光武

晴

畢甚倦

初二日晏起　又執不悅飯後閱易知錄明帝章帝和帝殤帝

安帝共五十頁日中少睡勞辛階來是夜謄詩四首文二首

子初寐

晴

初三日早起飯後閱易知錄安帝十餘葉陳岱雲來邀同至東

頭步行至上湖南館湘潭館後至者館拜　文昌帝君誕飯

後至新館懷慶館二更歸閱易知錄沖帝質帝桓帝

晴

初四日早起飯後閱弟昨日所作文改至提比唐鏡海來曹西垣

來旋至湖廣館公請蘇臬台申正散走金竺虔更初歸困

甚即睡

晴 初五日早起 飯後作大弟文完 少睡 梁恩緝來 久談 杜蘭溪來 周
華甫來 因同至岱青先生處 飯畢 燈後講文一首 至大弟房

晴 初六日早起 飯後至雨芝房道喜 旋至財神廟 申正歸 時與
大弟同至岳仙處一談 唯來侍 父親暨諸同事當人談事甚久

晴 初七日早起 飯後閱易知錄 桓帝 靈帝 獻帝 計六十六葉 上
半天酌大弟來 下半天翁慶玉夫 蜀生 小亭來

晴 初八日早起 閱易知錄十餘頁 飯後至文昌館 戊戌同年團拜 申正
散 梅霖生處同至黎樾喬處不遇 與霖生久談 二更歸 閱易知
錄 漢獻帝 三國志 是日共閱一冊 計六十頁

頗熱 晴 初九日早起 閱易知錄十餘頁 飯後至財神館 廖老師請 申正散

鐙下仍看易知錄後漢靈帝前閱一冊計卅餘頁

晴 初十日早起飯後閱易知錄綱紀及晉武帝惠帝懷帝愍帝困倦 父親出門去會二叟是日僅看三十餘頁夜將大弟所作詩四首題心清閣抄去告安雪後見晴倩青色滿皇州筆亦大費咏日大弟所作四書文題雖異草父親已代改正

雪 十一日早起飯後閱易知錄東晉元帝睿明帝紹成帝衍康帝岳穆帝聃哀帝丕廢帝奕簡文帝昱孝武帝曜是日閱一本半計近百頁午正郭雨三來請作壽文

陰 十二日早起飯後閱易知錄晉安帝恭帝宋高祖文帝黃綬卿師請去文昌館申正歸接郭錫仙信駢體文書卷又詩十二首

余並雲處來函同去小珊處不晤因去看農叟一談薄暮始歸

晴
夜陰

十三日早起閱易知錄數頁飯後同余並雲處去琉璃廠買紙於內

城西華芸閣雲陝移及叟出會館拜杜蓮樵嘯山雲叟代論試

帖詩

陰

十四日早起飯 元瀛師叟歸家傳 父親生 父親用作夜不歸

不豫旅寓家信於上諭四道寄西 西蓉來留之飯 曹君恒來

去繳 蓉叟不在 歸晤小珊於並處 少頃 在寓久談 二更去 歸早睡

陰雪

十五日早起溫習瞌飯後閱段九未十三日所作文題子亦有奧問

手錄前蓮汀方兩作王秘城張篠雲請飯兩詩數燈後改詩一首

文給詩數句傳陳麐甫作詩

晴　十六日早起飯後作廣雲甫二千字完又寫總帳十餘頁則已曉
師來夜半天亮　父親閱後擬將作宋山壽文交所改早睡

陰雲　十七日早起飯後作宋山壽文今已竟交錢崙仙來　鄒墨林亦來
兄弟來復作壽文將及一半　下半天畫少庚曼遇石珊周同來寓
梅霖生陳岱雲先後在寓從徙至夜深

雪　十八日早起飯後仍作壽文至申正始脫稿鴻樹曹西垣來拜
謄壽文稿

晴　雪止　夜下　半天　大雪　十九日早起飯後復陰午後為九弟改文題　先檢之未能也　改至二更始
畢即睡　是日微恙未修

晴　廿日早起　飯後父親出門拜客至文昌館會宋芝霞及丁月久談至

閑。張五夫婦吹笛為之度，度曲歸來小睡。午飯後廣東沈星槃來

父親歸已晚。夜擬為之度，後壽文，熱而不果。上半天寫東蘇壽序

廿一日早起，飯後小坐。林芝房來，至東林去。午飯後天黑矣，擬為之

出門拜客，午歸

度，後壽文大半

廿二日早起，飯後仍寫壽文完。楊杏由表來，出門，畫從小家，半飯何子

敦來，二更歸。甚倦，即睡。

廿三日早起，飯後，父親出門，李會館，將為之度壽文跋，李自送去。歸

來小睡。是日在家清賞樓書荷盤早，劉同齋為勞，午時陳摩西雅

琴棧春社，閱溪梅，露杯小酌，至二更散。自十八九以來，人疲乏不堪

醒耳徹寧大未清書

晴　廿四日早起。飯後偕君墨、仲謀、鄭錢杯來程宇存寓，郭錫仙共坐談三四小時。

聞之事，孫月繼……天事，以後書多矣，理當力要。

畫未到，因送晚飯。君墨、仲謀半天未讀，蔡丹雲借壽文範子。父親

讀後為其度譯壽文字。昨在舊書閱歸讀本，泰山詩略。

續作舉樣秋懷等詩。

陰雪　廿五日早起。飯後閱梅文第二本中，飯時後九本文題，不識可以

繼此而得見乎。夜後讀二首題，得仍寄仁雲、費金生。

晴　廿六日早起。拜母親大人，上房事。飯後寫請帖，遣人至會館請同鄉。

寄程自杜蘭溪家，送銀婦。瑪樹堂來久坐，楊孝先皆來。未初同

父親至琉璃廠買紙。晚飯後將所買紙請人寫對聯，殺四字，百餘也。

晴　頗煖

更移為第一年附字條子一張計三百字

廿七日晨起飯後書紅紙條子請人寫字甚煩瑣至未初始畢旋閱史記平津侯主父列傳南越閩越朝鮮西南夷相如等傳申初同父親至竹處雲旋獨去梅霖生處閱畫畢見又二更歸倦

晴　甚煖

廿八日早起飯後閱史記季布欒布袁盎鼂錯傳旋寫信帖來兩之出門步至雨樵錢松毛西垣及鄒星林譚至樵出城去岳晴移處送不能暫拆至新館飯去閩處又至老館下半天回去黃蓮溪處歸時伏處夜屬讀至二更燈散

陰

廿九日早起飯後去小珊家請看脈旋去竹處處看字畫蘇飯後歸閱史記張釋之馮唐傳萬石張叔列傳田叔列傳吳王濞傳魏其武安

讀晏侍韓長孺傳 旋困睡午 飯後為大弟改文題 堯舜與人同耳

詩題好竹連山覺筍香 至三更完 夜雪甚寒

陰 雪

廿日晏起 飯後讀文與大弟 醒 閱史記李廣傳 匈奴傳 旋睡午飯

後伯雲來遊 同至山珊處 二更歸 父親在滁 隨丈就讀吃

夢旋閱劉元豐先生文三首 加批

陰 寒

三月初一早起侍 父親去東鄉 書 請客於同鄉人西席 王畢 散歸

復去杜林閣 溪雯拜壽 夜閱史記

晴 夜寒

初二日早起 飯後困睡 饑 崙仙來久談 午飯時雨岑來遊 同至穆樾

喬雯歸 遇晏菓芸 因同去蓮溪雯 夜閱史記 夜飯後醉 九弟言

溫甫弟去年情事 頗覺性質不甚平和 談至夜深始散

雪

初二日晏起飯後出門至湖廣館請喬見壁未正歸為鄭雨三之
年伯作壽文一篇至二更畢是日 父親飯陳慶覃處夜深
歸三更睡

陰

初四日晏起仍續壽文至未正始畢晚飯後下人別與謗言慢(侮) 父親
因送坊官旋去小珊處請一人拱四不服置彼于法因留小珊處久
譚又同王竺霞處二更歸將賸壽文因甚賸未完

陰

初五日晏起(飯後)將壽文賸完去文昌館吳子序之年伯壽辰未刻歸
去喬見壁處歸飯後去李碧卿處嘗慰渠卿夢炊時歸小珊來
春帆來看閱史記范睢蔡澤傳樂毅傳廉頗藺相如傳

雨

初六日早起出門至 午門破室會試總裁四人王循神賈楨文蔚

杜受田四人同考官十八人易之年 旋去小岑處晚飯後閱史
記田單列傳魯仲連鄒陽列傳屈原賈生傳傳起〔閱畢〕屈賈傳呂不韋
傳中飯後佛山來訪後閱刺客傳李斯傳圖書文陰晴睡

晴 初七日早起飯後閱易知錄宋齊共四卷夜晚飯後至蕭漢溪處
亭年偕雲谷歸小睡蓮溪來中飯後張桐皆來同去張玉夫
約十八楊杏農雲子小珊雲歸時已更初該卿

晴 初八日早起作文觀玉筆楊蓮舫旅午正至雲溪雲晚飯下半天同
麥籍林院衙門穿長安門出前門同 父親坐車歸 小珊來談
至炒後散 閱易知錄卅頁 閱方蒙閱鏡所批頗有見解

晴 初九日早起閱易知錄印初七夜閱者飯後改九弟文題以濟人乎

午後日中回 父親至華蓉看菊中飯後圈易本錄十餘頁 晴

燈時霖生偕雲來談至更初又圈易本錄卅頁至南北朝南齊止

晴 [illegible]

初九日早起圈易本錄畢出帝紀畢日中至辛階處送行又至黃也

錢處歸來圈書是日閱畢陳紀聽齊周隋至煬帝是日圈一半

申刻至方史樓處閱會試文題賀我以禮君子依乎中庸一節

詩云天鼓時鳴五句詩題師直為壯得平字燈時歸小冊來談至二更

神散

晴

初十日早起圈易本錄唐高祖一卷飯後圈一卷至華蓉接葉

田徵加莫至申刻畢梅霖生來邀同至小酒樓二更歸同

父親談早睡

晴

十二日早起閱易知錄唐太宗一卷（四二卷）飯後閱一卷早中寫對聯六七付

中飯後洗澡旋出呼燈後起對買坊文精華隨手繙閱一本

宋蘇文忠觀碑司馬溫公神道碑二觀夜飯後大圖易知錄

一卷唐宗宋文圖半卷（四五卷）（四六卷）中宗至后是日閱報復楊東白易續在

唐東[illegible]破從事將板艇三呎二月廿四日事

晴

十三日早起閱易知錄唐中宗飯後閱易宗是四七卷旋出[illegible]起字

對聯十七付至申正正青史樓字閱經文旋至霖生處談

至二更始歸[illegible]文稍讀議文一首與[illegible]題本[illegible]

獨圃事作文不甚圓秀也

晴

十四日早起[illegible]筆飯後陪[illegible]文[illegible]門外[illegible]

文正公墓同鄉會者八人共飲桴亭旋遊大鐘寺留連良久由西直門出順城門回家申正至戴蓮溪處因有未對下代蓮溪校宋書閱王僧綽顏竣傳朱修之宗愨傳改詩一首

晴 十五日早起為蓮溪校書飯後次珊處同至琉璃廠至未正歸小睡中飯後代蓮溪校書至三更止共校六本惜隨送傳二函傳令看錄皆係手繕閱而已

晴 十六日早起為九弟改文題多不如意至未刻畢陳岱雲來留早飯後甚久未正出門至許師雲鶴樹處會曹西垣雲龍星巢處旋走杜蘭溪徐芸渠岱班處乎索食但館文戲雲歸謄文與九弟旋出門走次珊處歸早睡

晴　十七日早起，侍　父親赴會館飯，赴聞雯招，赴會館及楊石泉

雯、內閣各處道喜，因與小峰同車，歸寓。余在二處，王少庚、偶樹來

留小峰飯，飯後同赴萬生處，又在二處，兩處都門兩次歸。已二更，寫信至

吾處，是日接信三封

晴　十八日早起，飯後寫家信一封，旋出會客，來甚多，起至二更，出書無字

信五封，接篠房、李青士、謝吉人、賀耦耕宮保書

晴　十九日黎起，父親不豫，飯後　父親出門，余小寸，旋書瑞繡屏貫

紙（謹為壽屏　書壽對）至杏邨曾處，弟又與杏雨處借行，至家陪兩姪，夜作書，旋

寫信寄郭筠仙，早飯後設寫佛扇二，小方下半，夜為九弟改文一

首，題見賢而不能舉，隨作一首，題歷順寄友，日暑之，至二更畢

晴

廿日早起是日客多自辰至申幾無間中寒請老師帖及

知單中山堂西柵寫又更移歸是夜早睡

晴 芸艷

廿一日早起飯後寫完前畫卷寫去半所寫起未算壁

條對聯條幅吳春園代喜答衙門求的頗多寫至天黑時

止共計條幅廿五張對聯六付夜擬為福六姪壽文快兩不

果僅繙閱吳君人四六兩九篇點出文習

晴

廿二日早起夏飯後寫完前畫卷寫去手所未寫完的三條又

清理諸筆墨應酬請判稿軒為雅代筆寫條子去張之翰

二柄扇隱寄旋摩請帖有年老師許師兩寫請自子因在湖樹寫

致寄請帖送師寫又寄錢岸翁仙寫一譚師飯下半天

陰　文親謹笑夜閲此弟所買劉藝存齋集晚飯後作
謹亦尋文至四更人靜止三分有二矣
晴　廿三日早起飯後將尋文續起至午正止稍小睡起寫對聯
甚多至天黑時止與大弟同走歐陽小岑處談至更稍歸
吃晚飯早睡　是日寫對聯甚多極遲緩思無一聯寫甚得
意與小岑譚有不合處自念二三知心亦復何見疑則平
日之不自修不見信于人亦可知矣可不儆懼乎
晴　廿四日早起飯後改大弟文一首題子路人告之以有過則喜中小睡中飯
後出門拜客忽遇極霧之處談至二更歸寫扇三柄
晴　廿五日早起飯後出門拜客至正文昌館借無見程回家吃飯

同樸山寫書胡建舫寫文書霽林生寫問付觀耕耤書碑遇雪

鄉黨談廣東情形晚歸燈後寫信一復徽信寄竹生成睡

晴 廿六日早起飯後小睡起來寫應酬字會客頗多寫字至申

初止晝讀莊舟寫催書文至小珊寫談歸點文二篇至九

弟讀撰寫信二

晴 廿七早起飯後為鍾六寫壽屏二幅因筆小不能寫書余莲霞寫

一讀下半天東鱗書來講價席小珊來談至二更又書西九東段詩

題秧針

晴 廿八日早起飯後為鍾六字壽屏一幅半邦寫皆將椒來寫小寫晚飯

下半天書安楮寫看字經霞來在寫續鈔寫小楷扇一柄

晴 廿九日早起為徐六寫壽屏三幅半日為小岑寫楷屏四幅至酉正

畢 燈後睡 下半天轉風

晴 閏三月初一日早起算父親壽屏字數 飯後剃頭往才盛館赴

飯申正歸仍寫壽屏字數段點句閱廣東省報到 因寫鄉黨

談更初歸 早睡

初二日早起 飯後同九弟去琉璃廠買紙往寫對聯十七付去太和

館飯申正歸 夜寫單條一冊頁一

晴 初三日早起 飯 父親往皮貨局買皮貨巳刻去湖廣館請許

吉三師及甲午諸同年與珊兩人為主 酉初歸宗西垣來

嵩仙來 小岑來二更去 燈早睡

晴　初四日早起飯後寫序子十五各字樣寫德寫對聯卌餘付
單條數張午飯後寫冊頁半開寺金箋扇葉更詞歸寫
冊頁一開半寫朱堯階信一封寫五頁三更睡大風雨

大風　初五日早起飯後寫各樣條子冊頁三開子畫多至二更止後寫
信六封

晴　初六日早起飯後侍　文親下園子同行出山拳[?]岱山寺兄弟并九
弟遊吳[?]壽亭祥至樓中寫字畫黃[?]菊[?]卿處

晴　初七日早起在園子看虎城飯後畫[?]寒巖山青鞋樓至泉山迴至 [信晴園]
寫扇子積各字又出遊[illegible]歸入城中到舒家看梅霖生來又談

晴　初八日早起飯後小睡移起寫冊頁寫信二封下半天寫寫[?]到霞

仙侶至三更始完錄千餘字

晴

初九日早起是日會議發稿飯後寫對聯十七付錄觸千餘張韓老

壁度叟聽榜歸來與九東同至小珊處吃飯申刻時歸小岑

來談至二更寫信一封

晴

初十日早起至石溪叟處道賀飯後至雲叟處至申正歸壽翁蕭請廢稿

壽霖生處歸吃粥飯後早睡

十一日早起候西垣來吃飯飯後請西垣攜大車余在家書成忍

壁往一串旋買冬菜蘑菇等物買通花館一間寫對聯數付

下半天至陳岱雲處請陳四吃飯下半天雨雨

晴

十二日早起劉元甫先生來飯後以親與劉同出門遂與九弟至

琉璃廠看壽屏去西河沿買貨歸來客來客客至燈時
燈散歸寫壽屏一幅寫成忍齋之信完廿頁 古行宮讀書日記
為須以圖勉之功為大人之學易稿

晴

十二日早四更起同 父親去 午刻回至 太和殿內廷新
進士覆試辰刻歸 飯後看 春府檢 父親行篋早中字對
聯對付下午未刻頭樣檢點 父親行李 楊秀雲來久
談二更睡

晴

十四日早起是日 父親出京與孫先生先弟同行 父親與
荊門楊莊三年一稿已移開車 等與大弟送至彰儀門外
十五早申刻歸 下半天收拾屋 程秉釗先生來

晴　十五日早起寫小條子飯後因齋中各屋收拾不整齊責婢僕

過一拾點午刻至曉嵐處晤赤叔遂同至少蒼處晤頌雲樹芬處晤雲卿

星期接雲往

處晤伯雲來處晚飯後同至青農處晤慶雲歸時讀黃山陶菴文

義不如文少蒼來撰做墨令

晴　十六日早起寫小條半張飯後赴少蒼處遂往程處赴年宴相寓而正

始歸夜寫小條完閱斯文精華二十五頁始安寢

晴　十七日早起飯後寫易南前信未完（畢）旋小睡楊青農來久談至申正

始去申飯後赴評師處打牌散後往埠少梅來張春前信二攤半

晴　十八日早起留心照請代寫信稿二封飯後封家信發并發局

收家信第五十號

南前信寄東西是日寫小條子甚多并限文一首題出吾而

著道之 二更大發燒

晴 十九日早起飯後去送楊杏農弟赴琴月樓受日中歸訪修卿處午飯後去小珊處果山處歸來圖對文精華二十

三更

晴 廿日早起點書寫譚雲山杉條子至巳正完檢小睡曾四叔來談去

朱黃家道吉方至徐芸渠陳雲四處談師閱高札録十葉

下半天閱對文精華詩二十餘葉蘇廣文來書面垣李紹生

來談至二更

晴 廿一日早起點及第書寫山條子至巳正完小睡起復訪郭風

衡風至申正止因韓撖來去談至燈時寫金字至何一楊園古文

十餘頁

晴 廿二日早起先生點書寫字一張至巳正午刻圖易初錄

約五十頁至申正止看圈古文精華計十餘頁

晴 廿三日早起點書飯後剃頭[illegible][illegible]寫各文至燈時陳[illegible]雲

讀[illegible]每在寓處同至鄭小梅寓談至二更

晴 廿四日早起點先生書飯後小睡借字[illegible][illegible]未全[illegible]度查書經來

晚飯後人甚頻沈因[illegible][illegible]了[illegible]燈[illegible]早睡

晴 廿五日早起點書書飯後[illegible]起[illegible][illegible]國風[illegible]為弟課文

課讀畢酉正止是日寫書[illegible][illegible]字張[illegible]雲[illegible][illegible]錯[illegible]成[illegible]

圈古文精華七古詩十餘頁

晴

廿六日早起溫詩經王風 飯後習字一百臨智永千字文 閱易知錄

一百頁唐明皇肅宗代宗至中正止 閱古文精華十餘頁至於老

梅霖生來看伊病嗽亦病 飯後歸 閱古文精華文廿餘頁 仿陸

寫公文

晴

廿七日早起 看弟照書 溫鄭風至狀于田 背國風頭一本兩遍 飯後

臨千字文一百 看少陵 閱易知錄一卷三十餘頁 唐德宗至中正止

出門拜客 閱古文精華 七古數首 擬作古詩未成

晴

廿八日早起 王右 搭天箋 飯後小睡 日中作詩 七五一首 送陵九至燈後始成 是

日家中搭天箋未用功 晏飯家來 錢出崙仙來 史士良來 詩成後為

九弟改文一首題人本恒言

晴

廿八日早起，為九弟點一出書目。經鄭炳桂、李燕仙二人吃飯，因李儷裳

雲樵、李雲棠送萬生行，未正方歸。雲舫送陵九閣杜工部七古數

十首，至每夜二更，一條首行第二字寫錯，因錯為仁風之句三

字，便借五古一首，就起仁風之句，亦慕帝云云，是甚婉縱時事也。九弟廿

二韻

晴

三十日早起，為九弟點書。飯後寫信九張，全寫在一稿。李筠生來，久坐

去。後小睡，至飯時方起。中飯後，蓋函來，接讀九兄弟書，看貽文

精華杜七古十餘頁，接杏儂、雲窗久坐。三更方歸，查是月所用

銀錢數甚久

晴

四月初一日早起，為九弟點一出書目。飯後，往黎樾喬處看病，久談。歸

至未正歸睡中飯後閱易知錄二卷唐德宗順宗憲宗至穆宗止閱
於文精華韓文十餘頁

晴

四月初二日早起爲九弟點生書飯後天氣尤熱難過寫字數十張
書房飲間談歸中飯後閱易知錄唐憲宗卅頁少卿來談同至
桃葉渡談至三更歸大雨歸

晴

初三日早起黃少蘇卿來留晚飯後午正去少睡起寫人書家信二稿
中飯後岱雲來談同至霖生處一談至更二歸作論一首題君子
不以言舉人又作半首題陸蒙孫來

晴

初四日早起爲九弟點生書飯後改文一半少睡中飯後出門至蘋州閣
談至三更方歸改文完題若夫豪傑之士是日剃頭

晴　初五日早起為大弟題先書自温詩經齋屋飯後寫字出晴起寫
對聯八付圖易如錄二卷計六十餘頁下半天吳君圖畫已來矣
談移出門至南昌堤樹堂韓城寓晤樹為心畬做篆字所成
晴　初六日早起為大弟題先書飯後寫對聯十一付出晴起圖易如錄二卷
中飯後偕雲來談至二更始去又擬為心畬做篆體後數句文思
遲鈍可恨
晴　往大雨　初七日早起為大弟題先書飯後去嵩仙處請其代題心畬篆於出
門拜客至東頭看雲史并（飯書皆雯）拜點文一首与大弟讀自作試帖一首
題山韻及雲浮
陰　下半　初八日早起飯為吳君圖作篆題子八道又為大弟改文一首題昔

四　晴

者吾友是日九弟文有更變之情進境不少可喜

晴　初九日早起為九弟點書飯後出門拜客飯後寫字晡時歸為吳春岡作第八首畢三更睡

晴　初十日早起為九弟點生書飯後小睡日中寫字作畢飯後寫楷書山陰雲岫來下半天寫韓城雲詩叙第八幅為春岡作第八首三道

晴　十一日早起為九弟點書飯後寫信一封寄蔡硯香圍漢書惠帝呂后文帝景帝武帝紀圍韓文數首夜燈下寫周介夫信一封擬作銘嵩仙閣詩竟不成

晴　十二日早起為九弟點書飯後寫李花潭信一封圍漢書昭帝紀為吳春岡作第八首賦十六道夜為九弟點文一首請教

日程深自己作試帖一首題作燕歸來好下簾
晴 十三日清早從雲來留吃飯同去園蕭庭雲命從書畫
借吳吾雲歸時已申正吃飯後小睡程後九第文題葉渡之
飭伊錦芳手書後完
晴 十四日早起將文改完飯後為吳壽園改策兩道甚詩稿至
申刻完畫山冊雲談至二更歸早睡程徽函
頗冷 晴 十五日早起為吳壽園做策題尾樣子飯後寫扇子冊頁頗
多楼園漢書宣紀元紀成紀哀紀平紀畢姓諸侯王表至
酉午後小睡晡時去梅雨林坐雲看病二更歸早睡
晴 十六日早起為九弟點書飯後閱漢書識官表及諸表寫解

蘇溪信一封　去二會館送吳春圃回去寄回書代書先
生家中　飯後移坪代崇來久談至三更睡
晴　十七日早起為兄弟點書　飯後小睡寫家信　寄梓琴拜子蕃
祖父代為籌書一共三葉　移有樹來　錢嵩仙來　至半夜寫
夢儕青信　復點文五首古九首讀　早睡
晴　十八日晏起　飯後偕嵩仙慈竹平安里之首　至半夜寫封標
樓信　旋至錢嵩仙家談　歸寫郭筠仙信　三更始睡
晴　十九日早起為兄弟點書　飯後小睡　旋閱漢書禮樂志刑法志
食貨志上卷　計共四十餘頁　至半夜寫冊頁一開　換金錢
單條一幅　晡時小珊來　談至二更去　又寫冊頁一開

晴

廿日早起，為大弟點書，飯後寫家信子丹、夏桂老、楊中雯、撥壽，

送李石樵作偕至黃三處託寫對，丹輝、陳俊雲吃飯，同走玉部城及

鄭有橋處，至三更始散。

早陰 晴

早中陰 午雨

廿一日早起，為大弟點書，飯後寫同德横幅一、王芷庭横幅一、李

西生横幅一，中飯後走內城樓殿議考，真正日晡，曾出各等始出樓花

飯後將出東華門，不能出城，與小珊、岱雲同至華南雲膳，若冬

寓。

雨

廿二日早起，為大弟同小珊、岱雲步行出城，飯後飽睡，中時寫冊頁一開，

走杜蔭濃處吃酒，揮即睡。是日雨大，飽不了。

早雨

廿三日早起，飯後閱書，拉寫冊一開，寫加爲耦庵、李玖園，作中飯後

陰

封信送楚南屋雯持去 月翁雯同往雲林生雲春看病 二更

歸睡

早雨

後晴

廿四日早起為九弟點時書 飯後擬作文 小睡 擬劉頤伯仙來過

同至五月飯 招年伴 壽 至 歸 小壽 宿 雲舟 更 一開 方人

本股文一首 題子知夫 黃手

晴

廿五日早起為九弟點書 飯後雲陳起 小僕子時 睡 往 錢

崙仙 燁 曹西垣來 遺留 舟曾心齋 來 圍棋 書 應 信

志下 記 廿六頁 至申正止 往 雲翁 中 有小僕子 看 圍棋書 郭 記

志

晴

廿六日早起為九弟點書 飯後 寫 南 芥信一封 圍棋書 郭 記 志下 往 宅

才盛館拍雲節生之父母壽 歸園漢書五行志數頁畢 錦榮請作

論 飯後若小珊處談 歸 曹雲臣來 稍稍作論未畢

陰 下半日大雨如注

廿七日早起 飯後作論至二更三更始就題 馬援討交阯論 不

食為要 論人情以為因論四更始睡不能寐

陰

廿八日晏起 飯後圈漢書五行志十餘頁 於走金館送心泉相老申禮

歸 下半天玩愒 較早睡 是日請父親閱漢口貨往前作字信兩封

晴

廿九日早起為九弟點書 飯後圈漢書五行志約五十頁 午飯後伴

雲青來小珊處請看內人之病 [illegible]

五月

陰 微雨

初一日早起為九弟點漢書 飯後圈漢書五行志 地理志 約五十頁 小珊來為內

人看病下半天曹西垣來閒劉孝威錢秀次程早睡

陰

初二日早起評乃弟文題爲君子俑至正完午刻去許師宇如往

妻程程客數家歸心齋來人談午飯後圈點文精華七

十餘卅五頁程點文一首早睡

陰 下半日大雨

初三日早起飯後閱漢書地理志完未正睡起去代雲何家兩刻

歸途中遇雨去叢書史樓定二更後冒大雨歸

大雨

初四日早起為君事點書飯後少睡雅出門送節敬拜客至

天黑歸一夜早睡

端節 晴

初五日早起為九弟點書飯後有客至午後中飯後圈漢書溝

洫志藝文志程宇圍紈扇一柄冊頁一開

晴　初六日早起偕往齊府，飯後默字，節風，齊府習字一百，陪客，未初陳
伯雲函，晚飯，玉成初散，同閱走極齋先生文，閱病，更初歸。

晴　初七日早起，與大弟上書房門相答，飯後，欽下玉申正歸，下半天入園搊
文精華五律詩，與大弟上文一首。

晴　初八日早起，飯後習字一百，曹西垣來，久坐，又他客來，未正畢去，園來談
下半天雨　玉晚始去，抄寫注冊一摘。

晴　初九日早起，與大弟上書，溫詩，默風，飯後默字，陪客，習字一百五十個
下半天雨　閱國漢陳勝項籍列傳、陳餘張耳列傳、魏豹彭越傳、黥布傳
讀英雲吳傳，玉酉正止，入園搊文精華，讀文，玉燈後止，飛檢讀賦
糧忠三義門二則、兵法門五則、四友門一則、族祀，茶餘偶談，讀史門二則

技藝門二則

晴　初十日早起為大弟點書溫詩經唐詩飯後默寫習字一百个圈
漢書荊燕吳傳楚元王交傳劉德向歆傳季布欒布田叔傳　下
天圓地方文精華柳文夜至小山處歸早睡

晴　下半天雨　十一日早起為大弟點書飯後圈漢書高五王傳蕭何曹參傳張陳
王周傳至申正習字一百五十个陳岱霖來邀同至周壽霖生處
歸遇雨在傍晚歸更初矣記饋貧糧十餘則

晴　下半天雨雹　十二日早起為大弟點書飯後圈漢書樊酈滕灌傳傅靳周傳張
周趙任申屠嘉傳至巳正止李金亭來又接續圈酈陸朱劉叔
孫傳·淮南濟北衡山王傳蒯伍江息夫傳習字一百五十个　下半天雨

九弟五言二首　大園茶房君衛直園階侍

晴　十三日早起　園丞侍飯後　園吏瑄侍李庭吾年登耕生歸李志存郡

陰　飯後閱邸報　燈時歸　早睡

晴　十四日早起　看九弟五言　飯後　園晏叢巷　錢侍山睡　起刷頭　園階釋之

陰　鴻居及鄧侍雲之宅　晴時　東陽郡封李郡屯淀　北償負報數十

別

晴　十五日早起　看九弟題書　閱曹山侍接家信　飯後　為九弟臨碑上

首子由不止　中間有客　眺欄西到玄門　巷萬樹雪梅霖

生余雲霖生病甚重　請余畫吳偕如診治

晴　十六日早起　進城　請吳軒如不晤　歸　看六弟改文一首　題畫字而

詳說三王串正完崙仙來函同生陳雲雯歸在寫家信
未完已寫兩開半

早雨晴 日中晴

十七日早起為九弟題書進城函送英件如今王霖生雯來
正出同去黎榮樹香雯文串夕歸 飯後將昨夜信寫完格用
絹寫壽字要言寄六弟 僅寫百字天黑夫燈下寫叢來 後
將去年寫信与今弟的續完

晴

十八日早起飯（寄來）後將絹寫完計五百字又寫信一封与今弟申
將完將家信封好寄去下半天步行王揚喜皆三人雯又
至雲心雯歸在早睡 僅寫扇二柄

微雨 晴

十九日早起為九弟題書 飯後習字一百閱鄧陽叔要傳踏

溫舒詩 寶嬰田蚡灌夫韓安國詩 畢十三至傳 寫應酬字數紙

下午又再寫寄陳伯雲字 玉梅露生自杭至 移居同得 雲久歸 壽閣來久談 夜早睡

晴 廿日早起為九弟題書 飯後閱漢書 廣李傳 蘇武傳 寫字數紙

畢卯睡 吳大澂處來請寫來 夜寫扇頁一開 早睡

晴 熱 廿一日早起為九弟書 飯後閱衛青霍去病傳 董仲舒 司馬相如

昔葛仙 傳 寫五十餘葉 寫字一百 下午王露生病如劇 有信來請作

如閱 同游城 招玉露生雲 晚歸 伯雲來園留宿

晴 大熱 廿二日早起 伯雲 柑紫 在此早飯 飯後同至露生寓 病益增劇 急

可為 可嘆 可慟 可憐 是日玉東頭 拜客歸 仍至露生寓

戌刻歸

晴

廿三日早起九弟不舒服小兒自昨日起泄腹飯後請鄭小珊來看病鄭言九弟病輕小兒病甚重是日甚着急九弟吃藥一帖即好小兒服一帖猶覺病愈重

晴

廿四日早起小珊又來看小兒病飯後請吳竹如看小兒病因陰竹如至霖生處看病余因小兒病即刻歸請岱雲陪竹如看霖生病是日小兒病勢甚重下半天不能去看霖生而霖生即於是夜子時死矣將死之際尚有人來告知

晴小珊在余寓看小兒病小珊往霖生處送終余以兒子病故不能一往維唁訣哀哉

晴

廿五日早起聞霖生凶耗又聞同鄉胡雲閣先生之四弟昨猶子

時仙逝。是早小珊來看兒子病，兒子昨日服藥二帖，竟得飯。

本日又請吳竹如來看，是日服二帖，余程午刻去，晚來坐至四更。

焦擾間兒子病勢頗重。

晴　廿六日早刻小珊來看兒子病，先日昏如故，是日服藥兩帖。

晴　廿七日早小珊來，言昨兒子病宜吃涼藥，飯後請吉姓醫人來看，又請王姓醫人，吉姓粗理不明，王醫頗言近理，因服王醫方一帖。余自廿五日起亦不好，吃藥二帖，本日甚不爽快。

晴　廿八日是日兒子病略好，而心裏甚怒，是日壽梅兄來代理諸事。

廿九日是日兒子服王醫方二帖，已有起色，竹如亦來，是日未看，似已可保無虞。

十一月

是月上半月因次子患病時時憂懼絕未理故業

又有梅世兄拔貢朝考諸事俱從而經營也下半月

亦廢遂至無日事實可案字記並記憶其一二字記

初一日去內城雲閣先生處兩喧程師喜梅世兄處

初二日在梅世兄處大半天

初四日下園子見吳甄甫師未得見

初六日在文昌館請吳師因寫知單請諸同年寫家坐

身後贈儀戊戌同年共寫四百餘金吳師獨贈百金

初八日早去彰儀門外送吳師之江西巡撫任

十六七作胡雲閣先生誄　前初七日發家信第九號

廿四日梅宅領帖讀一天 內人于昨日起病 是日晚間請鄭小珊
來看病 一病三日始愈 小珊之功不少
四月十二日長郡會館公事議定 余管接領館鑰一切 是日
寄明樓散 十五日在會館謁神 移開上界船艘 廿三
[illegible]日帶泥瓦匠去會館去看 時檢屋子
廿五日在胡宅送賀貴 躭擱半天 黑還去何子婿處陳鐵雲之處
廿八日作葉生壽圖之文 墓志銘一篇

七月

陰 初一日早起至會館敬 神 上清梓橙數日還拜客數家

飯陳竹心處 下半天同陶海秋去看房子 燈後始歸

晴 初二日飯後寫信箋一幅送葛南翁約八百字 蕭史樓來久談

下半天至梅庵 是日又寫家信一封共六頁

晴 初三日飯後寫摺一幅 條吳春圃之文墓志銘 下半天書史楷[illegible]

信 送吳圃之六浙江詩一首 午飯後寫對聯十餘副

晴 初四日早飯陽海秋處 在彼處小飯頗久 又拜客數家 午后歸

下半天讀選十來闌詩二首 燈時寫好 子繩三兩西楮寫寄左書

廿信一寄葛南翁信一 四更又始睡

陰

初五日晏起 飯後寫兩幅字 一張去會館送吳春陽出京 午正歸

飯後至國子監 翰林院 朝房 與邢紹峯 李梅庵 毛宗雲同

往館時正歸

晴

初六日早

皇上御門派余與祁勳京黃地人侍班 卯正過班由園子回 巳刻歸

家午刻至樵雲吳霖山處 至晡時歸 就早睡

晴

初七日晴 早起 飯後寫單條字一張 為長玉則答人 雲下棋二

二局 下半天陪客 改九弟文半篇題 給弟玉太益孫付

晴

初八日早起 飯後寫應酬字 午飯後陵笙舟弟邀同吳肖史

樵雲同往看觀音地藏菴亭子 歸寫應酬字

晴

初九日早起 飯後寫字 改九弟文 二篇 題桃花岡白一章 九弟此篇文甚好 閱之喜不自勝 彭山屺來 寫年字付對封 又寄來朝經與文編一部 周易一部 買書一部 靴襪一席一床 黃紙箱二个 增時素小瑚兩不曉是何人 寫下帖 二函

晴

初十日早起 為九弟改書 飯後 陳季牧岱雲來 寫宣紙紅格書經十行 夜會館 拜客數家 至湖廣會館 赴唐鏡階之約 同席者 黃恕皆 李石梧 陳廣敷 羅 岱雲 黃茀卿 何根雲 散後同根雲 岱雲 步至小珊處 談至二更 始歸 寫

晴

十一日早起 為九弟改書 飯後習字楊 五十个 寫宣紙紅格 四頁 每行寸大 早飯後陳岱雲 梁儷裳來 留晚飯 復過周玉瑤瑚處 看書 居 周寄

集子全集一部，歸來。陰陳畢二人吃麵，燒鴨片。鄭小珊

來談，至二更始散。是日劉猗軒來，請寫扇子三柄。

晴

十二日早起，飯後去琉璃廠，買方硯中字文，至傅君季衡書房

午正始歸，習経字五十个，寫宣紙字數十个。午飯後閱朱

子全集四十餘頁，史稿未。天黑暇去。下晚摹寫字百餘个。

晴　下半日陰

十三日早起，閱朱子全書，為學文方十餘頁。飯後寫隸字五十个。

寫宣紙寸大字二百餘个，擬送邢壽甫先生。東西曾公猶未

是日家中請客，畫圖、彭九峯（名山屺）、為學、帶書籍等件

來京。又看郵陽詹貽威六本以率。右九峯同來。是日亦請

到陰客為鄭小栅、曹西垣、曾心庵、陳伯英，吃至二更始散。

是日早起，求所為主一之法，而此心終擾擾如故。日中陰寒，頗形怠慢。

陰雨。

十四日　晨起，飯後走極光處，明日擇挨概南師令其去探問一切。旋至許，共作字送行。又至周華甫之母處拜壽。又至胡潤芝處，問伊扶櫬歸葬事宜。胡送余陶文毅全集二部。又至唐鏡海先生處，問檢身之要、讀書之法。先生言當以朱子全書為宗。時余新買此書，問及，因道此書最宜熟讀，即以為課程，身體力行，不宜視為瀏覽之書。又言治經宜專一經，一經果能通，則諸經可旁及。若遽求兼精，則萬不能通一經。先生自言生平最喜讀易。又言為學只有

三門曰義理曰考核曰文章考核之學多求粗而遺精管窺
而蠡測文章之學非精於義理者不能至經濟之學即在義
理內又問經濟宜何如審端致力答曰經濟不外看史古人已然
之迹法戒昭然歷代典章不外乎此又言近時河南倭艮峰仁前
輩用功最篤實每日自朝至寢一言一動坐作飲食皆有札
記或心有私欲不克外有不及檢者皆記出先生言此田不是
將此心別借他心來把捉才提醒便是閑邪存誠又言檢攝
於外只有整齊嚴肅四字持守於內只有主一無適四字又言
詩文詞曲皆可不必用功誠能用力於義理之學彼小技亦非所難
又言第一要戒欺萬不可掩著云云聽之昭若發蒙也又至

陳簡心宴余竹雯宴錢雲宴楊仲雅宴也午

陰

十五日早起登園眺觀是日梅雲生之柩出城余以車送至東便門偕周喬鄭小珊送同往開至通州秋風蕭瑟蘆荻蕭沿緣好景如畫未葉未脫申正至通州下榻棧余宗山寓所余名叢年長以少人往雲南宜威州運銅來京為周喬所知如親家是日余與稼鄭三人往舟梅宅扶柩由陸路至通而斜騎馬走河沿四目梅氏之椒五柩皆未到回寓飯何更深始睡稍雨

早雨
畢午晴

十六日早起在余寓吃飯午正偕住舟戌刻至東便門入城儀卒到家已二更後人頗疲乏早睡

晴

十七日晏起人不甚快 日中頗有客來 下半天閱陶文毅公全集至晡時甚倦即睡

十八日早起仍閱陶文毅集 飯後至史樓處（彭山屺來）又至芥仁處 日中歸 小睡 鄧雲陔來 午飯後曹西垣來 晡時人不甚快仍早睡

十九日早起閱洪稚存集 飯後李碧峰來 偕出門 至筱房子歸 寫小儀子（李木堂）一張 飯後寫司徒彼扇子 又請袁虞階先生寫字 蕭人去 陳岱雲來 呂儉孫來 請留壽房 岱雲讀至二更始出 寫寸方大字一百個

廿日早起閱朱子全書存養門十頁 飯後寫日刑字三十個 出外 扇子一柄 磨墨一會 作新曆竹七律一首 寫金溪扇一幅 又寫日

大字對十八個　識筆　寫壽屏半葉　呂星田之母節略　中飯後寫壽屏
二葉　大雨不能晚　發字　大字功課單一紙　閱經世文編原學門三十
葉　作朱堯階尊人壽文起筆　雨不止

陰　廿一日早起　閱朱子全書存養內完　記存疑　貼壁　旋陳岱雲來久坐
補發字條字下　貼壁上寫階來　旋去　又見張次伯錢同年　秋園樹玉
雨止歸　寫字一百八個　夜黑　寫寄子字小楷百個　閱經世文編儒行
門五十葉　作堯階壽文兩行

晴　廿二日早起　閱朱子全書存養門　五頁　記二條　貼壁　飯後陳檳
真來　旋寫畫字一百　貼壁　旋去　張雨農來　彭壽文王何子貞名墨
議字字畏言默默心法須手向前頓力而後揮　中飯後寫壽屏

三幅半在園付世文編十葉作竟閱畫冊大半本

廿三日晨起飯後去陳鐵雲處旋至胡硯農處又歸寫對聯二扇

四幅午飯後又寫二幅至鐵梅仙處談至更移歸睡

廿四日晨起飯後出門拜客數家又至王翰城處與伊同書房

子歸午飯後看賜硯齋叢書晡時小珊來更移去寫字兩短一

幅又二扇一柄

廿五日晨起飯後看賜硯齋叢書旋出門去戴蓮陔處又去劉省

仁處下棋罷因留晚飯下半天去小珊處不遇晚歸旋早睡

廿六日晨起飯後寫字旋剃頭黃正齋陳伯雲來因留晚飯

未時已竣飯時申正矣又同黃陳去綏延胡同門樓胡同看

屋便去代山雲雲晚後二更歸

晴　天氣轉冷　是日接宗信

廿七日早起飯後又去錫城雲逸羣同步門看房子日內緣楫

城言余現所居棉花六條胡同房無關不可住錫城善屋

求言之成理不免爲所搖動且言八九兩月不可移徙故棧房

屋甚急而託書棠意者心則行止無聲本日又與錫城看

數處午正歸去文昌館爲呈福人之年份壽分中西歸西

垣來邀同至小珊處遇芸區暢談二更始歸自廿四日起以房

子故心緒不寧不能用功讀閱書和畫事似廢而已

廿八日早起飯後西垣來言下斜街有房甚賤且甚好因同往

看久坐歸去財盛館送郭兩三年份壽分中西歸又聞

绳匠胡同看好房又同往看晓峰查数
廿九日饭后去钱斋仙霞处邀渠同看昨日所房子去至仙霞
家小坐又至西垣家坐又去看仙霞仙霞同同至余寓是日
胡咏芝送余坑毯坑枕诸物下半天写字

八月

初一日早起去会馆行香饭心斋处午后归去绳匠胡同看房下半
天与九弟同至琉璃厂旋归至田吉生同年处坐归幡
初二日早起饭后去财盛馆拜吕信臣之丧 午刻归寓绳匠胡
同寓房子归寓房摺下半天又去看少珊同看园同至少珊寓坐
至二更始散

初二日早起去[送]胡雲閣先生柩殯出京至東陵第以而返去
錫子賓处晤旋去天和館拜王吉雲之母壽又至王楊城
處早起邀同楊城去偕匠胡同看風水未正歸下半天有
寫字對聯十餘副

初四日早起飯後帶泥水匠裱匠紮綵匠胡同寫價看一切歸來有客
下半天至琉璃廠買對聯紙往裱匠處頗做

初五日飯後去新房命諸匠興工歸來寫對聯晡時又去新房夜
寫扇一柄對聯數付

初六日早起是日搬屋飯後余去新房收東西九箱在新房發下
人僅兩箇新房又有諸匠人正興工一時僅覓得幾個畢始雲來晡

時少湘來談至更深始去

初七日早起是日赴都署諸務午正彭大峰來久談是日代少荃三次

忌日趨舍便飯未正出炒時歸正齋代少雲同來二更散

初八日早起是日近人當來家都署諸務日中剃頭小睡客多

初九日晨起本日匠工當來先擬雲階經理心殊不安恬益早睡 作部雲階壽序大半

初十日三更起下園子隨班晚搬歸在里寺飯彭花等又至鏡

海夫來久談晡時始歸夜作雲階壽序畢

十一日早起飯後筱仙來是日至會館飯後出霧中正歸夜作

雲階壽文完

十二日早起將雲階文謄真是日甚倦 借雲生日 未刻去半天少湘來久坐

十三日早起 飯後寫世叟文至佩雲處、雲輝兩姪等來 下半天寫壽屏一幅半 夜寫陰騭文一半

十四日早起 是日寫六幅半壽屏申正完 出門拜壽翔至丁蒲荔家談 是日接家信 丑闈姪入泮

十五日早至、城隍廟拈香 又至今儀拈香 天后宮拜客 至申刻歸 是日邀心岳吃飯 補時敬 至五弟處至雨湖 霞更移步月歸

十六日早起 飯後收拾房屋 檢點書籍 寫陰騭文半張 下半天有客

十七日早起 溫詩臨帖 飯後閱漢書 張騫、李廣利傳 司馬遷傳

下半天未在家，接家信二封，丹閣仲信一封，六堂師信一
封

十八日早起溫詩，至采薇。飯後寫劉頤園信，閱漢書
武五子傳、嚴助朱買臣傳。出門拜客，大家移月樓宴飲，
更初始歸

十九日早起為九弟點生書，自溫詩，出門東陳處飯，飯後閱漢書
吾丘壽王、主父偃、嚴安、徐樂、終軍、王褒、賈捐之傳，東方朔傳，共
三十二頁。魏崇爲仙來久談，中飯後寫羅應堂帖，又有客來

夜寫毋頁一開

廿日黎明起為九弟點生書，溫詩經，所寫至祁父。飯後閱漢書至

發家信第
十二號

孫加賀劉存尾田千秋王祈楊毅楊樺蔡藏陳芳年陳威列
傅梅王錫胡建棠雲梅福玉燉列傅陳織雲李十一秦乃周查
守芳梅雷生死後寄各處訃信因留晚飯是日九弟生（共三十六封）
辰至酉正散又去恩周甫處託同寄信織雲邀至伊寓二更始
歸
廿一日穀雨熱陰若那文至節南山飯後圖靈光食日譯佛日
中字在融字堪太史下半天仍寫字拉段九弟文半篇
廿二日晴細雨隨後舒亭靜寧飯後圖趙元國三弟一廖呂傳仲子寄
惠鄰紫府延壽陳陽飯後寫信出門拜客飯唐信階家下半天
歸寫字夜查數

廿三日 黎明起 溫詩經五十月之交 雨無正 二篇 飯後 閱漢書
雋不疑 疏廣 于定國 薛廣德 平當 彭宣傳 王吉 貢禹 兩龔
鮑宣傳 為九弟改文 下半天 書字對聯六付畢 倦甚處談
廿四日 黎明起 為九弟點書 溫詩經小旻 小宛 小弁 飯後 閱漢書
韋賢傳 魏相 丙吉傳 眭孟 夏侯始昌 夏侯勝 京房 翼奉傳 李
尋傳 子山張 下半天 徐芸渠 黃正齋處談至二更散
廿五日 黎明起 為九弟點書 溫[illegible]巧言 何人斯 巷伯 谷風 蓼
莪 共五章 飯後 岱雲來 邀同至月秀家拜壽 歸 閱漢書
[illegible] 趙廣漢 尹翁歸 韓延壽 張敞傳 申刻 寫對聯一
付 去月秀處吃飯 二更始散 是日史子跌傷眼睛 因手中

吉答苕蹊去答鍾抵昭甫入院半分吉日睡見西吉年　祖宗神
靈存之默佑居移遇半不則斃之人目中矣
廿六日早起温詩經大東四月北山大車小明飯後閱漢書王尊傳
蓋諸葛劉鄭孫毋將何傳蕭望之傳數頁下半天赴會館送鄧
雲階行夜早睡
廿七日早起書送徐芸渠黃正齋行日中去拜戴蓮溪壽歸閱蕭
望之傳完雨三來邀同去蓮溪處中飯二更始散
廿八日為錢崙仙之年伯母作壽序下半天赴會吳和甫
廿九日作壽序至日時始完赴少珊處談歸將壽文送崙仙
處

晴

卅日晏起，昨日作壽文，甚覺其倦。飯後出門遊，先至崙仙處，因
崙仙去，乃往霞園樓去，正欲揮，有客在看經

九月

大陰

初一日檢明起，至會館拈香，歸，閱漢書瑪季世傳、宣元六王傳、匡
衡張禹孔光傳。下午出，至兩三處，寄霞霧路黃霧，難師平
睡。是日早起吃煙，吾昔者耗甚，覺煙之害損人甚，而刻不能
離。嗚呼，屢下誓以為恨，發誓從今永禁吃煙，將水煙袋擊碎。因念
世之吸食煙癮者，豈不自知其非，不能立地放下屠刀，則終不
能自拔耳。

初二日早起，溫詩經，敲鐘樓，飯後去舞，拜黃國先

蔡寺多帆雲篆仙霞夕鶴霞烔嵐澄書馬官待 玉肅

史丹傳吾傳薛宣朱榜傳正年矢山硯來寄書異雜霞

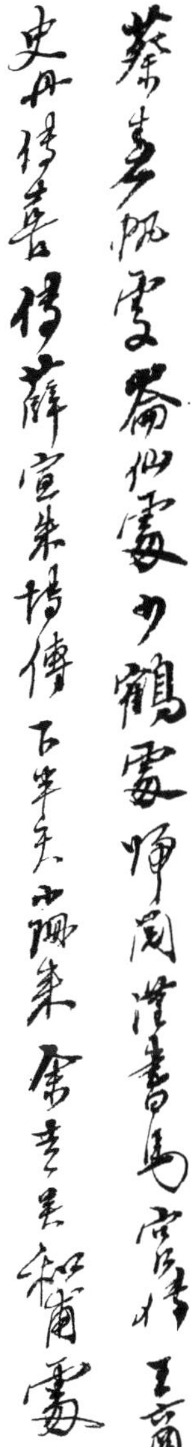

窺天
鑒四序
朙含生
顯覆
陰淹留
也殘
洞不特

門外松青喜種竹窗前鳴聽庭徑走都夫大清修家被羽同蘋芳會獻詞
象與佼偉佳題開
會看侗帽迎物再已見舞有叙老矣
燦如綫
洪荷被潤秀三獻仙桂新開第幾枝
靈芝護 日暎屏峰仙桂偈雲栽
阿南

三十年為一世吾生以辛未十月十一日今一世矣聰明日減學業無成可勝慨哉語云往者不可諫來者猶可追自今以始吾其不得自逸矣道光辛丑初度日識

十二日晨起飯後閱漢書匈奴列傳三十頁[illegible]秋白來彭山屺武峯在寓早飯晚飯後陳岱雲同年來馮樹堂鄭小山雲談至二更盡歸披韓昌黎文集二十頁

十三日晨起飯後披點漢書東南夷兩粵朝鮮傳西南夷傳上卷寫對聯四首行書單條四張陳岱雲邀吃晚飯飯後陳岱雲來寓談 翻閱韓文雜文四十頁記茶餘偶談

二則是日許書齋放甘肅知府

十四日早起溫詩經雲漢下二篇早飯後閱漢書西域傳下卷外戚傳至趙飛燕止有客二次步至許師處賀喜便至岱雲處一談歸批韓文書後三十葉記茶餘偶談二則

十五日早起至會館拈香旋拜客兩家歸早飯後閱漢書外戚傳元后傳王莽傳上卷共四十七葉晚飯後至惲濬生處一談燈後閱韓文書後五頁記茶餘偶談四則作上賀耦庚先生書半篇夜深雪至次日辰正

十六日早起溫詩經奕奕梁山下四篇早飯後閱漢書王莽傳

中卷廿三頁毛寄雲來久談作上穆庚先生書後半[illegible]函至

更稍止閱韓文廿頁記茶餘偶談二則

十七日早雪起溫詩經頌首四章飯後閱漢書王莽傳下卷敘

傳兩卷共五十二葉漢書是日讀完陳岱雲來邀同去廣

鈺夫師拜壽歸晚飯檢書整齋夜閱韓文書序共三

十頁記茶餘偶談二則接家信

十八日早起溫詩至臣工之什早飯後閱明史太祖本紀建

文本紀至燈時畢夜閱韓集廿頁記茶餘偶談二則寄

陳碧石驂信一封

十九日晏起飯後閱明史成祖本紀接家信四頁燈時封發庭紀

茶餘偶談一則 閱韓文序祭文廿五頁

廿日早起客來唱曉飯 飯後閱明史仁宗宣宗英宗本紀秋仙堂來談

周星槎喬先生處揮閱景帝本紀晚飯李小珊處二更歸記

茶餘偶談三則 閱韓文十葉

廿一日早起閱明史三葉飯後閱英宗後紀憲宗孝宗本紀客來

旋寫工賀絹廬書絹千字寫至二更完記茶餘偶談三則閱韓

文六葉

廿二日晨起溫詩經三葉飯後剃頭閱武宗本紀出門拜客至酉

初歸是日李瑤峰來余家住下半天陰寒在記茶餘偶談一

則夜閱韓文墓誌銘卅葉是夜接家信一件

廿三日早起岱雲來飯留飯後於同年月霧看撰字旋歸胡硯

山來留與予合圍棋因對四局彼皆輸棋看世宗本紀至燈時完

記茶餘偶談一則寫季双圍信一封

廿四日早起溫詩經五葉飯後閱穆宗神宗光宗本紀旋寫

雜詩寄耦庚先生下半天封信燈後記茶餘偶談二則寫摺

扇一柄閱韓文廿頁

廿五日早起因是日要出門早即看史熹宗本紀飯後閱

思宗本紀畢喬仙來柔待出門拜客三四家飯春皆霧更

待歸記茶餘偶談二則是日得派 國史館協修官

廿六日早起飯後書兩三霧因渠來兩使夜渠處下棋日中歸

閱后妃列傳至鐙時止記茶餘偶談一則　看韓文廿頁。

廿七日早起温詩經飯後閱諸王列傳廿頁　蕭史樓來　雨三

來崙仙來儀覺來　去拜惹佛處下帖　崙仙處吃飯　去

小珊處借銀二兩歸　為九弟點文一首　又與九弟談讀書

事宜至三更盡止

廿八日四更初起去　乾清門外謝　恩為蠲免本年岳州一帶

被水稅糧　天明時在　宮門外行九叩禮　出去拜羅蘇溪

前輩羅於昨日來京　陛見　旋至同鄉諸公在東興居便飯

飯後同至琉璃廠買周易折中莊子大學衍義書移去會

館唐詩甫邀飲至二更盡散歸　是日早起並夜閱諸

王列傳十餘頁

廿九早起溫詩經三章飯後上 國史館辦志書至晡下半天在家晡時坐寄雲處下棋三局歸閱韓文黃貢記饋貧糧

卅日早起溫詩魯頌完飯後閱諸王傳廿頁改九弟文人專慶武二句一半中飯後從雲來坐至更初擬好九弟文改完閱茶餘偶談韓文三十五頁

十一月

初一日早起至 會館敬 神 彭山屺留吃飯飯後走田敬堂處拜壽午正歸閱諸王傳四十頁至燈後旋記茶餘偶談二則

閱漢韓文十五頁　早起在車上溫詩經兩頁
初二日早起閱周易折中十頁　飯後閱三王傳十葉　彭山屺來寫家信一封　留客晚飯　飯後同岱雲走小山處　歸作墓志銘一首
初三早起為　母親壽辰設席拜祝　飯後即與岱雲走會館送彭山屺行　旋在湖廣會館羅蘇溪一天　接洗卿　為九女題一首　閱韓文十五頁
初四日早晨起　飯後出門謝壽　拜客數家　飯岱雲處　夜方歸　閱韓文卅頁
初五日早起閱易折中廿頁　飯後閱三王傳　吳子序來談易　書兩垣來吃晚飯　燈下書十月數雜記茶餘偶談三則

初六日早起閱易折中六頁飯後閱王侍郎林光等傳出門送分贊賈夢輝又去會館拜客雅輝記茶餘偶談二則閱韓文二十頁

初七日早起爲九弟題書閱易經七頁飯後閱張士誠明玉珍方國珍李思齊傳王保保陳友定傳看記茶餘偶談二則爲九弟改文一首

初八日早起爲九弟題書閱易經坤卦飯後劉頌去文昌館請青齋師二更方歸爲九弟題經文

初九日早起閱易經屯卦飯後去岱雲處爲年伯母壽日中閱徐達常遇春李文忠傳夜題文爲九弟讀記茶餘偶談

一則閱韓文卅頁

初十日晨起飯後寫應酬字三張代史樓作對聯二付穆茶月翁來書成雲霎晚飯後寫輝素塔二頁始畢閱韓文卅頁

是日閱韓文終

十一日晨起飯後閱易蒙卦旋閱李文忠鄧愈湯和沐英傅馮勝傅友德廖永忠藍玉傳是日小史傷冬請小山來開方晚飯華雅把茶餘偶談二則

十二日早起臨賀對子書好天未明即起看易需卦飯後至小山處閱方日中崙仙來長談下半天為錢雲作對聯往薛九市談文一廿日兒子書來好

十三日早起飯後頗有客因兒子不好未嘗看書下半天有客談至二更小山又來看病夜二更內人不受煤氣大嘔兒子已四日不飲食

十四日早起飯後岱雲來邀同至湖廣館拜壽輝生許師靄下半天請小山開方醫小兒大約病症一由受寒一由煤氣蒸逼一由停滯也是日與昨日全未看書是夜為九弟選文三首

十五日早起赴會館行香歸早飯是日內人將分娩余亦未至書房看書兒子請太和堂王醫來診治夜二更後內人生一女是夜與九弟同守一夜不睡兒子病甚煩悶哭泣

而時亦依老僕婦　已於昨日開館　小婢又不中用　是日在

甚勞頓　臨及一切事　即由人親手經理

十六日早起　料理房內諸事　飯後請小山來看光子病　與

光第抱護光子　并料理他人瑣碎　日中少睡　夜早睡

光子甚好鬧

十七日早起　光子病愈　僅晚　小山方　是日為生女湯餅之會　室

六人未室　小山復來看　病甚可慮也

十八日早起　光子漸痊　陳來諸物　日中余至門　抱家　瑣時　陪

婦　復請小山更換藥及光子之病　及內人產後調養法　因

十九日　城外送老師事

十九日擬以吳子序兩人請獎為尊素讀書價買字信一件
陳岱雲來，靜來，九弟留晚飯，程荊七同周子偕九弟余
亦甚惡其跋扈，是夜閒錯他去
廿日早起，走至韓城家，是日為韓城生辰，申正始歸，
已天黑矣，夜與九弟同在上房談天[illegible]
廿一日早起，在家一天[illegible]程閱大學衍義[illegible]
選筆數句
廿二日早起，出彭蓉門送[illegible]任
申初歸，走[illegible]樓一談，程閱大學衍義三卷
廿三日早起，走陽中堂師處拜壽，旋至國史館早飯

程春楊朴安穆中南唐鏡青雪安幸正輝為九松齋請太以

格物致知之道查數程看大學衍義

廿四日早起無所事事飯時作雲來共飯靜為史雲錢

盡遊人余至伊嵩陽寓晚至更郁龢

廿五日早起閱易經訟師二卦飯後閱明史十餘頁劉鎮宗來

又請小山來看內人病夜為九弟看文未完

廿六日早起讀比卦飯後黃林蘭陵雲文杜壽林宗徽宗輝程春黃

子壽雲錢裔仙雲安久談燈後方歸

廿七日早起飯後寄壽仙師信未完繼雲來遊同至黃桂塘寓

飯更新歸為九弟占文一首程守泉師信完又字羅蘇陵行

一件

廿八日寄信八封早讀易小畜卦

廿九日晴 祖母大人壽辰早起焚香慶祝禮畢去小山雲處[illegible]後歸擬寄信午正岱雲來留吃晚飯夜去寄雲處與觀亭對奕歸寄信三封雞鳴始睡

十二月

初一日早起去會館行香禮畢去吉雲處謝壽未初歸借九弟將龍西月信封好夜早睡閱大學衍義四十頁

初二日晏起飯後至岱雲雲處去鏡海先生處陪客晚至小山雲處歸睡

初三日晏起小山來飯後有客下半天去共樓更旋去寄雲更与
觀字付吳馮寄信二件
初四日早起讀易啟卦飯後出門撥兵處因歸此樓階客二點
讀上文一篇明日第其篇不能備文完閱大學衍義二十九卷、
初五日晏起飯後有客旋去吳樓宴送行歸寄信二封寄毛寄雲
露吃中飯更飲酒早睡是夜人不甚快
初六日晏起飯後閱制義存真集撰選文一部分三冊一冊
初學必讀之篇一冊千人共見之技一冊歷劫不磨之文是日
閱文二本
初七日晏起飯後有客旋看文浦氏制藝偶鈔初編未正

看完。晚飯後走小山處，更初歸。又看文一本。

初八日晏起。飯後岱雲及來，廣招同鄭雨三、陳岱雲、嶽少坪往法源寺看吃臘八粥歸，旋走會館，弔李和慶之死，酉正歸。夜看制藝卅篇。

初九日晏起。鄭雨三來為我診脈，言甚虛弱也。飯後頗有客。看制藝數十篇。是日接仙太師信。

初十日晏起。飯後看制藝數十篇。岱雲來，招同走錢絳仙、黎樾喬處，因在樾喬處晚飯，痛談時事，更初始歸，畢睡。

十一日晏起。飯後走小山處，旋歸，閱制藝數十篇。晚至吳和甫處。

十二日晏起。走竹如處診脈，竹如教以靜坐法，謂可不藥有喜。

旋走周華甫家早飯走順城門大街買衣朱履步城回拜楊
春皆謝代買歸下半天靜坐翻閱人譜一編

十三日早起靜坐飯後閱大學衍義二卷靜坐二時中飯
後往毛鴻賓寄雲同年處久談晤岱雲及雨三兄弟
觀亭強余圍棋勉與同局

十四日早起寫郭胡硯珊小條三行飯後寫完走岱雲處
議事岱雲擬欲送家眷南旋昨日邀余走伊家商量
余謂此事非他人所能參謀岱雲意猶豫不決留我
喫飯飯後余又走在岱雲處長談又同走鄭小山前輩
處因小山夫人言病來我家坐去走過夜歸下九弟來言

讀書事九弟悔從前讀得不好蓋每不認真看他念不能有感矣余體雖虛須此後自己工夫尚可挽舊業又可發弟讀書也

十五日早起走會館行香拜客十餘家午初回寓甄甫師招請客一席極深始散是日為小女滿月

十六日早起飯後岱雲來邀同至硯珊處送行歸寓埋齋師作靜坐詩改九弟點文一首復靜坐

十七日早起閱大學衍義是日共閱兩本午正及燈上靜坐兩時大雪自早至夜未歇夜擬家信為九弟改本日文一首題周有大賚善人是富日中寫冊頁一開

十八日早起靜坐飯後芝度來請聽戲同至三慶園觀春台部演劇中正帰燈上穩坐寫四弟六弟信一件約千字

十九日早起靜坐飯後料理銀錢偕雲泉遊同至琉璃廠買書回步至樹堂先生家留與晚飯更初帰

右選文分三種氣體高渾格調古雅可以傳世無疑者為一種議論鬱勃聲情激越利於鄉會場者為一種靈機活潑韻致妙妍妙（宜于歲科小試）者為一種不分時代不論題之大小即其所分之三種亦有可移易者要之吾之所見如此以是為課弟之本云

十一月十四日夜滌生記

壬寅年

十月初一日 丑初起至午門外迎送

聖駕在朝房不能振刷 出拜楊朴葊論四書文有誕言至會館敬神飯周華甫處言不由中拜倭艮峯前輩先生言研幾工夫最要緊顏子之有不善未嘗不知是研幾也周子曰幾善惡中庸曰潛雖伏矣亦孔之炤劉念臺先生曰卜動念以知幾皆謂此也失此不察則心放而難收矣又云人心善惡之幾與國家治亂之幾相通又教予寫日課當即寫不宜再因循出城拜客五家酉正歸寓鐙下臨帖百字

初二日 辰初起靜坐片刻讀易咸卦飯後昏昧默坐半刻即
已成寐神濁不振一至於此讀咸卦卦彖彖辭能解
繫傳釋九四爻不知其意浮淺可恨靜坐思心正氣
順必須到天地位萬物育田地方好昏濁如此何日
能徹底變換也午正金竺虔来長談平日游言巧言
一一未改自新之意安在飯後走惲濬生處商公事
鐙後臨帖二百字讀許文正公語錄涉獵無所得記
昨日今日事
初三日 一早心囂然不靜辰正出門拜何子敬語不誠至岱
雲處會課一文一詩謄真鐙初方完僅能完卷而心

頗自得何器小若是與同人言多尖頡故態全未改也歸接家信岱雲來久談彼此相勸以善予言皆己所未能而責人者岱雲言余第一要戒慢字謂我無處不著怠慢之氣真切中膏肓也又言予於朋友每相恃過深不知量而後入隨處不留分寸卒至小者齟齬大者凶隙不可不慎又言我處事不患不精明患太刻薄須步步留心此三言者皆藥石也默坐思此心須常有滿腔生意雜念憧憧將何以極力掃卻勉之覆周明府樂清信利心已萌記本日事

直哉岱雲克敦友誼

初四日 早起讀咸卦較前日略入心仍不靜飯後往何家拜

敬自和樂勉強
固不是敬能常
也強亦好艮峯

壽拜客五家歸吳竹如來長談彼此考驗身心真畏
友也艮峯先生來對二君心頗收攝竹如言敬字最
好予謂須添一和字則、所敬謂敬者方不是勉強把
持即禮樂不可斯須去身之意躬行無一而言之不
怍豈不愧煞黎月喬前輩來示以近作詩讚嘆有不
由中語談詩妄作深語己所不逮者萬萬丁誦生來
應酬言太多酉正走何子貞處唱清音苦自收攝猶
甚馳放幸少說話酒後與子貞談字亦言之不怍一
日之間三犯此病改過之意安在歸作字一百心愈
拘迫愈浮雜記本日事又酒時忽動名心為人戒之

初五日 早起高誦養氣章似有所會願終身私淑孟子雖造次顛沛皆有孟夫子在前須臾不離或到死之日可以仰希萬一昏濁如此恐旋即背棄也戒之讀易遯卦遯卦無心得會客三次未正走馮樹堂處看樹堂日課因与語收攝之方無諸己而責諸人可恥且談時心有驕氣總由心不虛故歸寓靜坐一時成寐何不振也飯後岱雲來談詩字心得語一經說破胸中便無餘味所謂德之棄也況無心得而有掠影之談乎臨帖二百字記本日事作字時心頗活潑

初六日 早讀易大壯卦彖大象正與養氣章通爻辭無所得

心粗不入故也飯後剃鬍了俗事數件復讀易仍無得臨帖二百字寫對聯條幅十餘紙飯後心雜鐙下擬作題圖詩意欲求工反不能名成一字一時游思紛至客氣工浮此數日意圖自新竟與從前何異靜字全無工夫欲心之凝定得乎記本日事

初七日 早讀晉卦頗融愜罔孚裕无咎裕難矣中庸明善誠身一節其所謂裕者乎飯後進城看房子晤竹如同謁唐先生久坐出城拜客六七家力懲簡慢之咎已入於巧令矣酉末歸作字一百鐙後又作一百走岱雲處商應酬事三端言太多歸作詩十六句未成精

神要常令有餘於事則氣充而心不散漫本日説話太多喫煙太多故致困乏都檢點過不出来自治之疎甚矣記本日事

初八日

早誦養氣章讀易僅三頁即有俗事来擾心亦隨之而馳會客二次飯後心不靜不能讀易因為何子貞題畫梅卷子果能據德依仁即使游心於詩字雜藝亦無在不可靜心養氣無奈我作詩之時只是要壓倒他人要取名譽此豈復有為己之志未成正詩成何丹谿来久談語多不誠午正會客一次語失之佞酉正客散是日與人辦公送禮俗冗瑣雜可厭心亦

遂之紛亂尤可恥也鐙後何子貞來急欲談詩聞譽心忡忡幾不自持何可鄙一至於是此豈復得為載道之器乎凡喜譽惡毀之心即鄙夫患得患失之心也於此關打不破則一切學問才智適足以欺世盜名為己矣謹記於此使良友皆知吾病根所在與子貞久談躬不百一而言之不怍又議人短頃刻之間過惡叢生皆自好譽之念發出習字一百草率記本日事

初九日

大人壽辰辰正陪客至申初方散酒食太菲平日自奉不儉至親前反不致隆何不加察也客散後料

反極是

俗事數件晡時走小珊處小珊前與予有隙細思皆我之不是苟我素以忠信待人何至人不見信苟我素能禮人以敬何至人有慢言且即令人有不是何至肆口漫罵忿戾不顧幾於忘身及親若此此事余有三大過平日不信不敬相恃太深一也比時一語不合忿很無禮二也齟齬之後人反平易我反悍然不近人情三也惡言不出於口忿言不反於身此之不知遑問其他謹記於此以為切戒與小珊並處談甚久總是說話太多兩日全未看書且處處不自檢點雖酬應稍繁實由自新之志不痛切故不覺放鬆

耳記本日事

初十日早讀明夷卦無所得飯後辦公禮送海秋家煩瑣出門謝壽數處至海秋家赴飲渠女子是日納采座間聞人得別敬心為之動昨夜夢人得利甚覺豔羨醒後痛自懲責謂好利之心至形諸夢寐何以卑鄙若此方欲痛自湔洗而本日聞言尚怦然欲動真可謂下流矣與人言語不由中講到學問總有自文淺陋之意席散後閒談皆游言見人圍棋躍躍欲試不僅如見獵之喜口說自新心中實全不真切歸查數久不寫賬遂茫不清晰每查一次勞神曠功凡事之須

逐日檢點者一日姑待後來補救則難矣況進德修業之事乎是日席間海秋言人處德我者不足觀心術處相怨者而能平情必君子也此余所不能也記本日事

十一日

三十二初度同年十人在寓中會課絶早客來鐙後方散出題太難又以生辰同人皆不完卷余亦不作無恒主人氣先散漫故衆亦孏散說話又多戲謔是日酒食較豐而　大人壽辰反菲顛倒錯謬總由不靜故應酬稍繁之時便漫無紀律戲作自壽詩限三講全韻以己之能病人淺露極矣客散後走何子貞

壽字易警勉等字何如　艮峯

處夜已深尚不在家靜養何浮躁也與子敬久談後
子貞歸後兄弟立次予自壽詩韻欣羨其才何為人
鶩外之見如此其重而為己之志如此其不堅也真濁物
矣歸已三更今日精力疲乏之明日讀書必不入記本
日事
十二日 起晏作初度次日書懷詩一首飯後讀易家人卦心
不潛入言物行恒誠身之道也萬化基於此矣余病
根在無恒故家內瑣事今日立條例明日仍散漫下
人無常規可循將來莅衆必不能信作事必不能成
戒之未正馮樹堂來閱予日課云說得已是須切誠而

致行之耳申初出門拜客謝壽晚歸作憶弟詩一首數日心沾滯於詩揔由心不靜故不專一當力求主一之法誠能主一養得心靜氣恬到天機活潑之時即作詩亦自無妨我今尚未也徒以浮躁之故故一日之間情志屢遷耳查數許久乃晰記本日事

十三日 早起讀易睽卦凡睽起於相疑相疑由於自矜明察我之於小珊其如上九之於六三乎吳氏謂合睽之道在於推誠守正委曲含宏而無私意猜疑之弊戒之勉之此我之要藥也習字一百未正走岱雲處與渠同請客一席至三更方散是日口過甚多中有一

言戲謔非特過也直大惡矣同人射覆有求勝心夜深對客有慢易之態客去与易蓮舫論食色之非性談理時心頗和平

十四日

起晏心浮不能讀書翻陳卧子年譜涉獵悠忽飯後讀易蹇卦因心浮故靜坐即已昏睡何不自振刷也未初客來亦以時藝讚嘆語不由中予此病甚深孔子之所謂巧令孟子之所謂餂其我之謂乎以為人情好譽非是不足以悅其心試思此求悅於人之念君子乎女子小人乎且我誠能言必忠信不欺人不妄語積久人自知之不讚人亦不怪茍有試而譽人

重否

不管人怪否

要忠信 艮峯

人且引以為重若日日譽人人必不重我言矣欺人自欺滅忠信喪廉恥皆在於此切戒切戒接次客来申正方散寫聯二付鐙後仍讀易心較靜作憶弟詩一首謄本月詩記昨日今日事

十五日早起讀易數葉走會館敬神拜客數家訪竹如不值飯杜蘭溪處謁房師季仙九先生自庚子送别今始服闋入都容顏較老矣歸寓竹如来久談竹如說理實有體驗言舍敬字别無下手之方總以嚴肅為要自問亦深知敬字是吃緊下手處然每日自旦至夜瑟僩赫喧之意曾不可得行坐自如總有放鬆的意

思及見君子時又偏覺整齊些是非所謂揜著者耶家人上九曰有孚威如論語曰望之儼然要使房闥之際僕婢之前燕昵之友常以此等氣象對之方好獨居則火滅修容切記切記此予第一要藥能如此乃有轉機否則墮落下流不必問其他矣接次會客酉正方散鐙後馮樹堂来与談禮樂不可斯須去身之義甚學暢然只是善談何益於己乏甚早寢

十六日 晏起一早東翻西望飯後讀解卦無所得昨日既未讀書乃不愛惜精神致本日仍然昏散不能入理至未初時閱書幾茫昧不解 家祖明年七十正壽意

欲稱觴致慶因走寄雲雨三處商此事曠功二日矣歸已暝鐙後記昨日今日事臨帖二百字記茶餘偶談二則心頗怡悅讀許文正遺書無所得

廿六日

早起讀損卦心頗入飯後散漫午正客来譽人仍言不由中巳刻馮樹堂来與論虛字之體用及大學要畧樹堂極虛心我所不及讀書窮理不辨得極虛之心則先自窒矣未正出門拜客一家飯杜蘭溪處渠為其子授室晡時散走何子敬處渠生辰明知儘可不去而心一散漫便有世俗周旋底意思又有姑且隨流底意思揔是立志不堅不能斬斷葛根截然由

義故一引便放逸了戒之更初歸習字一百作懷人詩十二句未成本日在何宅聽唱崑腔我心甚靜且和因思古樂陶情淑性其入人之深當何如禮樂不興小學不明天下所以少成材也吾齒長矣而詩書六藝一無所識志不立過不改欲求無忝所生難矣記本日事

十八日 晏起作詩廿句飯後仍作詩自定課程以讀易為正業不能遵守無恒已初吳子序來問以咸卦解卦俱說得好午初吳竹如來深以敬字見教交相箴勗酉初方散飯後已黑鐙下因足成懷劉孟容詩三更始

就是日全未讀書与竹如對神頗收攝搆思時交股
支肘困頓不敬
十九日仍晏起謄昨夜詩翻元遺山集涉獵悠忽可恨飯後
讀易益卦倦靜坐即已成寐昏雜極矣午正易蓮舫
來久談問正心余不能荅申初去日來頗有數友晤
輒講學中無所得而以掠影之言欺人可羞慎之飯
後會客一次靜坐不得力夜讀易思咸恒損益四卦
可合之得虛心實心之法竟不能明透粗淺之至記
昨日今日事兩日應酬分貲較周到蓋余將為
祖父慶壽筵已有中府外府之意汙鄙一至於此此

貫豎器量也不速變化何以為人

廿日

早起作憶九弟五律二首飯後讀夬卦姤卦讀書時心外馳總是不敬之咎一早清明之氣乃以之汩溺於詩句之小技致日間仍尔昏昧已正會客一次申初進城看房子便拜客三家鐙時始歸車上有游思歸乏甚夜讀夬姤二卦頗入記茶餘偶談一則日內不敬不靜常致勞乏以後須從心正氣順四字上體驗謹記謹記又每日游思多半是要人說好為人好名可恥而好名之意又自謂比他人高一層此名心之癥結於隱微者深也何時能拔此根株

文辭溺心最害事朱子云平淡自攝豈不較勝思量詩句耶 艮峯

此心斷不可有

廿一日　晨醒貪睡晏起一無所為可恥飯後讀易僅兩頁竺虔來久談接九弟信喜已到省而一路千辛萬苦讀之深為駭悸又接郭雲仙信并詩兩信各一二千字讀之又讀兄弟友朋之情一時湊集未正出門為辦公禮事拜客三家歸飯後岱雲來談至三更說話太多神倦心頗有驕氣斗筲之量真可醜也岱雲每日工夫甚多而嚴可謂惜分陰者予則玩泄不振客去後念每日昏錮由於多喫煙因立毀折煙袋誓永不再喫煙如有食言明神殛之

廿二日　早起讀萃卦心頗入摠有浮氣飯後讀升卦未畢走

晏同甫處拜壽便拜黎樾喬前輩渠今日請客因被留住談詩又是說話太多舉止亦絕無瑟僩之意鐙後歸接家信　大人教以保身三要曰節欲節勞節飲食又言凡人交友祗見得友不是而我是所以今日管鮑明日秦越謂我与小珊有隙是盡人歡竭人忠之過宜速改過走小珊處當面自認不是又云使氣亦非保身體之道小子讀之悚然小子一喜一怒勞逸疴癢無刻不縈於　大人之懷也若不敬身真禽獸矣仍讀易數刻記昨日今日事翻閱杜詩涉獵無所得

廿三日 早起走雨三家會課同人閒話甚久已正尚未動筆飯後余逃課歸走寄雲家談因与圍棋一局歸剃髮讀杜詩涉獵出門拜客三家過樹堂見其靜整有進境歸鐙後寫冊頁一開臨帖二百五十字是日會課即宜守規敬事乃閒談荒功又溺情於奕歸後數時不一振刷讀書悠忽自棄至矣乃以初戒喫煙如失乳旁皇存一番自恕底意思此一恕天下無可為之事矣急宜猛省記本日事

廿四日 早起讀困卦心馳出不在易而在詩以昨接筠仙詩思欲和之故也飯後强把此心讀易竟不能入可恨

細思不能主一之咎由於習之不熟由於志之不立而實由於知之不真若真見得不主一之害心廢學便如食烏喙之殺人則必主一矣不能主一無擇無守則雖念念在四書五經上亦只算游思雜念心無統攝故也況本為歧念乎午正走岱雲處聞竇蘭泉論予為　祖壽稱觴云承父命則可非承命則俗也論事最顯而確因決計不稱慶走何子貞處談詩夸誕歸翰城来飯罷天黑一日閒游荒業可愧可恨夜作荅筠仙詩四首

廿五日早起因昨詩未成沾滯一晨飯後辦公禮送穆世兄

吉席退文昌館壽筵摒擋一時又作詩二首未正走金竺虔處不直歸昨日今日俱無事出門如此大風不能安坐何浮躁至是靜坐工夫須是習熟不勉強苦習更說甚作書復筠仙并詩計千五六百字更初乃畢抄艮峯先生日課將寄舍弟共三頁記昨日今日事日来自治愈踈矣絕無瑟僩之意何貴有此日課之冊看来只是好名好作詩名心也寫此冊而不日日改過則此冊直盜名之具也亦既不克痛湔舊習則何必寫此冊

既知名心為累當如大敵克之　艮峯

廿六日

早起讀易井卦不入巽乎水而上水頗悟養生家之

說已正讀易未畢唐先生来未初竹如兄来談甚久寫信與弟計三千字又作楷書稟堂上三更方畢自覺困乏違　大人節勞之訓

廿七日

晏起意欲節勞而游思仍多心動則神疲靜則神裕不得徒以曠功坐廢為敬身所謂認賊作子也飯後臨帖二百字已正出門會竺虔道喜兩處城內拜艮峯前輩謁唐先生拜竹如竇蘭泉鐙初方歸艮峯前輩言無間最難聖人之純亦不已顏子之三月不違此不可學即日月之至亦非諸賢不能至字煞宜體作宜繼繼續續求其時習而說唐先生言最

心靜則體察精克治亦省力否一向東馳西騖有溺焉而不知知之而無如何者矣 艮峯

是靜字工夫要緊大程夫子是三代後聖人亦是靜字工夫足王文成亦是靜字有工夫所以他能不動心若不靜省身也不密見理也不明都是浮的總是要靜又曰凡人皆有切身之病剛惡柔惡各有所偏溺焉既深動輒發見須自己體察所溺之病終身在此處克治余比告先生謂素有忿很不顧氣習偏於剛惡既而自究所病只是好動不好靜先生兩言蓋對症下藥也務當力求主靜如使神明如日之升即此以求其繼繼續續者即所謂緝熙也知此而不行真暴棄矣真小人矣夜何子敬來久談語多不誠總

是巧言二更去戲作傲奴詩子敬講字甚有益

廿八日醒枕憶昨夜詩有未安改四句起思雜靜坐半時不得力飯後讀革卦午正竺虔岱雲来申正始散飯畢已黑矣鐙後記右三日事又混過三日可憤可嘆點古文一卷

廿九日早起心不靜走邵蕙西處談有驕氣歸蕙西来久不見甚覺親切然彼此都不近裏讀鼎卦不入會客三次揔是多言且氣浮囂晚飯後會二客心簡慢而外親切言不誠鐙後客去余亦出門走岱雲處不能靜坐只好出門自戒煙以来心神仿徨幾若無主遏欲

心不耐閒是病

之難類如此矣不挾破釜沈舟之勢[誠然]詎有濟哉同岱雲走晤何家兄弟詞氣驕浮多不檢歸已夜深記本日事

十一月朔日

晏起走會館敬神至琉璃廠買書拜客兩家至匯元堂拜田敬堂之尊人壽因在彼應酬一日樓下[上]堂客注視數次大無禮與人語多不誠日日如此明知故犯酉正歸鐙後記饋貧糧記本日事默古文一卷是日思存心則緝熙光明如日之升修容則正位凝命如鼎之鎮內外交養敬義夾持何患不上達慎之勉之無忘斯言詩曰顏之厚矣殆言躬不逮者與

初二日 丑正起為蠲緩華容錢糧同鄉公去園子謝恩与岱雲同車又多不逮語同人至館子早飯言多諧謔見鶴舫師歸謁唐先生与岱雲談有妄(狂)語中正至祁务章處飯歸至毛寄雲家有不由中語更初還記貧饋貧糧半時

初三日 母親五十八壽辰早起至正陽門神廟燒香因便訪楊朴菴渠留早飯閱渠四書文所詣甚深拜客二處歸會客一次己申初矣記饋貧糧至晚鐙後點古文二卷記茶餘偶談一則是日不能預備壽麪意在省費也而晡時內人言欲添衣己心諾焉何不知輕重

耶顛倒悖謬謹記大過記本日事并昨日

初四日 早起讀震卦無所得午初人欲橫熾不復能制真禽獸矣展拭書籍收拾房屋一時許記饋貧糧一時許飯後出門謝壽至岱雲處看渠日課岱雲近日志日堅而識日卓越。閱之喜極無言平日好善之心頗有若己有之之誠而前日讀筠仙詩本日觀岱雲日課尤中心好之也与岱雲同至酒館赴竺虔約有諧語更初歸讀古文不入早寢

初五日 早起讀艮卦午正畢心頗入會客一次甚久旋賓蘭泉来言理見商余實未能心領其語意而妄有所陳

自欺欺人莫此為甚總由心有不誠故詞氣虛憍即与人談理亦是自文淺陋徇外為人果何益哉可恨可羞申初記饋貧糧半時鐙後馮樹堂來渠近日養得好靜氣迎人談半時邀余同至岱雲處久談論詩文之業亦可因以進德彼此持論不合反覆辯詰余内有矜氣自是特甚反疑人不虛心何明於責人而闇於責己也歸已三更點古文一卷心不入神疲故也申正記昨日事

固是然一味耽著詩文恐於進德無益也 艮峯

初六日 早起讀易漸卦飯後讀歸妹卦尚未看王弼本邵蕙西來久談旋賀麓樵來与之談藝有巧言此刻下手

工夫除謹言修容靜坐三事更從何處下手每日全無切實處尚嘵嘵與人說理說他何益吳子序約喫飯未正去席間諧語無節散後走何子貞家觀人圍棋躍躍然心与之馳歸乏甚日來心愈浮則言愈繁而神愈倦記昨日今日事

初七日 早起仍讀漸歸妹飯後客來又買衣者耽閣一時許讀豐卦意欲急讀完易經遂草草讀過全無所得不知此心忙着甚麼可啞然一笑也申初讀畢鐙時樹堂來談樹堂昨日送日課冊見示余本日午刻細讀一徧妄加批語樹堂乃深采錄虛心固勝我十倍又

索觀余此冊亦不甚規彈何樹堂但知責己而我偏工責人也對之愧煞談及家庭樹堂思及手失恃語次潸然而予喜懼之思不甚真切尚得為人耶二更客去點古文二卷

初八日 醒早沾戀明知大惡而姑蹈之平旦之氣安在真禽獸矣要此日課冊何用無日課豈能墮壞更甚乎尚靦顏與正人君子講學非掩著而何辰正起讀旅卦飯後讀巽卦一無所得白文都不能背誦不知心忙甚麽丹黄幾十葉書如勉强當差相似是何為者乎生只為不靜斷送了幾十年光陰立志自新以來又

己月餘尚浮躁如此耶新買緣刻太白集繙閱高吟數十章甚暢即此可見重外輕內矣未正出門拜壽拜客三家晡時歸飯後岱雲来余寫聯幅七紙岱雲欲觀予饋貧糧本予以彫蟲瑣瑣深閉固拒不欲与之觀一時掙著之情自文固陋之情巧言令色種種叢集皆從好名心發出蓋此中根株深矣初更客去覆黄曉潭信偽作親厚語意欲餌他餽問也喻利之

遷改勇甚可敬

心鄙極醜極即刻猛省痛懲○換寫一封作疎闊語記昨日今日事昨日心境已記不清切自治之疎極矣三更點古文一卷半

初九日

早起讀兑卦馮樹堂来邀同至岱雲家拜年伯母壽吃麪席間一語使人不能荅知其不能無怨言之不慎尤悔叢集可不戒哉散後宜速歸乃与竺虔同走何家与人圍棋一局又看人一局不覺躭閣一時急抽身回家仍讀兑卦申刻走岱雲家晚飯席前後氣浮言多與海秋談詩文多夸誕語更初散又与海秋同至何家觀子貞海秋圍棋歸已亥正凡往日游戲隨和之處不能遽立崖岸惟當往還漸稀相見必敬漸改徵逐之習平日辯論夸誕之人不能遽變聾啞惟當談論漸低卑開口必誠力去狂妄之習此二習

交際二二

痼弊於吾心已深前日云除謹言靜坐無下手處今忘之耶以後戒多言如戒喫煙如再妄語明神殛之並求不棄我者時時以此相責

初十日 晏起讀渙卦樹堂來渠本日三十初度飯後讀節卦倚壁寐半時申刻記饋貧糧旋出門拜客五家在樹堂處看渠日課多采芻言躬行無一真愧煞矣今早名心大動忽思構一巨篇以震炫舉世之耳目盜賊心術可醜鐙初歸記昨日今日事點古文二卷半今早樹堂教我戒下棋謹當即從

十一日 早起點古文一卷至時葺洲處會課懶作詩文寫摺

子五開半力戒妄言。尚不多說然尚有戲言又有兩語讚人不由中傍晚歸又補寫摺半開本日全未用心亦未多講鐙後便倦何也靜坐片刻不得力記饋貧糧二刻寫摺時同人中有讚好者初以字醜為愧絶不動毀譽心後頗以諛言為可信比時不知其為自滿也記本日事

十二日晏起日来不能整頓一切隨事有放鬆的意思遂爾精神散漫讀易中孚卦不入擬作詩壽樹堂不成僅得十句飯後作詩數刻不獲因繙太白集細玩古詩五十九首數徧繼又以綠刻無注樂府多不可解因

取樂府解題校鈔晡時走小珊竺虔處閒談又是說話太多幸無欺人語歸仍鈔題解此所謂玩物喪志者也因作詩而繙名人集有剽竊底意思樂府題解不細看全部僅鈔李集題又不求真知有茍且急遽底毛病易与古文俱未完而忽遷業有無恒底毛病總由早晨精神散漫不能讀易遂生出種種毛病來總要由靜養使精神常裕方可說工夫也

十三日 又晏起真下流矣樹堂来與言養心養體之法渠言舍靜坐更無下手處能靜坐而天下之能事畢矣因教我焚香靜坐之法所言皆閱歷語靜中真味煞能

領取言心与氣總拆不開心徽浮則氣浮矣氣散則心亦散矣此即孟子所謂志壹則動氣氣壹則動志也与樹堂同走岱雲處早飯席間一語欺樹堂午初歸因昨日李集樂府題解已鈔一半索性接鈔鐙後始鈔完共八葉焚香靜坐一時心仍馳放勉強支持猶頹然欲睡何也記昨日今日事作題塞外課經圖詩一首凡筆墨應酬須即時打發既不失信於人此心亦大清淨

十四日

起亦不早焚香靜坐半時飯後謄詩送去數月方報不怨之至王翰城来談半時去薙髮仍靜坐不得力

枕肘睡去醒来心甚清點古文一卷飯後張相皆李筆峰来久坐鐙後去點古文一卷靜坐小半時頹然欲睡可恨之至細思神明則如日之升身體則如鼎之鎮此二語可守者也惟心到靜極時所謂未發之中寂然不動之體畢竟未體驗出真境来意者只是閉藏之極逗出一點生意来如冬至一陽初動時乎貞之固也乃所以為元也蟄之坏也乃所以為啓也穀之堅實也乃所以為始播之種子也然則不可以為種子者不可謂之堅實之穀也此中無滿腔生意若萬物皆資始於我心者不可謂之至靜之境也然

則靜極生陽盖一息點生物之仁心也息息靜極仁心不息其參天兩地之至誠乎顏子三月不違亦可謂洗心退藏極靜中之真樂者矣我輩求靜欲異乎禪氏入定冥然罔覺之旨其必驗之此心有所謂一陽初動萬物資始者庶可謂之靜極可謂之未發之中寂然不動之體也不然深閉固拒心如死灰自以為靜而生理或幾乎息矣況乎其並不能靜也有或擾之不且憧憧往来乎深觀道體盖陰先於陽信矣然非實由體驗得来終掠影之談也姑記於此以俟異日記本日事早寢

此所謂復其見天地之心也

次早又記

十五日 早起至會館敬神便拜客五家已正歸在車中看中孚卦思人必中虛不著一物而後能真實無妄蓋實者不欺之謂也人之所以欺人者必心中別著一物心中別有私見不敢告人而後造偽言以欺人若心中了不著私物又何必欺人哉其所以自欺者亦以心中別著私物也所知在好德而所私在好色不能去好色之私則不能不欺其好德之知矣是故誠者不欺者也不欺者心無私著也無私著者至虛者也是故天下之至誠天下之至虛者也當讀書則讀書

心無著於見客也當見客則見客心無著於讀書也一有著則私也靈明無著順物来順應未来不迎當時不雜既過不戀是之謂虛而已矣是之謂誠而已矣以此讀无妄咸中孚三卦蓋扞格者鮮矣是日女兒周歲吃麪不覺已醉出門拜客二家皆說話太多申正歸飯後岱雲来久談因同出步月至田敬堂寓有一言諂諛太不檢歸作瑣瑣行詩子初方成

十六日

早起謄昨夜詩盡改換大半飯後走何子敬處欲与之談詩凡有所作輒自適意由於讀書少見理淺故器小易盈如是可恥之至与子敬圍棋一局前日服

樹堂之規而戒之今而背之且由我倡議全無心肝
矣歸房闥大不敬成一大惡細思新民之事實從此
起萬化始於閨門除刑于以外無政化除用賢以外
無經濟此之不謹何以謂之力行吾自戒喫煙將一
月今差定矣以後余有三戒一戒喫煙二戒妄言三
房闥不敬一日三省慎之慎之下半天悠忽將一時
可恨夜作詩一首十二早已作十句足成之記本日
昨日事不讀易荒正業已五日矣尚得為人乎作地
用莫如馬二章

十七日 早起思將昨夜三詩謄稿了此一事然後靜心讀書

乃方謄之時意欲求工展轉不安心愈廹思愈棘直至午正方謄好因要發家信又思作詩寄弟千情纏綿苦思不得一句凡作詩文有情極真摯不得不一傾吐之時然必須平日積理既富不假思索左右逢原其所言之理足以達其胸中至真至正之情作文時有無鐫刻字句之苦文成後無鬱塞不吐之情皆平日讀書積理之功也若平日蘊釀不深則雖有真情欲吐而理不足以達之不得不臨時尋思義理義義理非一時所可取辦則不得不求工於字句至於雕飾字句則巧言取悅作偽日拙所謂修詞立誠者

蕩然失其本旨矣以後真情激發之時則必視胸中義理何如如取如攜傾而出之可也不然而須臨時取辦則不如不作作則必巧偽媚人矣謹記謹記未正竺處来久談背議人短不能懲忿送竺處出門不能覺至渠寓歸已將晚寫家信呈堂上僅一葉寄弟信三千餘字

十八日 早起仍欲作詩寄弟心十分沾戀作至未正僅成律詩兩首已思竭神索矣岱雲来談一晌与同赴周黼亭飲更初何子貞来談詩文甚知要得藝通於道之旨子貞真能自樹立者也余言多夸誕客去再作詩

二首詩成覺憶弟之情有所著矣不似早間彷徨無
措也
十九日早起記十七日事飯後屏當公事數件接樹堂信問
日来靜坐工夫愧悚不能對記昨日事寫應酬字二
紙走樹堂處与之久談樹堂送我出門囑曰須靜坐
坐得有些端倪時覺萬事俱不如靜坐也真說得親
切有味歸料理公事一件會客一次飯後田敬堂来
談一時夜繙閱黄山谷集涉獵可恥滅鐙靜坐一時
略得力然心有私著無著則靜矣抑亦誠矣寫應酬
字二紙記本日事

二十日早起焚香靜坐半時辰正岱雲来早飯与同至刑部署内看黄蘭坡前日与樹堂談及此事謂君子懷刑不應輕蹈險地本日乃邀岱雲同去蓋狃於世俗酬應之悃也在彼處圍棋數局申初出城赴王翰城飲約翰城於是日生日客兩席酒後同海秋岱雲至樾喬前輩處久談歸海秋仍至寓久談去時已丑正矣海秋欲予指渠短處予与之言虛字之體用兼賅陳義甚高躬不逮千之一醜甚

二十一日昨夜微覺感冒身子不爽快早起看吳子序詩飯後東翻西閱總不爽快因復卧久未正岱雲来邀同至

黎家賀招贅之喜予因禁油暈即回夜服薑茶汗濕衾褥次早霍然而愈可喜父母惟其疾之憂宜何如刻刻保重慎之

廿二日

晏起病已愈矣尚尔沾戀何也閱書僅數葉早飯記前日昨日事走邵蕙西處談歸閱山谷集涉獵無得可恨好光陰長是悠忽過了又圍棋一局此事不戒何以為人日日說改過日日悔前此虛度畢竟從十月朔起改得一分毫否未正朱廉甫前輩偕蕙西来二君皆直諒多聞者廉甫前輩之枉過蓋欲引予為同志謂可与適道也豈知予絕無改過之實徒有不

怍之言竟尔盜得令聞非穿窬而何貽父母羞辱孰有大於此哉二君久談廉甫自言得力於師友為多接次會客至更初方散點詩二卷

廿三日早點詩一卷至田敬堂處會課寫摺子五開申正歸飯點詩三卷古文尚未點完忽遷而點詩無恒不知戒耶記昨日今日事自立志自新以来至今五十餘日未曾改得一過所謂三戒兩如及靜坐之法養氣之方都只能知不能行寫記此冊欲誰欺乎此後直須徹底盪滌。一絲不放鬆。從前種種。譬如昨日死。從後種種。譬如今日生。務求息息靜極。使此生意不息。

力踐斯言方是實學　艮峯

我輩既知此學便須努力向前完養精神將一切閒思維閒應酬閒言語掃除淨盡專心一意鑽進裏面安身立命務要另換一箇人出來方是功夫進步願共勉之

艮峯

庶可補救萬一慎之勉之無徒巧言如簧也

二十四日晏起點詩數頁飯後拜客至申正止晤朱廉甫前輩看詩二首是宗韓者雖不多說然尚有掠影之談晤竹如走艮峯前輩處送日課冊求其箴砭見其整肅而和知其日新不已也而余內不甚愧憤何麻木不仁至是竟海先生處惜不久談申正赴何子貞飲約座間太隨和絕無嚴肅之意酒後觀人圍棋幾欲攘臂代謀屢變屢忌直不是人便至岱雲處与之談詩傾筐倒篋言無不盡至子初方歸比時自謂与人甚忠殊不知已認賊作子矣日日躭著詩文不

從戒懼謹獨上切實用功已自誤矣更以之誤人乎且無論是非總是說得太多

二十五日晏起飯後點詩一卷半倦焚香靜坐片半時客來久談貌敬而傲隋根子未除客去仍靜坐奄奄欲睡何不振也飯後馮樹堂來因約岱雲來三人暢談小酌二君皆有節制惟予縱論無閑仍不出昨夜談議而往復自憙自謂忠於為人實已重外而輕内且昧昌黎知名蔵之訓總之每日過惡不外乎多言不外乎要人說好也

二十六日晏起可恨點詩一卷至杜蘭溪家拜壽說話諧謔無

嚴肅意中有一語謔而為虐矣謹記大惡拜客兩處徵近巧言未正至竹如處談至昏時竹如有弟之喪故就之談以破寂所言多血氣用事竹如輒範我於義理竹如之忠於為友固不似我之躁而淺也歸接到艮峰前輩見示日課冊並為我批此冊讀之悚然汗下教我掃除一切須另換一箇人安得此藥石之言細閱先生日課無時不有戒懼意思迥不似我踈散漫不警畏也不敢加批但就其極感予心處著圈而已夜深點詩一卷

二十七日早起讀中孚卦心頗入飯後走唐詩甫處拜其年伯

冥壽無禮之應酬勉强從人蓋一半仍從毀譽心起怕人說我不好也艮峰前輩教我埽除閒應酬殆謂此矣張雨農邀同至廠肆買書又說話太多黃茀卿兄弟到京便去看与岱雲同至小珊處渠留晚飯有援止而止底意思又說話太多且背議人短細思日日過惡總是多言其所以致多言者都從毀譽心起欲另換一箇人怕人說我假道學此好名之根株也嘗与樹堂說及樹堂已克去此心矣我何不自克耶

記廿四五六七四日事

二十八日早起讀小過卦飯後岱雲来示以詩閱艮峯先生日

課見其孝弟之情懇至流溢欽仰之至因遣人送還另紙稱誦此節即牽連而别有所陳亦撮壤崇山之意仍讀易無所得圈詩半卷申初竺虔来旋小珊来便飯何子敬吴子序来揔是不克寡言以說話不遲重故也如果語語由中豈能開口容易乎子序最後散言取人最要取長録短人有寸長我必暴之因有聯幅不可再遲者夜深寫十餘紙

二十九日　祖母大人七十六壽辰晏起逢此黎慶節不黎明而起何神昏一至是耶田敬堂来拜壽一無預備抱愧何已敬詣前門神廟燒香便拜客三家歸飯後讀

既濟未濟毫無所得未正黃莆卿来接次會客朱廉甫前輩来談甚久予又病多言昌黎云默焉而其意已傳嘵嘵胡為者況其一無真知耶廉甫言取人但當求其長与子序昨夜言同又言濟世以匡主德結人心求賢才為要餘皆末節耳傍晚去飯後馮樹堂易蓮舫来談良久予內有矜氣而語復浮所見不合仍亦自是器小可鄙讀既未濟注疏粗涉了事記昨日今日事

三十日

早起讀易繫詞三章至已正客来同出門拜壽見人圍棋躍躍欲試竟越俎而代又何說自解耶吃麪拜

客二家歸看書三葉走邵蕙西處受朱廉甫前輩昨日之託也談次邀同至海秋處不獲辭因与俱往座間晤陳小鏁浙江人王少鶴廣西人皆英年妙才海秋苦留四人上館至子初方歸渠四人皆博學能文予雖留心緘默而猶多自文固陋之言此等處所謂雖十緘亦不妨者也惟其平日重内輕外故見有才者輒欣羨耳是日接耦庚先生信浪得虛譽愧極醜極

十二月朔日早起讀易數頁走會館敬　神拜客數家車工有游思午正至寄雲處會課手冷竟不成字久荒故也

父大人若知我不寫白摺必竊憂之便走岱雲處觀
渠日課冊因論二人之不如艮峰先生之密同走子
序處談便過子貞處仍至寄雲處晚飯後予復至子
序處因子貞勸做壽屏故往求子序撰文也聽子序
談中庸甚暢復走何子貞處求寫壽屏因論詩甚暢
又圍棋一局何以為人歸已三更倦極本日擾擾幾
不知有所謂自新者又席間一言犯眾疎極每日大
過都在語言

初二日 晏起讀山谷集溺心於詩外重極矣飯後開節略求
子序作壽文海秋來以所著浮邱子囑為商訂久談

有不忠語有諂語寫壽屏一幅半邵蕙西来示以方
世兄所作論年才十五而才華如此黄子壽来示以
所作選將論真奇才也心中艷羨既已重外而又有
自文固陋之言數語寫屏半幅鐙後寫半幅子壽来
又寫一幅半岱雲樹堂蓮舫来談良久余内有矜意
又以數日仍未改過怕樹堂要看日課冊小人消沮
閉藏之狀如此如此談次又不能寡言客去記三十
初一日事

初三日早起記昨日事看日課冊所記者都是空言究竟一
過未改日日有靦面目与人酬酢而已閱山谷集飯

後寫壽屏至亥正方畢午正會客三次約躭閣一時餘力衰多言已覺冷落僅寫八幅便覺困倦精神不養則不裕也記本日事點詩二卷

初四日早起繙閱詩集昨日稍勞便覺昏瞀并平旦之氣無之矣一晨悠忽可恨飯後拜客數家走琉璃廠買壽屏紙買書日旰方歸飯後走岱雲處商事遇海秋久談歸讀史十葉是日在廠肆流連太久在岱雲處說話太多

初五日早起海秋以所撰浮邱子囑予細閱一徧而訂是非予向讀海秋詩文不無面諛之時今閱全冊仍遂前

失欺友自欺罪惡大極無論是否總須直陳所見自辰初看至申正盡二卷出門訪苗仙露河間人精六書諧聲之學觀所藏君子館磚開元瓦詩冊因囑予題詩旋走樹堂處渠自初一日起又重換一箇人對之愧死真無地自容歸讀史十葉海秋邀余至蕙西處談夜深方散言不誠

初二日 早起讀史十葉飯後翰城來久談陪客時心一不一為海秋看浮邱子七十葉酉初走邵蕙西談背議人短謹記大過歸作詩二首寫信一封覆周文泉大令記初四初五事乏甚寢不寐游思沓來 補 早聞吳莘畬來

名尚志廣東人沈静有志者亦欲引予共學而予志不堅過不改有靦面目真可愧也

初七日 晏起看浮邱子五十葉未初走蕙西處談片刻歸剃頭申初海秋来久談言不誠酉初出門拜客飯岱雲處同走子貞處商壽文与子敬談多言岱雲之勤子貞之直對之有愧歸讀史十葉寢不寐有游思殆夜氣不足以存矣何以遂至於是不聖則狂不上達則下達危矣哉自十月朔立志自新以来兩月餘漸漸疎散不嚴肅不謹言不改過仍故我矣樹堂於昨初一重立功課新換一箇人何我遂甘墮落耶從此謹 五

課程新換為人毋為禽獸

課程

敬 整齊嚴肅 無時不懼 無事時心在腔子裏 應事時專一不雜 如日之升

靜坐 每日不拘何時靜坐半時 體驗來復之仁心正位凝命如鼎之鎮

早起 黎明即起醒後勿粘戀

讀書不二 一書未點完斷不看他書東翻西閱 徒狥外為人 每日以十葉為率

讀史 丙申購廿三史大人曰尔借錢買書吾不憚極力為尔彌縫尔能圈點一徧則不負我矣嗣後每日點十葉間斷不孝

謹言 刻刻留心是工夫第一

養氣 氣藏丹田 無不可對人言之事

保身十月廿二奉　大人手諭曰節勞節欲節飲食時時當作養病

日知所能亡每日記茶餘偶談二則　有求深意是狗人

月無忘所能每月作詩文數首以驗積理之多寡養氣之盛否不可一味躭著最易溺心喪志

作字早飯後作字半時凡筆墨應酬當作自己課程凡事不可待明日愈積愈難清曠功疲神切戒切戒

夜不出門

初八日　晏起客来旋王少鶴錫振来廣西人聲氣日廣學問不進過尤不改真無地自容矣飯後記初六初七事謹立課程如右寫信与李花潭出門拜客三家至湖廣館公請李石梧中丞揖讓太周到滿腔俗意座間

應酬語太多無戒懼意歸与岱雲同至樾喬樹堂蓮舫三處以乏甚故少說話歸看史十葉

初九日 早起約岱雲同至琉璃廠買紙便至書舖見好物与人爭若爭名爭利如此則為無所不至之小人矣倘所謂喻利者乎已正拜客一處赴海秋王少寉飲約申正散赴黃薌卿兄弟飲約說話仍失之多歸便過竺虔因渠明日引見夜深歸違夜不出門之戒都是空言欺人歸讀史十葉

初十日 又晏起何以自解看史數葉飯後始畢整齊書冊摒擋瑣事半時陪客一次旋竹如來深談良久如飲醇

醪不能改過實辜良友契許之情矣負負然安得竹如一日受　特達之知遂尔痛償斯願耶去已日旰晏起則一無所作又虛度一日浩歎而已飯後拜客三處至蕙西處備聞卓識之言蕙西學識過我十倍而見許甚厚如竹如之所以許我者良友遠期何以克赴終身抱慙而已記初八初九初十事記茶餘偶談三則

十一日　早起讀易繫二章飯後出拜客一天日旰方歸友人納姬欲强之見狎褻大不敬在岱雲處言太諧戲車中有游思晚飯後靜坐半時讀史十葉記茶餘偶談

二則記本日事

十二日早起與岱雲同至艮峰先生處談至學臣之難稱職余言有外狗外為人意同至唐先生處先生命喫便飯不終席出城赴吳莘畬飲約座間晤姜樟圃 曾崔芋堂（廻避）及朱廉甫前輩姜長於形勢足跡徧天下口如懸河崔長於詞賦予力戒多言恐毫無實學而聲聞日廣也歸拜客一家至蕙西處略談歸心浮而神疲靜坐片刻讀史五葉樹堂來邀同至岱雲處強与同行久談多詣語樹堂較默夜深方歸仍讀史五葉記茶餘偶談二則 是日聞樟圃言鎮筸總兵長春字

松心將材也扈衷下士愛士卒又嫻文事廣甫聞而舞蹈好賢之誠不可及

十三日晏起可恨讀史恐本夜有事躭閣至午初方畢何子貞作　祖父母壽文讀之甚愜心而以後半敘次不甚似　祖大人氣象意欲自加潤色良久乃修飾妥當持稿示蕙西蕙西責予曰子孫孝思曾不係乎此此世俗所謂尊其親者也君不宜以此逐逐徒浪費耳且君只擬作一副壽屏既請子序撰文不宜復商之子貞子貞作文君亦不得贊一詞節次差繆揔為俗見所蔽遂致小事都迷闇言悚然回看子序文良深遠

絕俗益信聞譽言則氣易驕聞箴言則心易虛良友夾持可少乎哉因定計辦屏兩架以文吾過飯後走琉璃廠買紙与岱雲同至海秋處因渠不得京察代故往慰藉語太激厲又議人短每日總是口過多何以不改歸岱雲在寓久談三更始散留客貪談心不靜也記茶餘偶談二則

十四 晏起算兩壽屏字數排寫午刻陪客二次何子敬送字來索詩因作詩二首一謝作字一賀留鬚晚飯後讀史十葉仍請李碧峰來代寫屏底稿鐙後記十二三四三日事記茶餘偶談一則

十五日 早起讀易 繫十葉飯後午初至會館便拜客半日
至岱雲處留晚飯同至蕭溪漢溪前輩寓座間勸予
寫摺子實忠告之言而我聽之藐藐意謂我別有所
謂工夫也細思我何嘗用工夫每日悠悠忽忽一事
未作既不能從身心上切實致力則當作考差工夫
冀博堂上之一歡爾不自力而猶內有矜氣可愧可
醜与漢溪可亭岱雲同至江小颿同年處江服闋初
至也二更盡歸寒月清極好光陰蕩過可惜讀史十
葉記茶餘偶談一則

十六日 晏起直不成人日高三丈客已来矣翰城來留吃早

飯訖言是日某武臣部擬斬立決人邀同往西市觀欣然樂從仁心喪盡比時悔之而不速返徘徊良久始歸曠日荒繆至此尚得為人乎讀海秋浮邱子一篇讀史十葉蕙西来久談料理公事二三端已晚矣又斷送一日夜走雨三處求寫壽屏渠不得閒談次聞色而心艷羨眞禽獸矣復走子貞處無事夜行心貪嬉游尚說甚學又圍棋一局要日課冊何用歸記茶餘偶談一則是日奉到家信

十七日

早起涉獵數葉至鍾子賓處求寫壽屏渠以手痛不能寫便至樹堂處歸看子序古文旋以寫屏人求人太

促恐難因自寫樹堂来子序来久談僅寫屏一幅已晚如此悠忽柰何柰何夜讀史十葉記茶餘偶談一則記十五十六事

十六日早起記昨日事旋寫壽屏至晚方畢共七幅申刻海秋来談一時言不誠有一語幹旋無痕迹是奸人伎倆若不從此等處嚴為警戒將来機變愈孰矣夜覺心火上炎不静故也神頗困讀史十葉全不入記茶餘偶談一則

十九日晏起絕無警懼之意矣一早悠忽飯後讀史十葉房闥又不敬前誓有三戒今忘之耶既寫日課冊

於此等大過尚不改其他更復何說甘心為禽獸尚
敢厚顏与正人君子往還耶竺虔来略談与同至子
貞處看壽屏旋同走岱雲處久談余語多失之諧又
背議人短亦見豕負塗之象不能懲忿生出多少毛
病来岱雲留晚飯飯後三人同走竺虔處歸寫家信
稟堂上楷信二葉寄弟信五葉恨自己無實學教弟
雖多言總不得要領也記茶餘偶談一則
十起又寫与弟四頁共三千六百字午初始發艮峰
先生来一見惶愧之至真所謂厭然者矣向使時時
慎獨何至見人而慙沮若是陪客陸續四次寫應酬

字至晚散步至惲濬生處略坐語不誠歸記十八九
及本日事記茶餘偶談一則

廿日晏起昨夜寢不成寐思又虛度一歲一事未作志不
立過不改精神易乏如五十歲人良可恨也何以為
人何以為子又思有應了事數件一諾愆期許久思
之悚然汗下展轉不寐起看昨日茶餘偶談有未安
因易之巳刻讀史十葉唐先生來道真儒貴有心得
旋圍棋一局寫應酬字二紙料理公私數目至晚至
蕙西處同看張文端　南巡扈從日紀歸記本日事
記茶餘偶談一則

廿二日早起作題畫蘭詩應人囑午初出門拜客至晚方歸朱廉甫處聞莘畬道洛園先生之功德令人神往夜周韓臣来岱雲亦来久談客去看史十葉記茶葉偶談一則又作畫蘭詩一首

廿三日晏起改詩三句寫絹飯後攜交田敬堂走兩三處為雲陔託銷假事旋至子序處不晤便過子貞見其作字真學養兼到天下事皆須沉潛為己乃有所成道藝一也子敬留圍棋一局嬉戲遊蕩漫不知懼適成為無忌憚之小人而已矣便過岱雲久談語多不怍歸留客晚飯樹堂来談及日來工夫甚疎待明年元

旦盪滌更新渠深自懟予則更無地自容矣邵蕙西来三人暢談祭竈後因共小酌予言有夸誕處一日間總是屢犯欺字耳客去讀史十葉記茶餘偶談一則勉强湊無心得

廿四 晏起料理數目已初讀史十餘葉午正寫年對應酬字申初出門拜客一家至杜蘭溪家赴飲約席間多戲言無論亂德即取尤招怨豈可不察与岱雲同至周韓城處談次心不在歸敬神記廿二三四日事記茶餘偶談一則

廿五 早起至會館為代雲階消假事雲階已到矣飯周華

甫處語不誠且心已他適拜客至申初歸走蕙西處談及疚心之事久抱之愧与人提起慙沮無地歸竹如来久談西垣来并留便飯飯後海秋岱雲来語多不誠又謔浪無節圍棋一局閒子序丁内憂不勝感愕悵素与子序未甚暢談今則益友當別矣讀史十葉記茶餘偶談一則記本日事

廿四

晏起料各理各項帳目兼平公私銀兩約兌閣一時許已至与蕙西同至子序處唁弔便至寄雲處略談歸讀史五葉心搖搖如懸旌又皇皇如有所失不解何故蓋以夙諾久不償甚疚於心又以今年空度一

事無成一過未改不勝憤恨又以九弟之歸心常耿耿及他負疚於師友者百念叢集故昨兩夜不能寐下半天蕙西來夜樹堂來又雨三岱雲少平三同年來留樹堂久坐至四更方歸暢談樹堂謂予有周旋語相待不誠誠僞最不可揜則何益矣予聞之毛骨悚然然此時周旋語已不自記憶疎而無忌一至是耶与樹堂吃酒後心略安帖

廿七日早起讀史至午初止共廿餘葉補昨日之程以後切戒旋看下人收拾房屋約半時剃頭寫對聯約一時欲作詩不成下半日因俗事走岱雲處歸因下人侵

蝕錢項忿怒不能釋日来本以尤悔百端心忡忡無主又添一番懊惱更不安矣勉强圍棋亦復視而不見行有不慊則氣餒今我則悔吝叢集氣固餒心尤愧恨柰何柰何記昨日今日事記茶餘偶談二則以補昨日之程

廿八日 晏起料理銀錢一時許至倉少平家拜壽已正至各老師處拜節便拜客數處日旰歸夜作詩四首題曰歲暮雜感

廿九日 歲除早起料理瑣事又作詩二首午正出門拜客歸李筆峰来晚飯後俗事相仍夜作四首共詩十首四

更方睡

道光二十有三年歲次癸卯

正月元日　未明起敬　神北向朝賀靜坐半時心有忿念即克去假寐磨墨試筆謹書孝字敬字寫課程單飯後記昨兩日事出門賀年酉刻方歸車中倦甚於与人往還最小處計較意欲俟人先施純是私意縈繞克去一念旋生一念飯後靜坐即已成寐神昏不振一至於此記本日事

初二日　早起心多游思因算去年共用銀數抛卻一早可惜飯後讀史十葉與內人圍棋一局連會客三次晚飯後靜坐不得力寫信請樹堂来寓暢談至五更本日

會客時有一語極失檢由忿字伏根甚深故有觸即發耳樹堂至情動人惜不得使舍弟見之興感又惜不得使霞仙見之也說到家庭誠有味乎言之夜深畱樹堂下榻

初三日 晏起畱樹堂早飯午正客去坐車出彰義門拜黃蘭坡久坐畱者雖堅實自己沾戀有以啟之与人圍棋一局歸記初二日事曹西垣金竺虔同年來久談索飯飯後語及小故予大發忿不可遏有忘身及親之忿雖經友人理諭猶復肆口漫罵比時絕無忌憚樹堂昨夜云心中根子未盡久必一發發則救之無及

矣我自蓄此忿僅自反數次餘則但知尤人本年立志重新換一箇人才過兩天便決裂至此雖痛哭而悔豈有及乎真所謂与禽獸奚擇者矣客去已二更釐清拜客單乏甚

初四日早起拜客至日旰畢城外俱已拜完車中無戒懼意為下人不得力屢動氣每日鬧總是忿字慾字往復知而不克去總是此志頹放耳可恨可恥車中看義山詩似有所得夜繙樊川集證之亦然知何大復明月篇之有心得也記初三四日事

初五日早起昨日蕙西来言臺灣鎮達洪阿道姚瑩有搖動

之意由唤吏設計傾陷故也蕙西極為憂憤幾於坐不安席約今日走渠處談早去因留予便飯歸岱雲来久談旋約蕙西三人同走越喬前輩處蕙西忠愛之忱形於詞色而予付之諧謔蕙西比即面責真直諒之友歸邀岱雲相皆便飯恰樹堂亦来暢談至夜深是日与蕙西有作僞之言夜多戲言

初六日晏起料理客單出門拜客飯鄒芸陔同年處至晚方歸仍未拜完出門太晏故也歸步至岱雲處何子貞處早歸夜悠忽是日坐車中頗生氣雖下人不甚能幹實由懲忿絕無工夫遂至瑣細足以累其心

初七日早起是日張設壽堂周章一日心中不甚安詳西垣在廣便飯申正岱雲来留吃酒二更方散自去年十二月廿後心常忡忡不自持若有所失亡者至今如故蓋志不能立時易放倒故心無定向無定向則不能靜不靜則不安其根只在志之不立耳又有鄙陋之見檢點細事不忍小忿故一毫之細竟夕躊躇一端之忤終日黏沾戀坐是所以忡忡也志不立識又鄙欲求心之安定不可得矣是夜竟不成寐展轉千思俱是鄙夫之見於應酬小處計較遂以小故引伸成忿懲之不暇而更引之是引盜入室矣

初八日　敬逢　祖大人七十壽辰早起率家人行禮陪客至
更初方散共拜壽客四十人早麪四席晚飯三席全
無嚴肅的意思和樂而流客去後仍有昨夜鄙俗不
堪之見可恥已極

初九日　晏起飯後清賬又清戊戌公賬付梓屛當一切約兩
時記初五以後事所以須日課冊者以時時省過立
即克去耳今五日一記則所謂省察者安在所謂自
新者安在吾誰欺乎真甘為小人而絕無羞惡之心
者矣覆左青士信

初十日　早起吐血數口不能靜養遂以斲喪父母之遺體一

至於此再不保養是將限入大不孝矣將盡之膏豈可速之以風萌蘖之木豈可牧之以牛羊苟失其養無物不消況我之氣血素虧者乎今惟有日日靜養節嗜欲慎飲食寡思慮而已是日出門謝壽補拜年酉正方歸樹堂来夜岱雲来問病

十一日早起岱雲来旋樹堂来可感着人請竹如来留三人便飯竹如言病不要緊但須好養說養字甚詳言之津津有味飯後久談至申正方散張楠皆来与語交友之道旋走小珊家赴飲約座間無靜底意思夜歸已倦尚圍棋一局意欲消遣實則用心耗散精神竹

如教我曰耐予嘗言竹如貞足幹事予所闕者貞耳竹如以一耐字教我蓋欲我鎮躁以歸於靜以漸幾於能貞也此一字足以醫心病矣謹記謹記

十二日晏起飯後走蕙西岱雲兩處旋拜客數家歸海秋来久談言圍棋最耗心血當戒酉刻仍走蕙西處略談夜記初十十一二日事寫字時心稍定便覺安恬些可知平日不能耐不能靜所以致病也寫字可以驗精力之注否以後即以此養心

十三日晏起飯後蕙西来邀同至廉甫前輩處久談三人同車至琉璃廠買書至晚仍歸廉甫處晚飯鐙後還寓

料理俗事數件記本日事自初十早失驚之後萬事付之空寐此心轉覺安定可知往時只在得失場中過日子何嘗能稍自立志哉

十四早起飯後至西便門外看吳華禽別業失意怏怏而返借書二種有占奪之心下園子至穆師處下公請帖歸已晚僅能進內城因借宿何丹畦寓口無擇言遂有不怍之弊

十五早起由丹溪處至會館敬神歸困甚又不能寐接家信三弟各有信六弟文筆頗似王半山心甚歡慰展轉讀看不能自已至湖廣館同鄉團拜未正歸下半

天寫寄弟信至二更尚未成倦甚

十六日 早起仍寫寄弟信至巳正赴郭雨三飲約未正歸仍寫弟信計三千字倦極心神恍惚若不自持樹堂蕙西蓮舫三人先後來陪客坐不安席若舌比平時較短者屈伸轉旋俱不適黄茀卿約飲竟不能去不知身體何以虧乏若此不敬身之罪大矣高景逸先生云接教言連日精神不暢此不可放過凡天理自然通暢和樂不通暢處皆私欲也當時刻喚醒不令放倒然則我之精神短弱皆自己有以致之也

十七日 晏起飯後寫信稟堂上三葉人揔不爽快是日 請客

至夜正方散倦甚勉强支持僅乃了事向使以重大之任見屬何以勝任記云君子莊敬日强我日日安肆日日衰薾欲其强得乎譬諸樹木志之不立本則撥矣是知千言万語莫先於立志也

十八日早起是日戊戌同年團拜予為值年承辦諸事早至文昌館至四更方歸凡辦公事須視如己事將来為國為民亦宜處處視如一家一身之圖方能親切予今日愧無此見致用費稍浮又辦事有要譽的意思皆此兩者皆他日大病根當時時猛省

十九日晏起飯後仍至文昌館本省甲午團拜酉正歸陪客

意不屬全無齎敬之意應酬有必不可已者而或缺焉則尤悔并生本日見許世兄自覺慙沮職是故也夜倦眼蒙早睡

二十日 眼蒙晏起飯後赴龍翰臣飲約未正歸是日家中請客至亥初方散又無嚴肅氣象席間代人作譏諷語猶自謂為持平真所謂認賊作子矣早席中孤另另別作一人非處己處人之道呂新吾先生云淡而無味冷而可厭亦不足取殆如此乎

廿一日 晏起眼蒙飯後人不甚爽快至蕙西（龍翰臣）處旋至吳子序處陪弔未正便至岱雲處談觀其小楷甚長進非工

夫繼續者不能旋同赴張雨農飲約更初方歸席間面諛人有要譽的意思語多諂譃便涉輕佻所謂君子不重則不威也歸途便至杜蘭溪家商事又至竺虔處久談多言不知戒絕無所謂省察者志安在耶恥安在耶歸已夜深

廿二日

眼蒙甚晏起內人亦臥病不能起飯後至蕙西處少談歸將至才盛館遇竹如來折回久談竹如無不近裏之言真益友也申初出門赴惲濬生飲約兼甲午團拜酉正歸是日目屢邪視直不是人恥心喪盡更鬧其他夜心情不暢又厭聞呻吟聲仍出門至竺虔

西垣處談亦不耐靜坐之咎也更初歸因下人小不如意致忿何其一無所養至此可恥之至

廿三日

晏起眼猶蒙飯後至吳革畬處送行久談歸便過蕙西略坐內人病頗增重中無所養一有所怫便不安恬只覺煩惱晚飯後不能耐坐步至田敬堂何子貞陳岱雲三處更初歸

廿四日

早起西垣来留早飯言有不忠語旋拜客三家季仙九師招飲面辭歸請竹如来診內人病久談至申正樾喬及雨三岱雲来酉正散至寄雲家喫壽酒二更歸是日与竹如言有不忠語記之

廿五日晏起至何丹畦處与諸同年會課衆人皆作詩文余因心血虧不可用乃勉作七古一首不作詩儘可作此一首反長矜氣可恥之至旋走鏡海先生處久談酉正歸内人病如故守坐内室一書不讀悠忽如此何以自立

廿六日晏起雪雨交作而不甚寒内人病不愈余亦體不舒暢悶甚不適高景逸云凡天理自然通暢予今悶損至此蓋周身皆私意私欲纏擾矣尚何以自拔哉立志今年自新重起爐冶痛与血戰一番而半月以来暴棄一至於此何以為人何以為子

廿七日晏起飯後繙閱杜詩請吳竹如來診內人病久談日來居敬窮理并無工夫故聞人說理聽來都是隔膜都不真切愧恥孰甚申初拜客二家至海秋家赴喜筵更初方歸同見海秋兩姬人諧謔為虐絕無閑檢放蕩至此与禽獸何異

廿八日早起內人病稍愈飯後岱雲來略談走竺虔處談竺虔約同至何家子敬少談即出子愚處觀宋高宗書豳風字畫雅潔圖畫亦工雅絕倫又同至岱雲處少坐歸已晚矣

廿九日晏起飯後看杜詩繙閱一無所得旋走黎月喬前輩

處聞劉覺香先生言渠作外官景況之苦愈知我輩舍節儉別無可以自立若冀幸得一外官以弥縫罅漏缺瘠則無以自存缺肥則不堪問矣可不懼哉与月喬前輩同至金可亭處為博塞之歡嬉戲竟日二更初散寫日課冊至今已四閱月不能日新乃反日趨下流有何面目復與良友相酬對耶

廿日

早起飯後看山谷集何子敬來久談剃頭易念園來談詩至酉初去走蕙西處自正月以來日日頹放遂已一月志之不立一至於此每觀此冊不知何謂可以為人乎聊存為告朔之餼羊尔

二月初一日早起至會館敬神便拜客五家申初到家倦甚不能看書眼蒙如老人蓋安肆日偷積偷之至腠理都極懈弛不復足以固肌膚束筋骸於是風寒易侵日見疲輭此不能居敬者之不能養小體也又心不專一則雜而無主積之既久必且忮求迭至忿慾紛來其究也則搖搖如懸旌皇皇如有所失總之曰無主而已而乃釀為心病此不能居敬者之不能養大體也是故吾人行父母之遺體舍居敬更無他法內則專靜純一以養大體外則整齊嚴肅以養小體如是而不日強吾不信也嗚呼言出汝口而汝則背之是何

肺腸

初二日晏起飯後黃子壽来邀同至蕙西處久談至未正方散晚飯後岱雲來略談邀同至吳子序處又至子貞處久談至三更初方歸看子貞所批圈古文及史記信乎其能自立者揚子雲云其為人也多暇日者其過人也不遠矣自念如此悠忽何以自立若子貞者名不苟立可敬也

初三日晏起飯後會客一次旋拜客三家至會館恭祀文昌誕辰座間心有忮求酉正散歸湯海秋陳岱雲同至寓共為試帖詩一首言多諧謔又不出自中心

之誠每日言語之失直是鬼蜮情狀遑問其他

初四日　晏起飯後蕙西來旋濂甫來邀同進城謁唐鏡海先生拜倭艮峰前輩吳竹如兄三處談至日入始歸唐先生言　國朝諸大儒推張楊園陸稼書兩先生最為正大篤實雖湯文正猶或少遜李厚菴方望溪文章究優於德行竹如兄與人交雖人極濃厚渠常冷淡使人穆然与之俱深真是可敬

初五日　早起讀張楊園先生集十餘葉至湯海秋處公請鏡海先生申初散席至易念園處觀渠所為詩宗法晚唐頗有法度予性好言詩蕙西謂予於詩太自主張

不免自是細思良然夜仍讀楊園先生集中有數條破我忮求之私不啻當頭棒喝

初六日晏起讀楊園集飯後算戊戌值年公帳自出換公銀走吳和父同年處議公事晚飯後走蕙西處談歸仍圍棋一局寢後神不得安緣本日算帳圍棋用心太過實由心不敬一早自不安帖偶一用之尤浮動而神不安耳

初七日晏起飯後因心不舒蕩卷出門遊蕩至何子貞處觀渠作字不能盡會悟知平日所得者淺也与湯海秋圍棋一局至申初始歸海秋來厲蕙西亦來觀人作

應制詩面諛之不忠不信何以為友古聖人所謂善柔便佞之損友我之謂矣申正赴易問齋飲約戌正同王翰臣杜蘭溪何子貞小飲黎月喬處不節飲食夜深方歸

初八日早起讀楊園集飯後走蕙西處談不甚久歸算明公帳走交吳和父旋至濂父處久談座間遇陳蓺叔治春秋學者論俱不俗談至申正歸岱雲約晚飯鐙後歸讀楊園集數頁

初九日早起讀楊園近古錄真能使鄙夫寬薄夫敦巳刻赴蔣申甫飲約申初散便至琉璃廠買書傍晚歸眼蒙

特甚年在壯歲而頽惰稱病可恥孰甚今年嘗已四十日矣一事未成晏安自甘再不懲戒天其殃汝惕之惕之岱雲來談至二更方散

初十日晏起飯後走蕙西處旋走田敬堂處歸蕙西来談未久剃頭韓世兄來將所收賻銀交付与他另寫一清單下半天仍至蕙西處蕙亦仍来廣夜談更初方散予對客有怠慢之容對此良友不能生嚴憚之心何以取人之益是將拒人於千里之外矣況見賓如此遑問閒居修火滅修容之謂何小人哉

十一日早起諸同年至廣齋會課自辰至戌方散予以心血

觀不作詩文乃并不寫字何頹散至此考試之有得失猶歲之有豐歉也有耕而即期大有是棄[貪]天也然絕不施耕耨之功不已棄天乎我則身為惰農而翻笑穮蔉為多事傎孰甚焉至月喬處二更歸

十二日　蕙西已來始喚起論連夜天象西南方有蒼白氣廣知一匹布長數十丈斜指天狼星不知主何祥也因留蕙西早飯蕙西面責予數事一曰慢謂交友不能久而敬也二曰自是謂看詩文多執己見也三曰偽謂對人能作幾副面孔也直哉吾友吾日蹈大惡而不知矣是日作小楷千餘字下半天蕙西來招同至

陳蓺材處鐙後歸王翰城來久談

十三日晏起飯後至翰城處惑於風水之說至廠肆買書未初歸作字百餘下半天拜客五家鐙後歸昨日因作字思用功所以無恒者皆助長之念害之也本日因聞竹如言知此事萬非疲輭人所能勝須是剛猛用血戰工夫斷不可弱二者不易之理也時時謹記朱子語類雞伏卵及猛火煮二條刻刻莫忘

十四日早起作字飯後至岱雲處因翰臣在彼談及移居之事歸看書數頁竹如来旋曹西垣馮樹堂来樹堂有信約今日出城故邀客一棹来陪因留西垣樹堂二

人在寓下榻本欲与樹堂暢談一切因客太多反不能一言不知樹堂一月之別精進何如也對之但有内疚而已

十五日早起与樹堂西垣同至岱雲處早飯食貪午正至文昌館赴黄矩卿師飲約酉正歸鄒芸陔同年来圍棋二局意氣揚揚自得可鄙可醜何子貞来談及渠在國史館每去手鈔書十頁録東華録所不載而事有關繫者約鈔五千字闈之服其敏而好學予前冬入史館而絕不供職對之愧赧

十六日晏起飯後至竺虔處賀揀發福建知縣之喜久談旋

至海秋念園處不遇未初走湖廣館愛其清靜異常因思為養靜之所朝出暮歸在館讀杜詩一卷詳加批點有自以為是之病

十七日 早起飯後到館王翰城邀喫早飯至申初乃散仍至湖廣館批點杜詩半卷凡讀書有為己為人之分為人者縱有心得亦已的然日亡予於杜詩不無一隙之見而批點之時自省良有為人之念雖欲蘊蓄而有味得乎夜至蕙西處久談

十八日 晏起飯後到湖廣館看杜詩一卷純是矜氣杜詩韓文所以能百世不朽者彼自有知言養氣工夫惟其

知言故常有一二見道語談及時事亦甚識當世要務惟其養氣故無纖薄之響而我乃以矜氣讀之是客氣用事矣何能与古人投入哉岱雲来館久談夜在家看小說

十九日 晏起飯後走湖廣館寫家信稟 大人計五葉因前信遣諸弟出門讀書恐 大人不歡故詳明稟告又寫信与外舅申正始完女兒不好在家惟聞呻吟之聲甚為難耐曹諤庭作君子疾歿世章文云有用之歲月半消磨於妻子仕宦之胸良然

廿日 晏起飯後看小說巳初至龍爪槐公請房師季仙九

先生言有誑語酉初歸女兒尚未好季師意欲予致力於考試工夫而予以身弱為辭豈欺人哉自欺而已暴棄至此尚可救藥乎

廿一日

早起請竹如來診小女已正來久談竹如言及渠生平交道而以知己許予且曰凡閣下所以期許下走之言信之則足以長自是之私辭之而又恐相負相知之真吾惟有懼以終始而已云云予聞此數語悚然汗下竹如之敬我直乃神明內斂我何德以當之乎日來安肆如此何以為竹如知己是汗竹如也未初至雨三處會課寫摺二開鐙後歸岱雲偕易蓮舫

来談至二更去

廿二日早起飯後王翰城易問齋来略談去拜客半天至酉初歸夜至岱雲處暢談至二更歸接李勖青信欽佩之旨溢於行間吾何以堪之所謂欺世盜名者耶是日全未觀書

廿三日早起飯後到蕙西處談不久旋到湖廣館批杜詩半卷海秋尋至館中久談論詩相合言七律須講究藻采聲調不可專言上乘證果反昧初階切中予病又盛賛予五律談至酉末同至月喬前輩處索飯飯後各作試帖詩一首題雜英滿芳甸

廿四日早起飯後至湖廣館讀杜詩半卷未正至戴蓮溪同年處公請黃矩卿師至二更方散處衆人中孤另另若無所許可者自以為人莫予知不知在己本一無足知也何尤人為

廿五日早起女兒昨夜徹宵不眠請竹如來診治談之良久又同至蕙西處竹如言交情有天有人凡事皆然然人定亦可勝天不可以適然者委之於數如知人之哲友朋之投契君臣之遇合本有定分然亦可以積誠而致之故曰命也有性焉君子不謂命也下半日悠忽不事事至岱雲少平處作詩一首

廿六日晏起飯後至湖廣館讀杜詩張雨農与笠虔至館久談下半天至詩甫處道喜詩甫邀予与笠虔同至酒樓比時不斬絶後雖悔之無及矣座中心甚不樂而强顏為歡知天下小人之始其失足亦如此也

廿七日早起飯後至月喬前輩處同鄉會課予以不能深思故不作文僅作詩二首題宦塗最重是文衡何子貞湯海秋二君最為捷敏与海秋圍棋一局自以精神不强不敢搆思而乃凝神對奕是何意耶飯時觀人奕嗜之若渴真下品矣

廿八日早起請笠虔来喫飯座有岱雲小珊午正散日来讀

杜詩頗有小得無事則心頭口頭不離杜詩雖細加咀嚼而究有為人的意思申正出門拜客二家至翰城處赴飲約席間放言以取人悅毫無忌憚直不是人二更歸岱雲來厲略談

廿九日早起讀書數葉出門拜客三家至海秋家拜壽已正至文昌館請廖鈺夫師未正仍出至内城謁鏡海丈久談旋拜竇蘭泉談至晚始歸鏡丈言讀書貴有心得不必輕言著述注經者依經求義不敢支蔓說經者置諸身經外与經相附麗不背可也不必說此句即解此句也夜至岱雲處作試帖詩二首

三十日早起讀杜詩飯後為蕙西寫序一首計六百字旋走蕙西處談申初何子貞来略談旋朱蓮甫来邵蕙西来久談至晚方散蓮甫言莫要於君德君心不正萬幾胥壞矣予謂人君之心當時時知懼不懼則驕亂本成矣夜至雨三庽作試帖詩一首

三月初一日早起至會課館敬神与鄒雲階圍棋一局午初至杜蘭溪處拜壽未初至湖廣館讀杜詩半卷今年忽忽已過兩月自新之志日以不振愈昏愈頹以至不如禽獸昨夜痛自猛省以為自今日始當斬然更新不終小人之歸不謂今日雲階招与對奕仍不克力卻

日日如此柰何

初二日早起飯後寫小楷千餘字日中閨房之內不敬去歲誓戒此惡今又犯之可恥可恨竹如來久談久不克治對此良友但覺厚顏龐作人來言渠近來每日記所知多或數十條少亦一二條因問予日課冊予但有日記而無課聞之不覺汗下酉初赴岱雲便飯之約座間失言

初三日早起讀史飯後共讀十葉寫小楷二百餘未初至敬堂處會課寫白摺兩開作試帖詩未成何丹畦請予為是正文字予儼然自任蓋矜心之內伏者深矣夜

至蕙西處久談至二更盡所言皆慷慨激烈又与蕙西步訪王少鶴不遇歸令早友人見示一文稿讀之使人忠義之氣勃然而生鄙私之萌斬焉而滅甚矣人之不可無良友也

初四日早起至湖廣館作試帖詩一首至翰城家早飯已正与岱雲同至張雨農家張与黃茀卿訂婚是日納徵予二人為媒在張庽久坐因与張栩階圍棋一局席間因謔言太多為人所辱是自取也人能充無受尔汝之實無所往而不為義也尚不知戒乎夜至海秋處略談

初五日 晏起明知體氣羸弱而不知節不孝孰甚焉飯後讀史七葉寫小楷數百賓蘭泉來久談語及令世賢士大夫渠甚推鍾雲亭先生以為可當大任申初至岱雲家赴飲約語次屢有諧謔之言夜歸與竺虔同車眼蒙甚

初六日 早起飯後作小楷陪客二次未正姚子箴來語次接季世兄信知本月初十日大考聞之甚覺驚皇蓋久不作賦寫摺子絕少近又眼蒙恐進場難完卷也忙收拾筆屋〔墨〕出門拜客二家至郭雨三處公請外官同年三人亥正歸試筆

初七日早起至琉璃廠買筆硯之類已初歸飯後收拾行李午正与岱雲同至圓明園寓大樹菴至收拾墨合寫摺二開半夜看賦早睡

初八日早起磨墨寫摺六開作論兩篇題班超通西域論与人不求備論平日不用功至此皇皇如弗及所謂臨渴而掘井者也雖十駕而追豈有及哉

初九日早起寫半開飯後磨墨一晌旋出門拜客二家收拾進場之具閱陳秋舫吳偉卿所作應制賦氣勢流利古不乖時令不同弊心賞其能而自愧弗如也夜不安寢蓋矜持之過

初十日寅初起卯初至　出入賢良門外聽點旋入
正大光明殿應試卯正得題如石投水賦以陳善閑
邪謂之敬為韻烹阿封即墨論賦得半窗殘月有鶯
啼得鶯字五言八韻三藝至未初未刻作就未正寫
起至酉正止補一字出場出賦稿与同志人看始悟
有一大錯已悔無及矣粗心至此何以忝廁詞垣哉
是日進場百廿四人監試為定郡王載銓邏守甚嚴
搜出懷挾之贊善如山比交刑部治罪可慘也餘俱
整齊完場

十一日早起在園子早飯辰正歸午初到家因場屋有大亂錯

心甚不安帖冊内人兀坐相對患得患失之心憧憧
靡已強為制之尚覺擾擾夜不成寐平日所謂知命
者至是何有真可羞已未正赴何子敬飲約
十二日晏起宴閑之私幾使婢嫗皆知何以克修齊乎已初
出門拜客旋至東麟堂赴文小南飲約座間失得之
念形於顏色人之視己肺肝如見恥孰甚焉申初歸
仍不得信中心焦急四處打探行坐不安醜極
十三日卯正得信名次二等第一一等五人萬青藜殷壽彭
張芾蕭良城羅惇衍二等五十五人三等五十六人
四等七人予以有大錯謬而忝列高等抱愧殊極客

来屢次會客剃頭旋至季師處申初赴園子仍住大
樹菴聞有贊予場中詩賦者愧甚
十四日五鼓起卯正排班引
見仰蒙
天恩以翰林院侍講升用一等第一第二俱以編修
升學士第三以庶子升少詹第四以中允升侍讀第
五以編修升侍講二等第二以編修升侍讀第三四
五六俱以編修升贊善下半天見寉舫師丁誦生求
予代寫謝摺故留園未歸
十五日早起飯後自園歸便拜客數家午初到家設香案望

南叩頭何子貞来張雨農来接次陪客申正出門拜
客數處傍晚黎月喬金可亭岱雲翰城来小飲至三
更方散
十六日早起料理零事旋出門拜客至會館敬神補昨日之
不逮巳初赴曹西垣約至東興居小酌未初方散候
下人不至大怒不可遏抑懲忿無功潰決至此申初
歸拜客一家旋赴園微雨鐙後到
十七日五更起至　宮門橋南謝
恩歸寓同人索喜酒因具酒食未正歸便拜客數家
晚飯後至岱雲處約同至小山處久談旋同至易念

園寓以渠本日不得御史故往慰之二更歸
十八日晏起讀黃山谷集已刻為唐詩甫金竺虔餞行請客共七位未正方散吳竹如來暢談至酉初所以期許之者良厚識淺氣弱何以副之夜預備東西送竺虔南歸
十九日早起至東小市買衣已正歸寫家信甚短又料理寄家補服晶頂阿膠鹿膠等件託竺虔帶交申初赴王翰城飲約席間次海秋韻送竺虔南旋即之官閩中聞人一言足以快睚眦之怨口雖不言心竊欣之可鄙孰甚雨農岱雲來鬲談至二更

廿日 晏起桂丹盟來尚未起平日習焉不覺今早乃愧赧無地久談虛名欺人可恥孰甚飯後易問齋來陳石山來圍棋二局未初去寫輓聯寄彭棣樓之母至岱雲處同至何子貞處又同走送竺虔不遇至海秋處小飲子初歸

廿一日 早起巳初至金竺虔處送行久談本思送渠上車因是日至葦洲處會課故不果席間兩人爭逞勝未初走葦洲處寫摺子二開同人談良久酉正歸旋至寄雲謝阿膠之惠談至二更歸

廿二日 早起飯後回拜諸道喜客自辰至酉約五六十家歸

來倦甚走邵蕙西處一談歸寫家信一頁

廿三 晏起飯後接寫家信四頁又寫信與叔父寄銀十兩求叔父假他事為名餽送族戚之最苦者申初封好大考等第單及升降上諭一並封入馮樹堂來留吃早飯亦在予處寫信申正出門拜客二家至海秋家赴飲約二更盡散

廿四 早起會客兩次家中搭涼棚飯後至湖廣館看杜詩半卷夜作詩苦索不得鄒雲階来略談

廿五 早起會客兩次飯後出門至季師處又拜客數家至竹如處久談言近日心事覺不與快我輩益宜斂德

修行以自保重云云甚有深意未正歸作感事詩一首蕙西来暢談

廿六日早起飯後拜客進城至東四牌樓等處又拜東頭各家至熊秋白處赴飲約是日暴熱侵人困甚座間人尚謹飭我獨脫袍帽自放未免失之野二更盡方歸聞子貞海秋過寓猶躍躍思出門夜談何好動也

廿七日桂丹盟来久談在寓抑鬱不自得連日大風黃塵四塞天久不雨氣若閉塞又曰無常課工夫時時深杞人之憂出門入門冈冈寡營是日作詩二首小珊来久談夜蕙西来久談

廿八日早起仍哦詩曹西垣來留吃早飯飯後謄寫大考詩賦送穆師處因渠十四日面索故也便過海秋因留晚飯鐙初歸至蕙西處同訪龍翰臣姚子箴四人共步至朱廉甫處索酒縱談二更盡散

廿九日晏起飯後李卓甫張柟皆來李与人口角來訴宽抑久談不休何子敬來桂丹盟來仍作七古一首日內心沾滯於詩明知詩文以積久勃發為佳無取乎强索乃思之不得百事俱廢是所謂溺心者也戒之

卅日早起讀山谷集飯後海秋來王麓屏來訴事苦久未初始去仍作七古一首晚飯後步至丹盟處略談旋

至帽店冒買帽傍晚至何子貞處烹酒飲酣聞子貞言
渠在　國史館盡心辦事真可敬也三更歸
四月初一日早起至會館敬　神便拜客數家飯黃寉汀處岳鄒
雲階對奕兩局明知曠功疲神而屢蹈之何以為人
拜客又數家至呂鶴田處久談彼此傾想已久故一
見即投契良深酉初歸乏極會客共三次覺疲於應
接精神如此不極力保養不孝孰大焉
初二日晏起飯後仍不爽快天久不雨亢陽初熱甚覺困人
寫應酬字二紙申初出門拜客赴黃琴塢便飯約岳
雲階奕一局又旁觀一局觀黃子壽所為論著良可

畏也至小珊處久談二更歸

初三日早起飯後羅椒生久談有志之士闇然日章不勝欽服午初走岱雲處渠自園子回如久別乍遇旋同步走數家岱雲至余家便飯飯蕙西亦在廣論當代人物意見不合下半天讀黃詩夜不克靜坐仍走岱雲處小飲二更盡歸

初四日早起飯後至祁幼章處會課寫摺一開已正至才盛館赴曹提塘飲約未正至湖廣館公請勞辛階觀察唐鏡海丈在坐而素不欽服之人談論未免有芒角慎之酉正与易念園同至月喬處話至更初歸

初五日前日起用琦善奕經文蔚昨陳侍御慶鏞諫正

皇上從諫如流立收回數月前之成命真

大聖虛懷非漢唐以下人主所可擬矣天久不雨昨夜大沛甘霖直至今日午刻始歇天人感應之際何其神也寫泥金屏八幅申正始畢酉刻出門拜客二家赴黃蓮溪飲約座間看人白摺甚多更初歸

初六日早大雨如注晏起寫應酬小楷條三紙晚飯後走蕙西處談不甚久

初七日晏起飯後寫小楷千餘字午正蕙西來旋丹盟來杜蘭溪來談良久留蕙西便飯同步至朱廉甫處渠於

本日得福建道御史有志獻納得居言路可喜也讀廉甫詩數首知其用力已深其心血亦足可以力戰不衰予所不及更初歸日来鐙後眼蒙不能看字每夜早睡

初八日晏（早）起至東小市買衣已正末歸飯後吴子序来久談言聖人言保國保天下老氏言取國取天下吾道只自守老氏有斂機云云其義甚精好學深思子序不愧又會客二次至城内拜客二家歸寫小楷千餘字鐙初即睡

初九日早起磨墨飯後寫小楷五百字人倦甚仍看黄山谷

集申正出門拜客二家赴杜蘭溪飲約座間勞辛皆黎月喬何子貞諸人皆同里之彥也談至二更盡始歸日來喉下如有鯁略用心則尤盛甚

六月初一日早起至會神敬　神旋雨黃鶴汀鄒雲皆圍棋三局
拜客五家歸聞放雲貴試差信心中有得失之念膠
轕縈擾幾不克自持隨接家信為之一喜始將妄念
消去展轉久看自悔不應將弟書發還使弟受堂上
之責晚飯後去看岱雲病見其勢甚沈重為之驚惶
憂懼者久之歸曹西垣来言其百端挫折實難為情
夜拜斗早睡
初二日卯初起聞岱雲昨夜下血甚多病勢甚重即刻去看
見其面如紙色手足冰冷汗出不止焦慮之至早間
趕服藥一帖已正症愈虛因服參附至下半天脈息

回陽心始安帖夜歸拜斗睡

初三日早至岱雲處看病較昨日已好些午正至郭雨三家拜壽圍棋一局歸會客一次清理書案酉初雨三處赴晚飯約更初仍至岱雲處看病歸已晏昨日接霞仙書懇懇千餘言識見博大而平實其文氣深穩多養到之言一别四年其所造遽已臻此對之慙愧無地再不努力他日何面目見故人耶

初四日早起飯後走岱雲處看病已正歸寫致友朋書五封申正晚飯後出門拜客五家至岱雲家看病夜至何子貞處圍棋二局歸

初五日早起至岱雲處看病午初歸圍棋一局寫心經一付記右四日事下半天作寄弟詩一首至岱雲處看病夜歸作詩一首拜斗睡

初六日早起至岱雲處看病午初至寄雲處圍棋二局歸寫家信一封六弟信一封又另紙寫為學之方示六弟蕙西來頭昏目眩幾不克自主身體疲弱如此何以自立因送蕙西歸禹之間談稍覺自怡

初七日早起至岱雲處看病已初歸寫四弟信發家信小睡聞岱雲未服藥仍去看病渠因聞人言不敢服大黄觀其病勢仍似危甚極力慫恿至傍晚服藥候至二

更平安歸
初八日早起至岱雲處看病已正仍請竹如至寓診内子病
午正小睡梁儷裳来与同至仙九師道喜旋同看岱
雲病遇雨久坐申正歸記右三日事寫心經一本傍
晚至楊崑峰處圍棋三局歸寫扇一柄
初九日早起飯後拜客二家旋至岱雲處看病歸寫小條子二
張冊頁二張晚飯後蕙西来旋同至渠寓久談歸圍
棋一局
初十日早起至岱雲處看病總不見愈心頗焦急歸寫小條
子二張心經一冊夜仍至岱雲處看

十一日早蕙西来邀同至王少霍處旋同至朱廉甫處早飯觀渠二人圍棋四局旋至岱雲處看病勢日加晚始歸早睡

十二日早起至岱雲處看病午正歸寫應酬字二紙仍去岱雲處問病日見其重奈何夜歸

十三日早至岱雲處看病已初歸方欲出門又聞岱雲下血甚多心惶急失措立遣人尋竹如别請魏西亭診脈乃反聞駭愕之言幸竹如來片言鎮定心為稍安是日服犀角生地湯留竹如在城外住恐岱雲有變症也予二更歸

十四日早至岱雲處是日全未離身夜住陳廣觀其症險極
惶急無計一夜不寐
十五日早起候竹如來開方吃參附午正覺大有轉機未正
予歸廣少睡酉初仍至陳廣鐙後歸
十七日（六）早至岱雲處問病日中歸一時許仍去夜間始歸至
是可保無虞矣
十八日（七）早至岱雲廣聞其臂上有瘡竹如云未易收口又深
焦慮在彼坐守一日更初始歸
十八日早至岱雲處問病歸飯後拜客一日戌初方歸蕙西
來少譚

十九日早至朱廉甫處陪竹如飯旋至岱雲處問病旋至耿壽亭處弔唁旋至雨大如注久坐歸羅樹生来久譚言多道氣真畏友也

十日早至岱雲處看病歸圍棋二局寫應酬字數紙會客二次酉正仍至岱雲處看病更初歸寫應酬字二紙睡略晚目力即疲

廿一日早至岱雲處看病飯後拜壽二處拜客二處未正歸

七月初八日卯初起收拾行李巳初起行午正至長新店尖申初至良鄉縣住宿縣令沈元文浙湖州人差人請安將至良鄉時飄風驟雨其勢甚急幸大雨時已到店矣

初九日卯初起行雨後朝旭清氣可飧西山在望翠尖如筍巳初至竇店早尖杯柈羅列頗復可食未初過白溝河慨然思明成祖與李景隆之戰得句云長興老將廢不用趙括小兒輕用兵上句謂耿炳文下句即景隆也思作長歌而不成申初到涿州驛館雅潔可愛惟身體不爽快

初十日行五十五里至高碑店又卅五里住定興縣傷暑不能
食
十一日行七十里至安肅縣又五十里住保定府頭痛發熱不
能食請劉年峰來開方藥服一帖明早又服一帖
十二日行四十五里至陘陽驛又四十五里住望都縣又身子
病不甚快
十三日行六十里至定州又五十里住新樂縣藥病較差
十四日出新樂縣過河水漲三四尺許多人甚費力始過又五十里
住伏城驛天晚不及趕正定府矣
十五日行四十里至正定府前途水漲不可渡是日即住此間

方書自看

十二日 過滹沱河 水未過泥深沒髀 用夫數十人始過渡 身子無不好 轉向行卅里住獲鹿縣

十三日 行卅里至微水村自備茶點 又二十里宿井陘縣 是日已入太行山山峽間 暑氣尤盛 無不爽快

十四日 行廿五里尖核桃園 又卅五里住柏井驛

十五日 行五十里尖平定州 又五十里住測石驛 兩日路極難走 沙石無多 牲畜過人為難 又加炎熱更為勞苦 借光代步耳

廿日 行五十里尖壽陽縣 又五十里住太安驛 里數如例

九月廿一日由省城起行行四十里住新都縣縣令張宜亭招
遊桂湖徘徊觀眺極饒野趣
廿二日行早在桂湖飲酒湖為明楊升菴讀書處約廣三百
畝皆荷花繞隄皆桂樹張君修葺樓閣不俗酒罷行五
十里住漢州州牧劉君邀飲署中二更散
廿三日早起行五十里尖德陽縣再行五十里住羅江縣在
途中作遊桂湖五章往書寄張宜亭大令
廿四日早起僅行六十里尖皂角舖又行六十里宿綿州值大
雨夜始歇
廿五日早起行六十五里尖魏城驛又行六十里住梓潼縣

在途中作詩一首
廿六日早行四十里尖工亭鋪又四十里宿武連驛作懷
樹堂岱雲詩
廿七日早行四十里尖柳池溝又四十里住劍州作懷弟
詩
廿八日早行六十里尖劍閣又四十五里住大木樹在劍
閣看碑皆唐宋人詩石明及近人刻石尚可觀者
廿九日早行四十里尖昭化縣搭過桔柏渡又四十里住
廣元縣數日精神不甚振作早過朝天雄關下視
群山空濛一氣嘉陵江如帶田如屋瓦塘如豆

廿五日早行四十七里尖沙河驛又四十三里住朝天鎮
中間過朝天關極高千盤百折望對山瀑布尤可愛
南棧惟此與七盤嶺最險峻

十月

初一日早行卅里尖神宣驛又四十里住較場垻
初二日早行卅里尖黃壩驛陝西境也又五十里住寧羌
州 作七絕六首
初三日早行卅五里尖滴水鋪又六十里宿大安驛程 作西征詩
初四日行四十六里尖蔡壩 又四十四里住沔縣縣令陸君 華封 要
至署晚飯

初五日行四十里次黃沙驛又五十里住褒城縣
初六日行五十五里次青橋驛又四十里住馬道驛
初七日行五十五里次武關驛又四十里住留壩廳拉與賀笑
恒暢談
初八日行五十里次廟台子又五十五里住南星途中作留侯
廟詩又作柴關嶺雪詩
初九日行三十五里次三岔驛又五十里住鳳縣途中作廢
邸閣詩又改詩句過鳳嶺見萬山晴雪瓊樓橫矢
真奇絕也
初十日行七十里次草涼驛又四十五里住黃牛鋪作七律

一首

十日三十二生日作七律二首行五十里宿觀音堂又五十里住寶雞縣驛館後有平臺俯臨渭水對岸為南山亦自南褒城至寶雞山之東西也南北則綿亘萬里不可窮極矣夜月如畫獨立臺上看南山積雪與渭水寒流雪月沙水并皓謂白真清絕也環樓至宇何以過此恨不得李太白蘇長公來此一吐奇句耳孤負孤負

十二日行四十里住鳳翔府太守陽璐齋八九郭甫杖團師之子也邀至署書贈三更方散

十三日鳳翔令蔡縵蕖招飲東湖古樹數抱亦足蘇公多

植唐公遺像慨叢堂穷下半天佳岐山縣

十四日行六十里宿扶風縣又六十里宿武功縣

十五日行四十五里宿扶風鎮又四十五里宿興平縣道過

馬嵬坡憶楊妃墓訪碑詩無佳者刻唐人詩自不

可及

十六日行四十五里宿咸陽縣又五十里宿西安府

十七日佳李石樵邀早飲同席為王西伯尹輩及蔡

麟洲趙季舟兩尹輩

十八日佳早仍飯石樵中丞處余尹所病甚劇中飯乞

太夫人囑仲雲覓代禱樣署　兩神　是日余在署宿

拈香下界天拜客
十九日住早仍飯中起霧下界天看下人收行李
廿日發西安行五十里宿臨潼縣驛館即驪山溫泉古
華清宮地也
廿一日行四十里尖零口鎮又四十里宿渭南縣
廿二日行四十五里住華州
廿三日行七十五里住華陰廟縣令劉海珊申璠甲午同
年也來同登萬壽閣望華嶽三峰如在睫前積雪
皓白無雲一碧微風動也檐鈴丁丁相和真勝地也
廿四日行四十里住潼關潼商道劉壁泉前輩邀吃晚飲

二更盡散

廿五日早渡黄河行七十里宿坡底 山西蒲州府永濟縣地 去府城廿五里 望中條山如在睫底

廿六日行七十里住樊橋驛館後有小亭 望中條山蒼然如畫 獨立亭上看落日西下紅霞半天快甚

廿七日行七十里宿柏桐鎮 荊頭

廿八日行五十里尖水頭卽古涑水 屬夏縣 又四十里住聞喜縣

廿九日行三十里尖東鎮 又五十里住侯馬驛 屬曲沃縣

十一月

初一日行六十里尖史村驛又六十里宿平陽府
初二日行六十里尖洪洞縣又三十里宿趙城縣
初三日 母親壽辰 行六十里尖霍州又六十里宿仁義鎮
初四日行四十里尖靈石縣又七十五里宿介休縣作五日
詩二首
初五日行四十里尖張蘭鎮又三十五里宿平遙縣
初六日行五十里尖祁縣 又六十里宿徐溝縣
初七日行三十里尖永康鎮騎馬四十里宿王胡 祁恒莊先
生來會壽浦先生之兄也
初八日行七十里尖太安驛又五十里宿壽陽縣

初九日行五十里尖測石驛又五十里宿平定州

初十日行五十里尖柏井驛又六十里宿井陘縣

十一日行三十里尖微水村自備又四十里宿獲鹿縣

十二日行六十里尖住正定府至大佛寺看大觀音不見此

齋碑 宋碑各一通

十三日行四十里尖伏城驛又五十里住新樂縣

十四日行五十里尖定州又六十里住望都縣

十五日行五十里尖方順橋又六十里住保定府未初到

拜客六家

甲辰年

正月初一日寅初起寅正趨朝慶賀辰初退朝至會館敬神旋歸寓飯後拜客至酉初方散歸是日為車夫忿懟二次

初二日早起讀書廿葉飯後習字一百至戴雲家問病歸會客一次未初起寫信稿十餘件戌正止記茶葉偶談一則

初三日早起讀書五葉校書來旋同至戴雲霧看嫂夫人病未正起歸寫信稿十餘件戌正止

初四日早起讀書廿葉飯後習字百个午正假寐片刻寫信稿十餘件清理料案單記茶餘偶談二則

寫信一件
初五日早起讀書十葉飯後出門拜客至戌正歸晚飯
後仍至仙雲寓問嫂夫人病
初六日早起讀書五葉接次會客至未初書始讀畢
寫字一百旋作五箴原單至仙雲家問病歸便至
心齋寓
初七日早起仙雲夫人病革以信來告即去竹如小珊診脈
俱云不可救去年仙雲大病尊嫂曾割股療夫疾衣不解
帶者四十餘日計不半載而遭遇如此真可哀也酉正至
何子貞家赴飲約旋仍至仙雲寓二更歸

初八日早起至岱雲家問病，辰初歸，是日為 家祖七十
一壽辰，叩賀客，至未初散。即走岱雲處，而尊嫂已於午
刻仙逝矣。為之料理一切，至酉正粗有頭緒，仍歸。
初九日早至陳宅料理諸事，巳刻歸。謝壽數處，至郎
雲陔處赴飲，未正仍至陳宅看小斂，亭當歸。
初十日早至陳宅料理諸事，巳刻拜客數家，至琉璃廠
觀廟市，買書二部，申刻至陳宅襲成服禮，更初歸。
十一日早起讀書廿頁，午正至廠肆 觀廟市，歸。酉正
至陳宅，二更歸，是日暑換朕遷椿宅。
十二日早起讀書廿頁，午初至陳宅陪客，酉正歸。

十三日寄四川陳雨蒼信共四十五封，好請張荒山來幫辦

至二更始完

十四日早發川陝信，已移進城，於年前可始歸至陳宅，久

唯至二百又零頁計，勸代雲釋，竟誠無竟不能解

十五日早讀書卅葉，已移至藝風閣觀廠肆，酉移歸寓

至心齋處少談

十六日早讀書卅葉，午移樹堂楊至廣西同往移步老子

延師三月上學，葉先請來住，是日請客三人小飲，戌移散至

陳宅少談

十七日早讀書廿頁，請吳竹如來為內子看病，午移散。

又出荅客申初剃頭旋赴易問齋之宴旋至陸宅又至
何子貞處談子正歸
十八日早讀書廿頁會客二起午正至湖廣館團拜酉正
歸至陳宅略坐歸寫請帖
十九日早讀書廿頁飯後假寐未初至羅椒生處赴宴
戌初散至朱伯韓處談亥正歸
二十日早讀書廿頁飯後拜客二家至湖廣館請客鐙
後歸至岱雲處談三更初歸
二十一日早讀書廿頁飯後出門送蕙西二處至陳石琢家
赴宴旋至會館又至竹如處拜客歸假寐請客一席

二更散

廿二日早讀書廿頁飯後習字一百寫扇二柄拉與梅堂談申正請客至二更盡散

廿三日早讀書五頁習字一百至岱雲處陪節亥初歸

廿四日早讀書廿頁至毛寄雲處拜壽未初歸寫家信至夜未完

廿五日早讀書十五頁至古盛館團拜酉正歸旋至季芝處岱雲處戌正歸寫家信

廿六日早讀書五頁寫四弟信至古盛館請同年

酉正歸寢作字二百餘

廿七日早起讀書廿頁飯後寫字百餘旋至湖廣館請裕餘山制軍拜客至東四牌樓酉正歸接王少鶴信

廿八日早起欲看書而看少鶴信不能無動遂寫書達之至未刻書成楊杏農來暢談至擬謄少鶴信送去大發山西信一包

廿九日早至岱雲處為其嫂發引申正歸夜與椒雲暢談酉刻至蕙西處談

卅日早起請裁縫做衣小事不如意心緒煩惱竟日未

堂為一事胸懷淺鄙之極

二月初一四更起至　社稷壇陪祀旋至文淵閣衍禮歸

拜客一家歸小睡寫字會客夜看王荊國文

初二四更起至文淵閣侍班觀經筵大典歸寫聯幅面

刻至壽雲處飯戌刻至仙雲處亥正歸

初三晨起讀書十頁會客達一次飯後讀書五頁清賬

至會館敘　神便拜客數處在與梅堂久談

初四早起讀書廿頁拜客數處在與樹堂久談

初五早起讀書廿頁飯後出門拜客數家至貴筵

卿師處赴飲

初六日早起讀書十頁 會客數次 作陳君之室易安人墓志銘未成

初七日早起作墓志銘成 會客數次 雅与梅重談

初八日早起 同年公八人集余齋 以余詩文課余寫字三開而已

初九日早起讀書十頁 至城內拜客晚歸 与梅重談良久

初十日早起讀書十頁 會客甚多 未正至湖廣館公請常南陔前輩 申正至會館 拜朱蘭山及仰友雅暉 作五箴成

十一日早起讀書數頁會客甚多楊杏農來久談至
晚請客一席二更散
十二日早起讀書數頁會客數次夜出門至趙子舟處
赴宴復至鄭小山處二更歸
十三日早起至舉場送馮樹堂考學正旋至 國史
館鈔乾隆三十一年起河渠利事旋拜客數處歸飯
至陳岱雲處暢談歸
十四日早起讀書十頁楊杏農來談至未初去小睡起
陪客二次發家信一封
十五日早起讀書十頁習字一百飯後屢會客寫信一封

拜客數家 夜有客 寫應酬字數幅
十六日 早起 讀古文十頁 習字一百 會客六七次 至申正散 聞
歐陽小岑來 夜與樹堂暢談
十七日 早起 聞筠仙來 即去覓伊 因在東頭拜客 至未
初歸 會客二次 同於鄉館論筠仙談至 夜
十八日 早習字一百 飯後拜客二處 至郭雨三處會課 午初
至珠神館 甲午團拜 申正後至雨三處飯 後拜李梅生 談至
二更歸
十九日 早習字一百 與內人有責言 會客五六次 未節至金文堂
赴宴 拜客三家歸 夜睡晚 寢早

廿日早習字一百 會客甚多 來信一事 往與筠仙樹堂
談 並批閱筠仙文一首
廿一日早習字一百 飯後拜客數家 下半天至會館飯 趙
玉班處 晚歸 往杏農來久談
廿二日早習字一百 飯後看書十頁 寫對聯條幅 未移歐
少岑來 請客一席 戌初方散
廿三日早習字一百 旋出門拜客 至歸剃頭 至文昌館公
請黄矩卿師 未正至會文堂 赴李玉川席 申正歸 請
客一席 二更散
廿四日早習字一百 旋會客數起 出門送分貲二起

拜客數家。歸，至西王廟與筠仙久談。杏農來，復暢談。二更後散。

廿五日早習字一百。會客五起。出門送分貲。旋拜客數處。歸，為楊石泉作壽文送去。陳岱雲、張芸閣來，

廿六日早習字一百。拜客數家，至何丹畦家會課，申正散。與樹堂、筠仙久談。旋與筠對棋二局。

廿七日早習字一百。飯後會客二次。出門拜唐力年丈母壽。大會客數家，申正歸。黃恕皆來，談至稍久而散。寫冊頁一紙。

廿八日早習字一百。旋會客二次。出門拜客四家，至鄭宅祝

戲赴宴申正歸會客二次至王林麓屏處晚飯歸與
嘯山談
廿九日早習字一百會客數次出門拜客二家未初歸對
聯條幅至申正止酉正與樹堂筠仙同至岱雲談至二
更歸
卅日早起習字一百擬作詩僅八句早飯後與樹堂閒談
午初客來旋邀客晚飯申正方坐席更後散留曉
岑宿
三月初一日早習字一百陪客至午正拜客至酉初歸飯
後又陪客

初二日早習字一百 陰 客數起 吳竹如午正來 至申初去 與筠仙暢談 至龍翰臣處晚飯 歸與筠仙論文

初三日早習字一百 會客一次 飯後至廟內坐作詩 不成 晚飯後來陳岱雲楊杏農 夜至蕭史樓處談

初四日早習字一百 會客二次 飯後久談 出門拜客 酉正歸 夜仍與筠梅二君談

初五日早寫壽屏一架 至申刻畢 申中會客五次 酉正與樹筠同至拔國寺慰陳岱雲

初六日早至廟 與筠仙談 喜岱雲得差 飯後性農來 旋會客數起 復詩至下半天 夜李筠生來

初七日早作詩完寫好送樹堂筠仙至內城小庵出門送考申正歸 夜大雨早睡

初八日晨起擬送考因雨泥不果飯後閱黃山谷詩至岱雲處談接家書下半天仍閱山谷詩夜早睡

初九日早起習字一百飯後中睡未初起寫寄六弟九弟信共十一葉尚未完

初十日早習字一百旋寫淩十一信已正完至李碧生處看會試文歸寫弟信完又至性農處蕙西處看文夜看書十頁記茶餘偶談一則

十一日早至舉場送考午正歸 圍棋一局寫家信申

至畢晚飯至心岳處談夜看書十葉記茶餘偶談一則

十二日早習字百個讀書十五葉飯後至錢崙仙處會課旋至小帆處拜壽乃在小颿處一日狂嘩看書十頁記茶餘偶談一則

十三日早習字一百讀書十五葉飯後寫應酬字至兩點完會客二次至鐙時稍看書十葉記茶餘偶談一則

十四日早習字一百讀書十葉日中寫信二封去拜客三家飯畢皆要晡時歸讀書十頁記茶餘偶談一則會客一次

十五日早習字一百 讀書十葉 飯後至易同甫雲公
課兒詩一首 寫摺二開 批何年伯文數首 稚暉至
小颿雲商事 讀書十五葉 記茶餘偶談一則
十六日早習字一百 讀書十葉 飯後到劉鎮樹堂鶴仙
歸談 不久出門拜客 晡時歸 飯後家君客久談 更
看書十葉 紀茶餘偶談一則
十七日早習字一百 李筠生來 接次客來 巳正散 與鶴
仙暢談 寫對聯條幅 會客數次 至晚覺人不爽快
走甫山雲暢談 更後歸
十八日早習字一百 會客二次 飯後出門拜客 至更後歸

在新館晚飯飯後會客二三人移敘
十九日早習字一百是日寫家字對聯條幅午正至外擬
錫慶次公客雅杏農筠生六人來
廿日早習字一百飯後拜客至戎稍暉雅君寶旋赴府
二樹與樹棠久談
廿一日早習字一百寫小條子一張旋寫對聯小條日中
來留宿杏農晡時亦來
廿二日早習字一百飯後雜理新房諸事下午請同鄉客
共十六位雅芳杏農來談至二更
廿三日早習字一百飯後收拾舊物送樹棠筠仙先移新房

予寓至新居部署一切成移歸　杏農來寓暢談
廿四日是日移居前門內碾兒胡同西頭路北居起整理一切
飯後至廖師穆師兩處常見小門生到至新寓部
署晚飯後至竹如處談一時許　至新居冊中兒占學
廿五日早起部署諸務　飯後會客三次未寐小睡晚飯後
人甚不清爽　夜與筠仙暢談兩俠客道學白描溝坐
二語蘊之已久茲始與筠仙發之
廿六日早起仍部署諸務　飯後剃頭與筠仙同出城至
匯元堂赴新科團拜之請　申正歸　收拾書案　夜檢
理錢帳

廿七日早起修函飯後寫摺數行　令寫數頁　出城拜客
酉正歸　飯後與筠仙樹青談至夜深
廿八日未明起　送筠仙至午門外　赴大挑　旋還家寫字
一百　寫摺數行　至會館新科題名　戌初方歸　筠仙大
挑未得　不無抑鬱　力勸之　共飲酒數盃
廿九日早起　習字一百　會客一次　飯後寫應酬字至戌正止
夜作試帖一首
四月初一日早起　習字五十字　誦吟楚辭　飯後小睡　旋
寫應酬字至晚　夜至竹如處談
初二日五鼓起　至　乾清宮引見講官　歸來倦甚　心有不懌

竟日無所事事下半天與樹棠讀雅化試帖一首
初三日曉岑早來與黃園棋旋大雨未正曉岑去與內人
議家事甚久雅化試帖一首
初四日至文昌館赴李筠生師東之約旋至宴壽堂赴
四川團拜公請酉正歸與樹棠錫仙讀雅化試帖一首
初五日早請客一席至申正散陳季牧來戌初後去雅
化試帖一首
初六日晨起飯後至城外拜客一家旋至湖廣館請四川
門生復拜數家歸雅為西疆閱文一首旋料理瑣事
初七日晨起至財盛館甲午鄉榜同年團拜酉正歸

輝穆子樹重鈞仙久談
初八日陸楊遣人到霧查訪不得的信 與鈞仙下棋
穆竹如來談
初九日早起楊重鈞仙處 蕭心孫不憚 上半天在家
會客 下半天出門過書穆與樹重鈞仙談
初十日早入內磨勘硃卷 旋至寶慶館湘潭館老館
新館各處送行 穆
十一日早請客 至未正散 申刻下園子海甸 住清梵寺
曾心齋處
十二日早起寫白摺一天 寫彭王姑墓志銘一首

十三日寫白摺三開 代雲正到園子 酉初移居河道廠 與毛寄雲同居

十四日早起 磨墨寫字 客來數次 申初出門拜客 戌正歸 飯後仍至代雲處

十五日早起 磨墨寫字 是日寫三開半 下半天收拾筆墨 早睡

十六日至正大光明殿考差 寅正進場 四書題 其未得之也至無所不至矣 經題 禮也者 致恭以存其位者也 詩題 賦得君臣一氣中 得公字 未正二刻 三藝作完 寫至戌初畢 是日場屋擬出 李鴻藻 徐元[illegible] 刑部

諮衆李則曾在上書房行走且曾任山東學政者也

尤為可惜

十七日早飯拜客三處入城會客甚多至戌初客退

甚早睡

十八日早至陳岱雲處早飯未正散會拜客數處戌

初歸　与筠仙圍棋

十九日至湘潭館送小岑行送至彰義門外酉初歸

寓倦甚晚飯後何丹畦來因与同至竹如處久談得

見散館單江國霖館元同鄉曾心齋一等十二陳竹

伯二等第三徐雲渠三等第二

廿日　在寓寫壽屏，屢為客躭閣，且天氣甚熱，僅寫二幅。酉正至華英堂送周默菴、韓佳、吳兩樓殿試。夜與筠仙圍棋。

廿一日　晨起，飯後寫壽屏六幅，會客三次，酉正歸，飯後寫紈扇二柄，夜讀文。

廿二日　晨起，飯後出門拜客，酉正歸，夜與筠仙圍棋。

廿三日　晨起，拜客，至會館早飯，旋拜數家，申正歸，吃點心，復至鏡海大學久談，戌初歸，夜與筠仙圍棋二局，頭昏眼花，以後永戒不下棋也。

廿四日　晨起，飯後寫小字，下酉寫至未刻止，酉正聞三鼎甲

傍申初與筠仙圍棋復蹈昨日之轍

廿五日黎明起至太和殿下謝恩歸寓旁正屋一來早飯旋與貴翟行圍棋午正散睡二時申正下園預備明日引見

廿六日黎明起入內隨班至勤政殿引見已初下直至郭觀亭處早飯未正歸寓少息至城外拜客晡時歸稍早睡

廿七日晨起飯後至筠仙對奕旋寓應酬字幅少／下半天因熱甚不奕快飯後早睡

廿八日早起讀書貴旋處閒談數飯後小睡未初起

寫應酬字甚多至飯後畢早睡
廿九日晏起飯後至城外請客晡時歸寫摺稿
一件
卅日晏起飯後客來數起未正霽寫小字晚飯後又陰
會客一次
五月初一日早起陰雨習字一百飯後與樹堂議禱地
輿圖因看渠手為裁剪默貼下人因事口角爭亦動
氣因并遣去心居快者一日寓何丹畦來暢談
初二日早起寫為摺事心緒煩亂飯後出門拜客旋至
易念園處晚飯戌正歸寓與筠仙樹堂談

初三日早起，飯後習字一百，會客一次，寫小楷條幅扇子頗多，至戌正完，稍早睡。

初四日早起，習字一百，飯後會客五次，出門拜節，至戌初歸，夜與樹堂兩君談。

初五日早起，寫李石樵道喜信一件，飯後無事，心如懸而不降者，蓋其不能定且靜也久矣。未正，徐石泉來，與同圍棋數局，石泉去而余頭昏眼花，因戒永不下棋。樹堂曰如再下棋，永絕妻香也。稍與樹堂二君談，寫扇一柄。

初六日早起，屏當瑣事，剃頭，旋至廖師處赴飲，申初歸

湖廣館請葛見齋方伯酉戌正歸旋與樹鈞談
初七日早起會客六次旋請客一席至申正散小睡一時
起寫聯幅旋會客二次旋寫扇二柄
初八日早起習字一百旋鄭雲麓來至戌初方去竹如
繼來戌初方去
初九日早起習字一百飯後遣人送信至會館并書箋
樣便會客二次下半天送信一件料理瑣事旋寫字
初十日清早出門至首縣署早飯[illegible]拜客數家午正
至觀音院請客戌初歸與樹南鈞仙談
十一日早接家信是日在家寫信回家自辰至酉尚未完竹

如未談至子初客去後寫信
十二日早仍寫家信至戌初畢中間会客二次夜寫應
酬字
十三日早習字一百會客數起午至会館祭關帝戌
正歸夜与樹翁談
十四日早出门拜客飯陳岱雲處又拜客至文昌館
赴曾心齋飲約戌正歸夜与樹堂談
十五日晏起飯後剃頭旋下園子拜客數家戌正歸夜
寫二柄飯後寫扇三柄
十六日早起習字一百飯後看黃山谷詩一本下雨酬應

夜讀杜詩
十七日早起習字一百飯後爲人圈批文字至申正畢
小睡起讀杜詩夜与樹坊談
十八日早起至翰林院教習到任辰正歸飯後会客
三次旋出門拜客戌正歸 夜早睡
十九日早起習字一百讀張楊園先生集圈三十餘頁
小睡下園預備 竟宿河道廠夜大雨
廿日早起實祠一刻入宮门還棲榴卯正 竟大雨
還寓午正到家早飯〻後小睡会客三次看楊園先生
集三十餘葉

二十一日晨起飯後作五言廟門對四付會客數次旋寫
對十付程留嘯山在席
廿二日早起陰客來數次有客畢寫對五付寫書申刻移館
畢作對聯五付
廿三日早起寫字飯後看書五偉聘妹夫來又偕其從
弟仕四同來是日與談家事一日勸祖父近來衰老
矣何日得抽身去堂上問安數句為難也
廿四日早起偉聘微不快飯後李幼青來鈔齋仙之篇
來商酌一切下午辦菜為妹夫接風下半天看書
數十頁

廿五日早起出門拜客數家至觀音院請甲午同年

戊初歸 雄白妹夫談

廿六日早起爲荷仙批日星始便覽至辰正畢巳正周蓉

農來留談竟日 雄下榻廣齋 是日陪客而已無所事事

廿七日早起讀楊園集三十頁 飯後仍陪申初方歸

下半天寫字 雄白樹翁談

廿八日早讀楊園集三十頁 懷雲來 薦酌周蓉農對

良久申初始歸 旋寫字 雄白妹夫談

廿九日早讀楊園集 午飯小睡 會客二次 旋作詩二首

六月初一日早讀楊園集 伯雲來 與周玉竹如雯談歸

來早飯後出城至文昌館公讌酉正歸燈下與蔣仙談乩
神禮常體驗身心之端
初二日晏起後出城至觀音院赴宴酉正歸燈下請妹夫
來久談家事
初三日早起讀書飯後出門至陳岱雲處後拜客數家
申酉正歸飯晚燈下與蔣仙談
初四日早起會客飯後午初小睡後會客二次未正寫對聯
戌初至竹如處暢談
初五日早起寫字請客未正客散小睡起晚飯燈下讀楊
樂三十頁

初六日早起會客旋讀楊園集五十頁習字一百
初七日早起讀楊園集飯後會客旋寫字讀楊園集
寫釋唐文信計肯寫程課畢
初八日早起至楊仙雲送行旋拜客數家午初至大
盛館赴鍾子賓席酉初拜客三家戌正歸後
亥程畢兩事
初九日早起讀書飯後寫字會客三次候雲來久坐留
晚飯去後與樹藩二君暢談程談藝亥暢
初十日早起讀楊園先生集飯後寫聯附行生來
亥畢時睡會客三次程寫信四件

十一日早起觀金鼇玉蝀及什剎海荷花旋拜客
數家中午歸身子不爽快早卧
十二日晨起不甚爽快飯後在藥仙房內坐旋閱本日
發差信未初讀楊園集在寓寫字
十三日早起讀楊園集飯後寫字旋會客三次後讀楊園
集下半天張嘆山來旋為嘆山看詩
十四日早起為嘆山看詩飯後竹如來與談吳子序兄事
王學之蔽旋出門拜客晚歸稍懶無所事事
十五日早起為翁叔平擬墨稿復覽旋會客三次旋
讀王荊公文集第一本畢

十六日早起讀荊公詩集上半天會客三次下半天寫對
聯八副半求代筆也
十七日早起讀荊公集飯後續八副半對聯會客二次與
蒨仙談下半天會客一次寫扇一柄
十八日早起讀荊公集飯後會客四次旋寫對聯數副
為李筠生看詩二十餘首
十九日早起讀荊公集五十葉小睡周杏農來久談旋
寫扇一柄下半天蒨仙歸留杏農宿談至二更
二十日早起讀荊公集飯後杏農去仍讀荊公集小睡
起寫對聯十餘對下半天寫家書一頁未完

二十一日早起出門拜客，旋至文昌館請客，少平、惲濤生、雲孫、琦齋、賈香還寓，申正歸，夜與樹蓊談，作詩二首。

二十二日早起至蓊仙房談，旋聞放差信，岱雲來，而局為僅觀者久之，寫對聯、條幅頗多，讀荊公集二十頁，作詩一首，是日寫字至夜方完。

二十三日早起剃頭，飯後擬上國史館，途遇岱雲而還，與岱雲談一時許，仍出門拜客，酉正歸，夜讀荊公集三十頁。

二十四日早起讀荊公集三十頁，旋寫小屏字一張，楷

書扇二柄寫對數付周點菴來房談天
廿五日早起寫信付與子年讀荊公集三十頁晚未
書聯條一幅小膝寫條幅六葉稚寫冊葉一開
廿六日早起上國史館抄寫數家申正歸寫楷書條幅
一幅小膝叙後與樹篤長談稚寫冊葉一
廿七日早起送樹寶鏞仙考教習歸來讀荊公集四十
葉旋寫帳因錢數不对记憶一時許旋寫對聯條幅甚
多酉正畢稚作詩十餘句早睡
廿八日早起作詩巳正畢讀荊公集五十葉夷鶴汀來
接談客來陰至二更樹鏞考教習歸保安當西垣在

虞宿久談

廿九日早起讀荊公集二十頁旋会客數次下半天写字雅仍讀荊公集未正出門至伯雲處晚飯戌正歸

卅日早起讀荊公集三十頁飯後朱嘯山來兩久談一切旋会客數次雅写家信并正宇孫梁信

七月初一日早起陪嘯山談讀荊公集廿頁飯後遣人看教習榜旋客來甚多午正開樹堂嘯山叔而翁仙霞不与甚憂慮旋聞晴取去喜申初出門拜客至兩三市喧酉正歸雅作詩一首

初二日早起讀荊公集數頁閒談飯後屢次会客至

酉正方散晴出仍宿府中是日僅寫對聯五首
初三日早起玉康常館孫潘中堂大課余以分教庶吉
士故亦早到是日賦題驟精文選經賦詩題風定池蓮
自在香未正始散城外拜客數家熱甚早歸不能事事
初四日早起飯後出門拜客數家季卿到是日為張
雨農之弟覓姻故出門道喜申正方歸熱甚亦不能事事
初五日早起飯後出門至張雨農家晚飯因未得大早在
賀雨農處久談戌初歸府夜大熱仍不能事事
初六日早起飯後熱甚三日在外應酬本日仍為僕僕至玉岑
客數次日中小睡一次絕無事事耗廢光陰可惜也

初七日早起讀王荆公集三十葉會客一次赴正樹堂筠仙
味山在余處請客二至晚方散西垣在余處宿丹睢二更方
去
初八日早起讀荆公集三十頁岱雲來相對欷歔深覺境甚
窘竟不得差殊難為情久讀至午正去旋小睡寫楷字一
張讀荆公集申初出門拜客二家旋帰寫字數紙
初九日早起讀荆公集三十頁習字一百小睡會客三次晚
飯後筠仙帰雨後作跋文二篇是日聞海秋病甚劇
初十日早起讀荆公集聞海秋死即至渠家弔信大
拜客二家申正帰雨樹堂筠仙久談

十一日早起讀荊公集飯後出門拜客下半天飯陳孝翁

季成正偉寫此字

十二日早起習字一百是日亦請季觀余因微病不能去在家

看田敬堂作策問二首會客二次

十三日早起習字一百敬堂來又作策問一首寫屏兩州字額每

會客一次寫扇二條雲久坐一天已酉來陳去正

十四日早習字一百已正盛雲來又吃日飯至兩點鍾去是日也稍為好些出城至伍生家看病拜至周華甫家拜

壽天林客敘家中正偉寫所事正雅齋畫中堂換聯一又寫屏兩州字

十五日早習字一百飯後看敬堂所作策問謄真至申正謄完

寫三扇一摺改文二首

十六日早習字飯後寫扇一柄李小蔔生來久談一天又代寫
求甚多對聯王子壽兩正寫扇數雅竹如石泉來寫對扇
數

十七日早習字百雅與竹如同去看伍生病至兩三更陰雨
送伍雲至張房梁園留吃飯成移歸 雅與楊蔔談

十八日早習字一百飯後小睡後石泉賀石農來因留晚
飯屢陰寫仍寫應酬字兩正去日來屢午時踩甚不耐
看書

十九日早習字一百飯後在小梅仙房坐談寫應酬字看韓文
下半天與小蔔仙同至竹如處談 雅作擬海秋文一篇

廿日早習字一百，飯後寫家信，申初畢。續作祭文數句，竹如來邀

同至寶蘭泉處歸，仍作祭文至三更畢，尚未成

廿一日早與竹如同至伍生處看病，旋至心齋處，渠丁內艱，爲

渠料理諸事，旋拜客數處，雨移歸，定成祭文，莫字畫，燈早睡

廿二日早習字一百，飯後小睡，旋陳岱雲來久談，申正方去

程筠仙偶來久談

廿三日早習字一百，與竹如同去看伍生病，旋至小珊處道喜

後至心齋處，拜客數處，雨移歸，夜看詩

廿四日早習字一百，旋寫海秋祭文，未正畢，會客一次甚久

後寫對式付程，張耕皆來久談

廿五日早至竹如處再同至伍生家看病旋同至位西
處至心齋處早飯拜客數家至錢果山處晚飯
戌初歸習字一百早睡
廿六日巳正起下園謀食引　見係駱籲門前輩得之
渠邀吃飯申初歸下半天習字一百夜早睡
廿七日早起習字一百辰刻出門至才盛館赴戲習同
年之請申正散拜客數家酉正歸戌刻看書
廿八日早起習字一百辰刻看王荊公集二十頁旋會客數
是日為馮樹堂之尊人生日請陳岱雲徐石泉來吃飯後
與石泉同走竹如處看文數篇

廿九日早起習字一百旋看書三十頁寫掛屏二幅楷書
夜因筠仙在外場共飲酒暢談
八月初一日早起習字一百旋看書二十頁陳岱雲來又作
客來久談旋至竟海丈處道喜場晚飯後與樹筠
談夜歸寫信一書與何貴人早睡補寫掛屏二幅
初二日早陳季牧來旋客來不止作字一百客至未初方
畢看書二十頁申初寫掛屏四幅草屏四幅飯後
吳竹如來談至戌正去
初三日四更起至國子監陪祀卯初上祭太學旋至周荇農
處久談又拜客二家歸早飯後出門拜客酉正歸夜作

字一百勝
初四日早起覺澂先生來辰正出門至心齋處陪事於
拜客三家至岱雲處晚飯渠爲夫人成主晡時歸至竹
如處久談歸臨帖一百
初五日早起臨帖一百飯後應酬數事旋爲果山作壽文爾
正方成旋買淳化閣帖一部旋寫對聯條幅
初六日早起遣人聽宣旋寫字一百飯後寫帳陳岱雲來
久談至申正始去下半天細思家訓條例旋抄家訓百字
自誓以後非有大故每日皆抄百字倘有不抄永絕書
香

初七日早起習字一百讀王荊公集廿頁飯後出門拜客申初歸小睡晚飯後至竹如處雜鈔家訓百餘字
初八日早起習字一百客來飯後讀荊公集二十八頁會二客談良久晚飯後寫扇一約小楷四百徐石泉來久談雜鈔家訓二百餘字
初九日早起讀荊公集卅頁日中臨帖百字雜寫應酬字下半天至竹如處雜鈔百餘字
初十日早起讀荊公集二十葉雜臨帖百字至矣昌館赴小山飲約申正散拜客三家晚歸雜抄李百字
十一日早起讀荊公集三十葉雜臨帖百字陳岱雲來久

談下半天世事。雅抄書百餘字。

十二日　早起，讀荊公集二十餘葉，旋臨帖百字，寫應酬字不少。雅鈔書百餘字。

十三日　早起，讀荊公集二十餘葉，旋臨帖百字。鄧蕙西來久談。旋出門拜壽，拜客數家。歸，何丹畦、徐石泉來，與同至舟如雲。雅鈔書百餘字。

十四日　早起，讀荊公集二十葉，旋臨帖百字。出門拜節數家。江岷樵來，留吃便飯。下半天閒談。雅鈔書百字。

十五日　早起，讀荊公集二十葉，旋寫百字。與朱嘯山來早飯。午正出門拜節，未正歸。過節。雅鈔書百字。

十六日早起讀荊公集十餘葉鏡去來談一時餘早飯後仍讀書臨帖未正至毛寄雲處赴宴晚歸雅鈔書百字

十七日早起讀荊公集三十葉是日讀畢臨帖百字旋拜客二家是日家中請客共六人燈後客始散夜鈔書百餘字

十八日早起讀後漢書二十五葉臨帖百字會客五次張桐皆在此晚飯雅鈔書百餘字

十九日早起讀後漢書二十餘葉會客三次旋臨帖百字鈔書百餘字作詩二首

廿日早起讀後漢書二十餘頁會客二次旋臨帖百字出門拜客數至寄雲處歸鈔書百餘字作詩二首

廿一日早起讀後漢書二十餘頁會客三項旋出門拜
客歸寫雲雲在幃臨帖百字鈔書百餘字
廿二日早起讀後漢書二十餘頁會客五項臨帖百字
鈔書百餘字作詩一首共五首命曰秋懷詩
廿三日早起讀後漢書二十餘頁會客一項寫應酬字數
件臨帖百字鈔書百餘字將詩寫寄任西
廿四日早起讀後漢書二十餘頁臨帖百字是日請吳子樸
兄弟便飯又有何丹畦易蓮舫在坐丹畦更為方散鈔
書百餘字
廿五日早起讀後漢書僅數葉即出門至岱雲處早飯飯後聊周荇農來此作

竟日讀文會作答三項　旋補讀本日書廿餘頁　臨帖百字
鈔書百餘字
廿六日早起讀修辭書　蒔農早去　陳季牧來便飯　巳刻
去　雅會答三項　讀書二十餘頁　臨帖百字　鈔書百餘字　抱　申刻與嫩五弟
伋雲叔晚餐　酉正歸
與嫩五妹夫在上房置酒　痛談家事　二更寢　畢
廿七日早起接家信甚多　祖父母　父母　叔父　諸弟　岳父丹閣……
陳季七爺有信　讀修辭書廿頁　臨帖百字　鈔書百餘字
巳刻畢　開嫩五回南諸物單　代為收拾行李衣服　檢點
一切　至晡時方完　旋仍置酒與嫩五飲　緣明日即南歸也
廿八日黎明起　早飯　送伋雲　雲送伊妻靈柩回南　即發　巳起

行送至東便門外余妹夫率五亦同此糧船回南會於東便門外妹夫執手悲咽有淚盈睫渠本意欲來考供事將來圖發迹余慮其才不足以仕宦故不勸成之渠以遠來一無所得恐歸無面見江東父老又與余聚久不忍離故不覺泫泫然也

未正歸家讀後漢書二十葉臨帖百字申正室生一女兒內人母子俱平安旋鈔書百餘字

廿九日早起讀後漢書二十餘葉臨帖百字教兒子讀書日中內人血氣痛頗甚旋鈔書百餘字晡時至竹如處暢談未正至艮峰處偶雨先生談極在竹如處二更方歸

卅日早起讀後漢書二十頁教兒子讀書臨帖百字全寄一函

旋內人血氣痛，弥甚，請竹如來開方，鈔書百餘字。

九月初一日早起，樹堂自外歸，略談，讀後漢書二十餘葉，會客五次，習字一百，鈔書百餘字，下半天作詩一首，旋至岱雲處談，至二更。

初二日早起，至廉卿館，大課，余以不教，與言大教習文孔修題秋菊有佳色賦，大法小廉得廉字詩，日中歸，讀後漢書二十餘頁，習字百个，鈔書百餘字，旋作詩二首。

初三日早起，讀後漢書廿餘葉，旋出門拜客六七家，晡時歸，但習字百，鈔書餘字，作詩一首。

初四日早起，讀後漢書二十餘葉，早中會客三次，旋臨帖

百字 鈔書百餘字 下半天与徐石泉樹堂同至竹如處

初五日早起讀漢書二十葉 旋會客三次 臨帖百餘字 鈔書餘字 申正至金館拜客二處 歸 旋与樹堂小酌

初六日早起至城外送湯海秋之靈柩南歸 則已無及矣 早飯 朱廉山處 旋拜客二家 歸讀漢書二十葉 會客一次 臨帖百字 鈔書百餘字 旋看賦四篇 教習門生之作

初七日早起讀漢書二十葉 習字一百 鈔書百字 清理數目 會客一次 岱峰先生處 作字不少

初八日早起讀漢書廿頁 是日請教習門生樊飯 申正飯畢 旋臨字一百 鈔書百餘字 旋与樹翁談

初九日早起讀後漢書十餘頁朱嘯山來在余家請
客即留嘯山雪松宿雅客勝後補看生薑臨帖鈔書
初十日早起讀後漢書并陪客錄後嘯山與楊煥出城往
楊西垣來伍雲來讀書廿頁畢会客二次臨帖百字抄
書百字丹膢來久談
十一日辰起看楊喜周蔡農中甫先生讀書廿頁出門答
雪道喜西初弔祭夜習字一百鈔書百字
十二日早起看後漢書二十頁會客六次旋習字百个鈔
書百餘字雅與楊煥談
十三日早起看後漢書二十頁會客六次習字百个鈔

壹百餘字
十四日早起讀後漢書二十頁會客一次出門拜客溫習
字百个鈔壹百餘字
十五日早起讀後漢書二十頁鄧七来辭行萬里遠行
一無所得頗為惆悵作五律三首送行書二扇一贈鄧七一
寄香海也雨稍晚種植習字百个鈔壹百字
十六日早起讀後漢書二十頁西垣来旋出門拜鄧七渦
臨帖百字鈔壹百字
十七日早起讀後漢書二十頁會客四次竹如来談甚久
夜臨帖百字鈔壹百餘字

十八日早起讀後漢十餘頁，出門拜客數家，至陳石山處道喜，歸復讀後漢數頁，是日讀畢，習字百个，鈔書餘字

十九日早起看蘇詩，因往時看有未過筆者數本，因續看數頁。即至陳石山處拜壽，歸看書十餘頁，習字百个，鈔書百餘字

二十日早起看蘇詩廿頁，出門至劉佩泉處便言，歸會客五次。習字百个，鈔書餘字

廿一日早起看蘇詩，午正畢。鄭小耘來久談，漢明日出京，留吃點心，晚習字百个，鈔書百餘字

廿二日早看蘇詩，周菊農來，留早飯，旋徐石泉來，讀蘇

詩五十餘首 習字百個 鈔書百餘字
廿三早看蘇詩未畢 出門拜客十餘家 歸後看詩十餘頁
習字百個 鈔書百餘字
廿四早看蘇詩未畢 巳正至會館武公車題名 酉正進城
極看十餘頁 習字百個 鈔書百餘字
廿五日早看書數頁 偕雲泉同早飯 旋同至易念園寓
公請客 晚歸 極看書畢 習字百個 鈔書百餘字
廿六日早看書 飯後出門拜客 至寄雲寓 赴飲 約晚歸
讀詩十餘頁 習字百個 鈔書百餘字
廿七日早看書二十餘頁 未初出門至杜蘭溪家晚飯 晚歸 極習

字百个抄書百餘字
廿八日早起看書廿餘頁未初穿靴服府送別佩泉處
申正歸習字百个抄書百餘字
廿九日早起看書廿餘頁午正出門同年中有蕭澤御史祀
名者道喜散宴晚歸習字百个抄書百餘字
十月初一日早起三更至　太廟陪祀黎明歸仍睡晏起
会客五起看書廿頁習字百个抄書百餘字
初二日早起看書數頁至湘潭館別佩泉處宴陪而申初歸
看書十餘頁習字百个抄書百餘字
初三日早起看書數頁廣寬夫來余頃送古文二首請寬夫

批看自送來也老筆揚下不可及如此是日會客甚多自
書一僅看書數頁雅看十餘頁習字百個鈔書百餘字
初四日早起讀書十數頁飯後又讀十頁陳岱仙來因同至張
家又至何家拜壽又至吳蘭如家市書歸習字百個鈔
書百餘字
初五日早起武殿試赴傳臚來去謝　恩至午門未趕上歸來
伯韓來久談旋同蔣莘農來飲仍兩訪歸讀書廿頁習字百
個鈔書百餘字
初六日早起出讀書十餘頁已正出門拜客兩正歸又看數頁
雅習字百個鈔書百餘字是日寫聯一對送楊年伯

初七日早起讀書十餘頁飯後又讀數頁至楊朴菴之集
伯雲律尊旋至刹月樓九節處晚飯習字百个鈔書百
餘字夜作信三件
初八日早起讀書卅頁蘇詩是日看完旋出門至錢穎蘭雲
送行兼買物送左青士歸習字百个鈔書百餘字
初九日早起讀書卅二頁是日為
父親大人五十五壽辰客來甚早早麪二席晚飯一席夜
西垣在家宿賓回去夜始讀詩經大全卅頁習字百个鈔書
百餘字
初十日早起讀詩經卅餘頁是日出門謝壽至晚方歸夜

再看書十頁習字百个鈔書百餘字程置酒
十一日早起生日樹人筠二君來冠相賀不勝愧感讀書數
頁即晚早墊旋又讀十數頁習字百个鈔書百餘字
十二日早起讀詩經十數頁是日拜客又至史樓两次久
坐晚歸習字百个鈔書百餘字
十三日早起讀詩經十數頁出門拜客數家下半天又讀
書數頁習字百个鈔書百餘字
十四日早起讀詩經十數頁飯後又讀數頁出門至東
頭謝壽數家歸後習字百个鈔書百餘字
十五日早起同樹人筠去考金臺書院特辦畢去陳岱雲

來談頗久 讀詩經廿葉 習字百个 鈔書百餘字

十六日 早起 看詩經 飯後子夢來 談下半天 仍來晚飯 飯後

已晚 不能出城矣 因留宿 鵬談至程 仍臨帖百字 鈔書臨

百字

十七日 早起 陽子夢 早飯 飯後 寫畫 看詩經二十頁 臨帖百

字 鈔書百字 看朱伯韓詩 其詩所宿在韓向之閣

十八日 早起 讀詩經廿葉 至才盛館 赴段果山飲 約爾頭將晦程

臨帖百字 鈔書百字

十九日 早起 讀詩經廿葉 臨帖百字 鈔書百字 作題朱伯韓

詩集後詩五首

二十日早起讀詩經廿葉臨帖百字鈔書百字作詩五首即題朱伯韓集者

二十一日早起讀詩經廿葉飯後子壽使來即將朱伯韓詩附去又寫家信寄去又陪客甚多下半天竹如在寓飯罷王孝鳳來久談臨帖百字鈔書百字

廿二日早起讀詩經廿頁飯後王子壽來久談旋會客數次臨帖百字鈔書百字

廿三日早起讀詩經二十葉飯後會客臨帖百字鈔書百字下半天為筠仙作山西壽文一首

廿四日早起讀詩經二十葉飯後寫壽屏四幅至二更方

畢臨帖百字鈔書百字

廿五日早起遣人送書廖玉樵居看詩經廿頁臨帖百字鈔書百字是日會客二次

廿六日早起讀詩經廿葉至申刻畢早間許信臣江小帆來談甚久復臨帖百字鈔書百字

廿七日早起讀詩經數葉出門拜客至朱伯韓處與論詩頗暢又拜客數家晚間始接讀詩經廿頁臨帖百字鈔書百字

廿八日早起讀書數葉朱伯韓來久談是日會客共八次自至酉方散接讀詩二十頁臨帖百字鈔書百字

廿九日早起讀書十葉至未正讀完出門赴城內拜客數家歸已晚飯後臨帖百字鈔書百字

卅日早起讀書十葉至未正讀完會客一次臨帖百字鈔書百字

十一月初一日早起讀書十葉旋至傅民峰先生處拜壽又至田歐堂處拜壽至岱雲處久坐晚歸夜再讀十葉臨帖百字鈔書百字

初二日早起讀書二十葉會客五次在家寫楷屏二付至燈上方畢臨帖百字鈔書百字

初三日恭逢　母親大人年壽辰早起焚香率婦子

既晚談客來至晚方散是日風大異常 蔣嘉爽
讀書二十葉臨帖百字鈔書百字
初四日早起讀詩經二十葉往會客三次黃正齋先
生晚飯後方去夜臨帖百字鈔書百字
初五日早起讀詩經二十葉拜客謝壽共十九家晚歸夜
臨帖百字鈔書百字
初六日早起讀詩經二十葉會客數次臨帖百字鈔家
訓百字
初七日早起讀詩經二十頁會少年來久後臨帖百
字鈔書百字

初八日早起讀詩經二十頁拜客數家晚仍臨帖
百字鈔六劉百字
初九日早起讀詩經大全二十頁飯後至織雲處拜壽不
在家又拜客數家至朱儒山處晚飯仍接臨帖百字鈔
書百字
初十日早起讀詩經大全二十頁飯後寫條幅及他字下
半天習字百個鈔書百字蓋日已刻家中請[illegible]本家
十一日早起讀詩經二十頁飯後至巳正畢出門拜客五
家申正仍習字百個鈔書百字
十二日早起讀詩經二十頁飯後至巳正畢郭慧雲來、

久談，鄧星楷來，下半天習字百，鈔書百字。

十三日早起，讀詩經二十葉，飯後至黃伯韓請夏七兄同至看錢老太太病，歸，會客三次，查習字一百，鈔書百字。

十四日早起，讀詩經二十頁，飯後會客二次，午正寫應酬字，下半天習字百，鈔書百字。

十五日早起，讀詩經二十葉，飯後會客二次，習字百個，鈔書百字。

十六日早起，是日始批歸震川文集二十頁，飯後會客二次，拜客五家，查鈔書百字，習帖百字。

十七日早起，批震川集二頁，唐鏡海又來，又會客二次，接

再批吟集二十葉 習字百个 鈔書百字
十八日早起讀雲川集二十餘頁 會客三次 湯桂生來 錢稽
倫偕湯寓書二君自四川差旋 在余家談 閱早覆
命 於桂生在家談一天 錢湯二君偏晚始別 夜送客後
復習字百个 鈔書百字 三更客入內 房始睡
十九日早起會讀雲川集二十餘頁 會客五次 俱久談 晝夜客
去後習字百个 鈔書百字
二十日早起讀雲川集二十餘頁 會客一次 拜客三家 歸已晚
夜習字百个 鈔書百字
二十一日早起讀雲川集二十頁 至午飯畢 會客二次 下半天

習字百个鈔書百字
二十二日早起讀震川集二十餘頁拜客二家下半天仍乏
晚習字百个鈔書百字
二十三日早起讀震川集二十餘頁未初畢會客二次甚久習
字百个鈔書百字
二十四日早起讀震川集六頁飯後會客四次談已久下
半復看十五頁二更畢習字百个鈔書百字
二十五日早起讀震川集七頁飯後出城拜客五家歸
看十五頁更初畢 習字百个鈔書百字
二十六日早起讀震川集數頁旋至城外赴繼一秋白飲

約申正歸程復看書十餘頁習字百個鈔家訓百字

二十七日早起讀震川集十頁飯後又讀十餘頁會客二次習字百個鈔書百字

二十八日早起讀震川集十頁會客一次飯後出門至孫志銘李篛生處曹西垣來江岷樵來夜讀書十葉習字百個鈔書百字

二十九日為　祖母大人七十晉八壽辰早起客來畢回風大異常羅椒生來久談二時許下半天客散讀震川集二十頁習字百個鈔書百字

道光乙巳年正月

初一日黎明後起因眼痛不可風故不入内朝賀亦不敢早起敬神後即與樹筠兩君行禮兒子即於是日上學吳安兄來旋早飯巳刻出門各老師處拜年申正歸略翻杜詩看夜飯後叢筆記茶餘偶談一則

初二日辰刻起因眼痛不敢早起記茶餘偶談一則 早飯後不敢出門會客四次作五古一首略明用功之所以然示半天樹堂筠仙夜與二君同飲酒

初三日辰刻起眼痛少愈陳岱雲來此早飯旋記茶餘偶談一則 會客三次批韓詩二十葉夜畢睡

初四日辰刻起眼痛少愈記毋記看韓詩讀茶餘偶談出門拜
客至僑晚歸在与樹堂言志又靜坐睡記茶餘偶談一則
初五日辰刻起眼痛大愈看韓詩鄭蕙西來早飯久談
筠仙樹堂歸寓与之談又會客二次江岷樵來留与晚飯
客去後記茶餘偶談一則是日早作詩一首
初六日早起讀韓詩清理拜客單飯後出門因下人
糊塗生氣自咲七情之易動也拜客至酉初歸記
茶餘偶談一則
初七日早起讀韓詩數頁徐石泉來食早飯飯後同赴
竹如處晚席在坐有唐鏡海何丹畦申正歸仍讀韓

詩存 記茶餘偶談一則 石泉來寓宿
初八日晨起 恭逢 祖大人壽誕 寓中來客數十位 至
夜方歇 早麵三席 晚飯一席 曹西垣[illegible]少康在寓
歇宿
初九日早起 陪少康 飯後出門謝壽 共拜三十餘家 酉
正方回 夜看韓詩數頁 記茶餘偶談一則
初十日早起 讀韓詩 飯後出門謝壽 萬豐玉 琉璃廠
東西門觀廠市 申正回 夜與筠仙久談
十一日晨起 讀韓詩 飯後出門拜年 至曹西垣處赴
飲約 夜歸 記茶餘偶談一則

十二日早起讀韓詩飯後會客三次又讀詩數頁晚飯後
石泉來檢書樹筠來談
十三日早起讀韓詩飯後仍讀是日共讀三十頁古詩讀畢
僅律詩絕句未畢耳晚飯後黃麓西來閒談久旋同
樹筠兩弟至石泉兄處小飲更初歸記得談至
十四日早起拜客已要至湖廣館團拜早飯後未要至文
昌館赴諸同年飲約雅為江岷樵來久談接謝果堂
先生信記得談一則
十五日早起讀韓詩絕句十六葉至文昌館團拜申初
後惠璟璋嚴四兄董楊江岷樵徐石泉鄒柳溪在寓

遍標節樂循行令　記茶餘偶談一則

十六日早起讀韓詩二十葉會客買寫麗多甚耽閣二時許記茶餘偶談一則習字百个鈔書百字寫季世兄信一件

十七日早起讀韓詩二十頁記茶餘偶談一則習字五十赴陳岱雲飲約未正散拜客三家歸已燈習字五十鈔書百餘字寫季仙九師信一件

十八日早起讀韓詩二十頁畢習字十餘飯後習百字畢鈔書百字記茶餘偶談一則申正出門拜客歸晚飯寫家信二封

十九日早起讀史記二十頁飯後習字百个鈔書百字
寫金字扇楷一柄記茶餘偶談兩則寫對聯五付畫幅四付
晚飯後客來久坐燈寫李石樵信一件
二十日早起讀書二葉朱伯韓來久談飯後讀十七頁
曹西垣來孫石泉來未正何子貞家赴飲約鐙後始
讀書三葉習字百个鈔書百字記茶餘偶談兩則寫
吳甄甫師信一件
二十一日早起習字百个鈔書百字記茶餘偶談兩頁飯
後寫謝果堂先生信讀史記十餘葉因譜五帝三王世
系旋查地輿圖東三省及西北新疆諸境晚飯後會

客一次，寫掛屏三幅，看讀史記。

二十二日早起，習字百个，鈔書百字，記茶餘偶談一則。飯後寫左青士信，畢，嚴仙舫來，久談，二時許客去，寫左信畢，讀史記周本紀二十頁。晚飯後與樹筠談。

二十三日早起，習字百个，鈔書百字。飯後記茶餘偶談一則。黃麓西來，久坐，仍寫信件。吉師一件，對聯二付，屏頁六幅，陪樹麓西晚飯。夜因勞乏懶看書，寫金眉生、何子敬信一件。

二十四日早起，習字百个，記茶餘偶談一則。飯後至毛寄雲處拜壽，旋拜客四五家。晚飯寫常南陔信，二日內心向作字本

日核紅單餉之法無好讀地圖無心看書兩日不讀書而
精神疲乏如故
二十五日早起讀書午膳習字一百飯後記茶餘偶談一則
記過隙影寫謝山益信一封曾耀人信一封會客一次下半
天會客二次楊硯皆及吳貫槎與樹堂同吃猪酒
二十六日早起彭子潭來久談旋接耦庚先生信飯後客
來絡繹不絕直陪至晚旋至翠英堂拜客歸習字百个
寫周默菴信一件 記茶餘偶談一則
二十七日早起習字百个鈔書百字記過隙影記茶餘偶
談飯後寫覆耦庚先生信未畢至湘潭館赴李筠生飯

約穡寫字一小幅与樹從姪
二十八日早起習字百个鈔書百字記茶餘偶談記
過隙影飯後邵蕙西朱伯韓來久談又會客三次至
申正方散寫屏大楷二張又寫江岷樵壽屏一架至
更初畢覆緣母兄信一件
二十九日早起習字百个鈔書百字飯後記茶餘偶
談記過隙影陳岱雲來江岷樵來寫金字楷扇二柄寫
寫楷屏四幅黃矩卿二人來往吳竹如處一談更初歸
閱四書文圈批二首又久談寫周介夫信一件四更睡
二月初一日早起習字百个鈔書字飯後客來三次劉類

未刻出門拜客四家晚歸接植批改兩友文二首寄諱寄保庚

先生　記茶餘偶談一則

初二日早起讀史記秦本紀二十四頁飯後出門畢習字百

个鈔書百字寫復郭雨三信一件　記茶餘偶談一則會

賓、三湯申正標畢　大早天雲事植何丹畦來久談

初三日早起習字一百記遇隙影記茶餘偶談飯後鈔書百

字寫復李花潭信一件　圈史記周本紀二十四頁至會

館拜文昌生日歸至顧學堂植看宋生賦四首

初四日早起習字百个記茶餘偶談飯後至東鄰顧學

堂義塾因家中客來太密故至彼看書習靜看史記

三十頁鈔書百字寫復黃賓齋甫一件作五律詩一首為
與樹堂談下半天至鏡海丈久談至鄧修為又作五律一
首
初五日早起至庶常館是日為庶吉士大課題二十四番花
信風賦未正歸至頤學堂習字百个鈔書百字看史記八葉
極看史記十二頁陪任氏樵隱酒久談記茶餘偶談一則記
過隙影
初六日早起習字一百記茶餘偶談記過隙影飯後竹
如來久談後同看鄧柳溪病未歸至頤學堂看岱星
本紀二十頁極眼痛早睡

初七日早起至願學堂讀綱鑑紀二十四頁早飯後廉鏡大來久談又他客來至下半天始回習字百个記茶餘偶談一則

初八日早起至願學堂讀史四頁喝早飯後又看七頁會客一次出門拜客五家至戴蓮溪處公請黃矩卿夫子晚喝郭翊臣來夜小談至更初睡

初九日早起至願學堂讀高祖本紀呂后本紀共廿六頁飯後會客一次出門拜客七八家晚喝記茶餘偶談一則

初十日早起至願學堂讀孝文本紀孝景本紀共廿頁飯後會代雲來久談客去又習字百个記茶餘偶談一則看江岷樵文一首加圈批下半天又讀孝武本紀十三頁夜

寄正月以來賬目
十一日早起至頤學堂讀年表五十頁飯後鄭小山來久
談天寶彭篠房來稚再至頤學堂下半天在城內拜客
三家稚早睡
十二日早起刻霞試規條千三百張爲華人霞試者起
見找各兩友分散各省華人至未約偏早飯朱嘯山霧來
西至頤學堂讀高祖功臣侯表申 酉正畢 稚集雜
稚記字條句曲洞銘
十三日早起至頤學堂讀史記廿頁飯後記著錄傳讀
記遊隱劉稚至彭篠房處久談稚飯酉正歸稚再看

雜雄記字作諸葛武侯精人
十四日晏起是日請客一席辰正陪客至申正讀史記
又會客二次又讀史禮樂書共十頁鐙下寫對聯共
數副
十五日晏起寫對聯數副飯後客來旋至頤學堂
讀曆書律書又作王蔭之之母七十五壽序一首兩
正畢核詞臣覆試出場事事無錯亂申再寫對二
副
十六日晏起戊雲來久談飯後有客耽閣午正至頤學
堂讀曆書律書天官書十頁申正偕黃恕皆偕

石泉在寓留石泉夜飯酉正江岷樵來夜未作事

十七日早起寫字楷書一幅劉頤飯後至城外拜客五家

申初歸讀天官書二十頁畢

十八日早起讀史封禪書二十頁飯後至城外拜客旋至

會館赴飲約申正歸又在內城拜客彭篠舫來寓暢談至

四更

十九日早起讀封禪書八葉飯後至江小帆處赴飲約申

正歸石泉在寓請篠舫吃飯更初散

二十日早起讀河渠書平準書又讀吳太伯世家酉初散

植早歸陽至華英堂與人閒談至初更歸

二十一日早起至顏學堂讀齋大公世家魯世家燕世家飯
後至城外拜客七家更到湯江岷樵處談
二十二日早起至顏學堂讀魯世家燕世家管蔡世家陳
杞世家午到湯家会客三次位雨未久談至日昳始去在
看李篤生圖文七首詩十餘首
二十三日早起至顏學堂讀晉世家飯後至會館湘潭
館移至曹穎生處赴席下半天進城拜客二家在
因眼痛早睡
二十四日早起在家讀史記二十頁請同鄉一席因劉
戡在有客未談

二十五日早起至顧學堂讀史記二十餘頁飯後仍在家為江小帆作壽文一首天將晚畢是日會客三次

二十六日早起至顧學堂讀史記十六頁飯後剃頭午后送同鄉補覆試者至園子共四人代為部署一切

二十七日寅正起卯初送覆試者四人至　貢門考試後巳正回寓睡一會起讀史十餘頁至蓉英堂看鄧柳溪病

二十八日早起讀史記十頁飯後至城外拜客數家後至朱伯韓處赴飲約酉罷至家眼痛甚燥暮

二十九日早起讀魏世家檢請客一席申正散下半天會

寄與錫仙老久談

端莊厚重是貴相
事有歸着是富相
讀書二卷 卯初至午初
料理雜事 未初至酉正
作詩文劄記 三八日

謙卑含容是貴相
心存濟物是富相
習字一二百 午初至未初
誦詩古文 酉正至亥正

巧召殺 忮召殺 吝召殺
孝致祥 勤致祥 恕致祥
大病初愈 戕樹重生 將息培養 勿忘勿助
朝聞道夕死可矣
三月廿二日作劄記立誓
四月廿三日戒棋立誓
廿六日室慾立誓
矯激近名 揚人之惡 有始無終 怠慢簡脫
平易近人 樂道人善 慎終如始 修飾莊敬

威儀有定字態有定文氣有定

初六種花

○调李筱泉

调鄧孫之 与王壬秋言

○至蝶山家

○调彭山屺

调俞吉三 ○羅達元

○李農二十兩

○送芝房真金三十兩

○送吳月溪二十兩

○送洪秋浦二十兩

覆鄧伯昭信

復馮樹堂 姚涤夫信

復楊杏農信

復唐鏡文 吳竹如信

復成世兄信

謝母傳

三代墓表

○帶一吳子祥

○帶白人霓之子 ○黃楷之

帶伍家鑑之子

○送銀百兩与李崔遊齋家

○送銀与林家三百

○送銀与褚家三百 夏家

忠家祠記

節孝祠記

成忍齋書齋序

羅忠節墓志

劉葦莊文序

小岑之母墓志

馬梅初歐伯子集序

歐氏兩世節孝傳

鄧湘臯表

C

郡城拜各客

湘潭拜左家 ○送奠分 歐家 袁家 鄧家○ 公局 ○壬秋家 十八總永安錢店

初七日

自家起程行七十里至歇馬宿 王陳二祠紳耆送至賀家坳

鄧 至堂至冠珪來花橋一会

初八日

自歇馬起行 未刻至郡至洙津渡訪王人瑞

家晤其尊人留吃中飯至郡城拜賴明府羅家

蒼巖處納涼 是日酷熱 余在郡寓賓興堂

初九日記

常○晉棲村之子 送○劉爲章銀三十兩 蓉蓮

傅 郭鴻翥 杜岳屏 寄信與蕭可卿

初九日

早会客 飯後至各處拜客 劭學及德高井 拜会

餘飛行 未正至黃膏如家 即赴濂溪之讌 濂溪溫

甫之親家也 傍夕回城 王人瑞 心牧許 蓉浦舒

臨風來談周潤之孫閬青自省城來接是日酷
熱在黃家萋涼請意城代作趕程日期摺稿一
件丨

初十日記

成名標多　乩家被水
三營告舊勇兵丁　左營十人　長沙協六人　右營七人　單存匣　李大雄等來
胡定魁　梁志彩　張占鰲　史兆翔　奈星煥

初十日

黎明自縣城起丨同丨者劉孟容郭意城及兒
子紀澤丨辰刻至新塘鋪茶尖湘鄉汛把總王運晉所
備也巳刻至雲湖橋中飯湘潭丨孫大令所備也午
正至江東鄉岳屏來接酷熱因留葛氏祠棠小憩
約兩刻許丨傍夕坐舢板船至湘潭丨二更至城寓
丨台公館舊部熊傳彩李大雄等自省來接

十一日

早起見客十餘人多三營兵丁來接劾者亦見十餘人

已刻拜客孫署鄧岳屏歐陽小岑吳太史增達
郭蘧庵五叔拜會餘叔拜申正旋付家信令
長夫回家留八人在身邊燈時登舟更初開行
三更泊暮雲司宿是日見劉文清公所書中山
幅羅瓊泉先生所求係用永樂大典副葉紙文
清謂其紙有古色而無火氣舍在翰林院所數尊
見永樂大典其紙較此色更白不知何故是
日王子秋來會須及入湘宜從皖南徽甯進
至不宜從玉山入

十二早記

省城要辟山砲　要帶刻字匠。裁縫

十二日

是日　先妣家忌辰起獨坐默祝瓊並懷慷開船至毛
爺廟早飯飯後開行至建家河小泊以家忌故不敢
午前見客也未正入長沙城住撥署又一村拜駱中丞
旋拜司道府廳諸君及三營各武弁　植與左季高

兄談二更未睡因是日應酬較多通夕不寐未刻在
駱中丞處見　廷寄胡䀹雲方伯　與仁辦理浙江
軍務與余會辦也

十二在記

送孫蘭青五十兩　蘇賡之母萱壽

送史久卿之子百兩　帶陳寶善

十三日

早起見客數起飯後又見數起出門拜客藩臬糧
道孫芝房賀桂齡首府倉少平黃南坡等處
拜會館皆親拜串正為會客五起在西駱中丞處
一談旋與左季高劉霞仙王人瑞郭意城諸公商定調
各支兵勇開單又開各項分職及應用船隻單

十四在記

十五早緘告中丞言吳翔岡事楊名聲事調營兵事

雇船　辦旗

寫信至迪庵處分兵胡中丞處言分兵事

〇許家楨信批筆

〇送[illegible]阮館四冊

十四日

早起会客數起飯後拜客黃子壽賀少庚金□雯黃恕皆夏麟□
周荇農等處拜会餘均就拜申正歸会客二次至
駱中丞處赴讌更初歸

十五日

早起会客巳刻至李仲雲宅赴宴同鄉公
請主人為丁伊甫陳堯農兩前輩李仲雲孫芝房
黃恕皆周荇農黃南坡唐樹森七君巳正
散拜客數家申刻至賀少庚家赴宴燈後
歸駱中丞左季高来此一談宦吳國佐翰閣
湘營同赴浙也弁官蕭啓江准假二月令其
回籍主局是日小岑自潭来代買地一所

十六日

早起会客數起飯至季高家赴宴午刻歸
小岑代請曹鏡初来診病未刻小聘申刻

会客南坡李高湉君来畧日𫊸起程日期
摺由駱中丞處代寫代書代𫊸中丞又有奏
片擬請蕭啓江請假兩月及吳國佐赴湖南
係会余後銜
古柏记
戈什哈現有三十二人另有單
張以渠處送莫分
十七日记
船上排碗盞各具
買醬菜
自与劉郭同船一
巡捕親兵二船
内銀錢所一船
火食船一
每船派一人管駕
請撥台費銀一萬

書啓 蔡世炳 郭篁陵
少荃處送禮
中丞處要奏摺二十分
買藥
戈什哈二船
文案一船
各少爺一船
長夫船一
發官胡李李信

○調劉錫麟

○發張蕭札信

十七日

早寄滬度弟信聆夕寄九弟信至四更乃畢
本日寄兩信并鈔各件 巳初發旌寄蕭張
信加片 胡中丞信李迪庵信会客四起將
五日來文清理一待上船再辦一段卷一不
存申刻核各咨稿札稿会客二起極
至駱中丞處談飯与季高談至二更去

十八日

早会客數起巳刻出門辭行 会裕州卿倉
少平周荇農等申正飯会客數起戌初至
駱中丞處飯後与小岑季高諸君暢談是
日清理各行李下河 發李小泉及官胡二帥并
迪庵信

十九日

卯刻起飯畢起行登舟辭中丞學使及司

道諸公來送同鄉　孫周黃李諸公來送未
刻開船行九十里在宿青油望黃南坡太
守來送在於岸上支帳房歇宿

二十日

卯初開行　巳初至湘陰縣城天氣酷熱有流金
鑠石之象至同孚宮避暑旋至學宮避暑學官
郭孔揖新化人陪侍甚久即至其署內晚飯酉
正始船在坐船板上下江中乘涼亥初始月出
後開船行六十里至土星港宿本日太熱身體
極倦萧黃怨皆謂宜服鹿茸　因於是夜試
服之

二十一日

黎明開行　巳正至萬歲湖早飯南風太大方
停酉初至岳州泊南津港旋登岳陽樓聘郭
直城曹識山吳南屏王初田太守來見與劉郭吳
曹諸公宴於樓下三更回南津港

廿二日記
江西發信
廿二日
早因南風太大未開船午刻始開行百二十里至
新隄宿酉刻轉北風逆風リ二十餘里幸不甚帶
大耳是日辰刻清理丁蒙方自江西轉回之書
籍明史及畢鑑留營注疏等書寄回家中
吳南屏來船久談午正別去
廿三日
早因北風未開船巳初開行〻百二十里至蒙魚
夾出下十里灣泊是日在新隄發駱中丞左
季高及沅甫信植發胡中丞信聘蒙惠如孫
武鎮西陝西人爲師唐誼甫是植四更大風雨連
日盛暑固應有風暴將作也
廿四日記
至九江祭劉盛槐李子成文

廿四日

早起開船東北風逆難行幸水漲而以舢板扯水縴 是日行二百四十里二更登岸至武昌胡宮保率司道出迎至撫署居住與中丞暢談至五更睡 是日沿途多水師炷口舢板船隻裹魚貫主令送至□州炮去

廿五日

早官制軍文來會司道府廳州縣今作五次相見畢 已正吃飯 午正出外拜會將官朱軍羅澤村唐訪伯符劉冰如餘俱款拜酉刻回寓見客二次與胡中丞暢談是日發李迪庵信約至巴河一会

廿六日記

○夏憩之郎銀二百
○王雁汀寄信
○宮精運局發文書
○劉飛皆家寄銀
○周藝農寄銀
○宮月領餉起支日期 湖南始撥壹三日 湖北始到郢三日

○寄館彭子文家 并方子 白信
○寄吉安信
○迎會胡運舫住湖口
○寄家信 紀澤 澄洪一函
○札廖伯荷精運
○紀以鳳多 出貲 至家瓚

廿六日

早會客數起，飯後寫家信三函 駱左信各一函 與中丞敘談，會客三次，申

初至官制軍處赴讌，二更歸

廿七日

早會客數起，飯後寫扇一柄，對聯十餘付，發長

沙信並江西信，申刻至制軍署內赴讌，主人為

官制軍、胡中丞、羅澹村、盧訪、張仲遠、糧使、蔡子山

觀察、廖伯荷、粟仲然、嚴渭春觀察，凡七八，二

更散，與中丞談約一時許

廿八日記

○僱船

廿八日

早寫貢院扁，至午刻畢，寫對數付，申刻至

履伯將畫赴滬更初始對（作）二付送將樣寫四付

廿九日

早寫對司道游等共十餘付掛屏四張会客二次申刻中丞請吃飯同譙為官制軍羅壹訪張仲遠子山觀察席散後人倦甚

七月初一日

早会客三次飯後寫貢院匾十餘塊午正畢会客數次寫對聯條幅數十幅燈後畢与中丞談至三更盡

初二日記

候叔績子畢印渠李營
○与李迪庵会奏筱泉
与胡中丞会奏李壽甫曾筱泉
○黄州打發制台火什咍
○剳鄂撫
○剳日川營批
○閱張廉卿文
○寫張鏡湖信

初二日

早了寫扇一柄會客四次至制軍處早飯

午正出城起行　省城文武送至漢陽門未

正開船行三十里至青山灣泊　初出順風

十餘里即逆風　蓋江水曲折也

初二日記　○會同迪庵羹堦公祠昭忠祠

蔣照名　字文若　庚子江南二　湖北粮台

李宗燾　字午珊　陝西翰林

李蔭棻　字香雪　四川舉人

嚴樹森　字渭春　陝西人　新授荊宜施道

劉齊衡　字永如　福建　林文忠之壻

初三日

早因風不順換坐麥壽泉長龍小船雪琴所遣

來接者也　行二十餘里至陽邏鎮下　遇雪琴

駕小舟來接　因同坐一船敘述別情　行至黃州上

三十里雪琴自坐小舟　余舟酉刻到巴河　聘孫筱

石至楊軒　溫甫亦棹小舟迎我中途錯過　晡

卅始睡，在談至三更。昨日自鄂來送我者席

伯荇、万子白今早均去

曾祖以茂
祖之信恕
父之奇

初四日記

王家瓚 湖北副榜 八年 胡中丞於本年整案內保以複設訓導不論雙單月選用 四年在剿營繳飲六百七十七兩六錢 保加內閣中書銜 以訓導遇缺先用并部飯銀三兩八錢請以試用

益陽捐輸於咸豐三年十二月、四年二月兩次共解

錢壹万四千六百式拾捌千 洛湖南糧臺

盛四管衣服一手摺　何得管筆墨手摺

收發文書隨每日一閱　營哨什長名單一摺

各名單三六九日一查閱　各項差弁名單一摺

錢鈔詩隨二五八日一查閱　內銀錢所收發隨二人情結一

初四日

早與閣手記數頁。飯後胡達舫、羅又村等船到，昨夜因風未能趕到也。會客數次，旋小睡。未正迪庵中丞自蘄水來會，談至酉正。華田丹自家來見。中飯後會客一次，旋與迪庵及諸客談至更穩

瑞生船又与温甫叙談閲張廉卿古文三更二
點睡是日寄胡中丞信張鏡瀾信官制
軍信打發其逆黨之巡捕一人戈什哈二人回鄂懲氏
去不能給以好處也

初五日記

○寄弟修湘鄉忠義祠余出銀千兩迪庵出二千

初五日

早清理文案飯後寫對聯條幅未刻与迪
庵商淛事札營出隊等事寄胡中丞信申
刻接奉硃批云汝此次奉命即出足徵關心
大局忠勇可嘉俟到營日迅將如何布置進
剿機宜由驛具奏可也未刻由巴河開船二
十里至南溪在迪二庵船上赴宴共二席酉刻歸
岸下川南溪風景絕佳夜批廬卿古文
畢

初六日、

早辦理文件　午後与客敘談寫對聯十付
小睡片時希庵自蘄水来会唐家渠自瑤家
塝来見未刻辦訂庚子以第四女許郭雲仙
之子男庚己酉正月初四申時女庚丙午九月
十六未時此女曾奉　先大夫命出繼与季洪
者為女故拜帖用挪分一用本生父名一用繼
父名郭家亦以拜帖来也又以為長子紀澤聘劉
霞仙之女女为雲男庚己亥十一月初二日寅時女庚
辛丑正月初九戌時郭家姻子請李希庵孫筱
石為媒劉家姻子請彭雪琴唐家渠為媒申正
請客二席四媒人之外有胡蓮舫王孝鳳瑤盧卿
王槐軒李察庵曾玉樵諸公在座傍夕寫扁
一幅横与希庵談學中子

初七日記

有能統領各營者便專子責成
新兵營須輪流擇派

二條希庵

駐扎宜擇要地 各將領征剿以神速為貴故宜動 不居大帥以鎮定為貴故宜以靜制動斯得主有常

統領之權宜略重

官場延例之習不宜沾惹

營員不可經手捐項釐金

應咨應札應批之件均宜神速 及應酬之信

右五條溫甫

營外不可有茶館煙館

出六成隊不可有七成爭多

右二條迪庵

初七日

早清理文件 飯後寫家信四封 沅弟 叔父 澄洪 左季高信一封 與迪庵議札營等件 下午後渡與迪庵 霞仙君談至三更 是日傍夕時國四之兄因洗澡落水身死

初八日

早清理文件 飯後寫胡咏芝信 與希庵談
是日酷熱 日中酣睡二時許 餘時與諸客雜談 未
當寫字 未刻寫對二付

初九日記

擇前走六成隊（三營）後走四成隊（二營）中間輜重（或仿然前多） 每營以
六成前走 以四成護輜重

初九日

早清理雜事 飯後至外拜客 與迪希告別 送
霞仙赴湘 巳正開船 船行一百二十里 酉正抵蘄州宿 知
州彭雁鯉來見 彭號雨門 廣東人 由監生隨公在
羅田以軍功保陞今職 是日王孝鳳兄弟張廬
御在蘭溪別去 孫筱石本欲調之入浙 已發文書矣
因迪庵需要人不果 迪希 孫王（揚軒） 別我後即
至蘄水營次 余別後即東下也 楊本蘄州唐家
渠來告別 渠從蘄州赴張家塝防地

初九日記

咨湖南藩潘敬遲鄭照當日并未發給實收

摺內誤寫敬甌部照誤寫宏甌曾經咨部繳照

更正　潘在本地方據實呈明

初十日

早在蘄州開船，辰正至富池口等候陳秋門前

輩未至，因作一書寄羅多年行專人便送興國

午正自富池口放舟至武穴，唐菴九李師實及

局員張　來見本街紳耆來見申刻往

回拜，酉正復開船至隆平宿，是日江西督中丞

專弁　持緘來至富池口都　直夫將軍興阿

亦協領持緘來至武穴相送，均請意城作椷答

之吳竹莊專弁　來武穴送黃筱軒　奠金

十一日記

糧台　銀錢所二員　　隨身　文巡捕一

軍械所一員　　武巡捕二

總理大員一　　文營務處六人

總理州縣一　　武營務處二人

總理書啓一人
總理文案一人
開撥世差各員

十一日

早開船辰刻至盧家嘴後營各哨來接巳刻至
二套口小泊見後營各哨親兵營左營來接巳正
至九江泊龍開河見客六七次未刻至塔公祠一祭
一獻禮至大東門觀官軍所轉缺口旋拜道署九
江道鄧傅俊坡太守庭桐程太守元瑞申正始會客
數次困甚在与唐家訓言格勇子

十二日

早見客二次開船辰正至白水湖北小泊以東
北風太大故也午刻楊軍門自湖口來迎
會晤近日氣色不甚王酉正風稍息仍開行
到湖口指之更矣在彭雪琴方伯請小宴
旋將岸散步約一里許　三更四點
換船

十三早記

札調張五至河口

十三日

早会客數起 寄左季高胡中丞館守家信一件

午刻身上有痛者在竹床久睡至燈時稍愈請進

睡畢診脈以為先受暑後傷風之所致也 夜服藥一

帖 是日雪琴請吃中飯共三棹 余小坐即歸船不能

吃各物 是夜閱胡中丞丁母（姓湯）憂之信

十四日

早因病晏起 於開船至石鐘山至水師昭忠祠

側浣香別墅住見客數起 餘皆困臥未能強

坐 未刻寄唁胡中丞信一件 寄吉安家信

一件 飲藥一帖半夏桂枝等類稍愈 猶不

能成寐

十五日記

水師昭忠祠對一 扁三 塔門一 廳一 水廳一

塔公祠對一 胡中丞之母聯一幛

闽陸營人單　寧江西前此差多人面繳單

菱湖南各信　菱湖北各信

弟庵扇一　甘子大雲幢館

又記

保舉人員守備以下分標酌量人與標地相宜

近者

凡陣亡請卹之員本有　諭旨及部文須

即將咨明本省并札原籍地方官及該員

家屬

右二條溫甫

福建軍中委員

臬司係

革員張啓龍　今因守建甯郡城

浦城令張

把總許玉隆　五月九日在浦城不知下落

陳振金　常兵弁目　五月九日在浦城不知下落

江捷福

護鎮林　查遊擊字請赴浦城

守備董連輝　三人并於五月十四在政和失利并有陣亡之信

委員劉其鍾

陳慶雲

道員趙　五月十八日在麻沙陣亡

護遊擊曾　帶水提兵六百名

署協普　帶陸提兵六百名

王華

許忠標

遊擊趙　帶詒勇五百名

護遊擊葉

守備邱　四人均令駐守建陽

千總林

道員袁　辦順昌邵軍務

游擊連　由建陽麻沙進剿

延平守區　接延平公啟

又記

存砲二十八尊 七百斤至一百斤

存生鉄子九万二千四百斤

存熟鉄碎子二萬二千六百斤

存鉛子六千九百四十斤

存鉄砂子一千六百五十斤

存火藥二万四千二百四十斤 又二万五千斤

存大箭二百四十支

存噴筒四百五十桿

存火球一万三千六百五十斤

存烘子噴筒一千桿

存淨硝十四万斤

存毛硝十五万斤

以上楚師三局存物馮檢還

十五日

早見客十餘起 巳刻寄雪琴信 迪庵信 吳

城來接諸員等見會客數次申刻許仙屏
來在清理文件　是日石鍾山做道場畢
祭水師陣亡各官弁　二跪六叩禮

十六日

早料理文件　飯後見客數起天熱
甚申刻写對七付巳午刻写扁字二十餘
個刻出外拜梁湘舊楊軍門陳醒堂吳貞階
月在省來与許仙屏談是日官入江西省城一行
云意發信告耆中丞

十七日記

湖北專人送禮
寄胡中丞信
寄厲伯符信

十七日

早改湖南信稿清理文件至午刻畢
写家信專人至吉安送鹿茸与沅甫弟會客

雖次未刻 作胡太夫人輓聯寄好並寄別
聯余寄至山上棗源煙下寄對聯約二十付是
日朱品隆來與渠營已到 九江因令朱品隆
蕭訓二人十九日自九江陸川至吳城換船上至貴
溪等岸 余定十九自常起舟晉省一行
其餘各舟即由瀦磯分路至貴溪也

十八日記

隨身各員

營務處 李次青 三人歸 朱品隆 以去肖杜光邦
翼長 左蕭浚川 右張凱章 四千人 五千人
文巡捕 凌 劉曾撰 丁鶴士
武巡捕 楊鎮南 褚景昌
銀錢所 何敦五 曾希孫 以下去山右要往吉安 彭芳祿 要四家
軍械所 丁鶴士 王溥 李勉亭
管公牘 鄧意城
管書啟 鄭許仙屏 鄧笙階 黃訓娖 留江西省
發審所 李芳生

家人　韓升　門印　王福　籤押
何澤　筆墨　曾威　衣服　何榮　跟班

文案　閻泰　陳鳴鳳　劉彬

粮台各員　云川營四十里外八十里內皆可

護理粮台　彭山屺　喻吉三

銀錢所　鄧壽璋　未到以前何燮五管

軍械所　莫祥芝　胡雲衢

開散　楊名聲　胡戴穀　黃𢌿炳　卜宗銓　李興銳

湖口捉銷局並轉運局

總理　李筱泉　未到以前雷翠芷管

委員　魏棟　張秉鈞　鄧作昌
淩蔭庭　以上皆管捉銷轉運　淩並管文書　閻煒

船廠　曹禹門　胡彥垣

支應　葉㵾基　廖獻廷　葉寶樹

曹炯 堅留北師

湖北轉運局

廖雲官

江西支應局

丁應南

胡心庠 江西新添

貴溪轉運局

翁學本

又記

帶戈什哈晉省

高連陞　李承典

詹鴻寶　廖洪元

彭述聖　楊世俊

李熙齡　張占鰲

十八日
早清理文件 飯後寫胡中丞信 旋寫對聯 廖伯荇
數付廖伯荇挂屏 又寫扇數柄 遣楊名聲至
胡中丞處弔喪 會客數起 夜間頭悶 是日
定各項人差使單

十九日
早清理文案 寫湖南文方伯 裕鹽使
信 夫單 紳士丁陳等八人信 各寫夫
單 日中又若頭痛 有痛者未刻 雪
琴請赴宴 申正搬行李諸物上船 酉刻自
坐舟 因風太大不能開船 在三更与溫甫
別 溫在迪庵營來 至蘭溪相會 因送至湖口
是夕別去 將由黃梅宿松等處回迪庵
營內 是日賞水師各勇共錢貳千貳
百 串 文 每人二百文 外江勇每共
六千 百 十 名內湖勇共四千六百 十

名哨官未賞營官各賞對付其丙辰冬日另賞對另此後不賞

廿日記

宮°撤去楚師三局其字藥等存項即為陸營之用

劉°有撤去馮槍　丁°在南留省

陳°斌張金璽不用

中°洲局捐輸以千一百抵銀一兩

廿日

四更五點自湖口開船辰初至南康楊羊門來送在南康別去旋過宮亭湖風浪頗大蓋由大孤山斜過老爺廟則風直浪順由南康橫過則風橫浪大也午初至吳城拜回劉蔡芥舟錫青　南康太守顏平州培蕙船廠曹雨門級三　酉刻在望湖亭赴宴亭為雪琴方伯丁巳六月所修較往年多稱廣

呈攬全湖之勝雪琴屬余撰聯由余為聯云
五柱樓船曾上孤亭睹鼓角一當濁酒壺
萊此地看湖山蓋咸豐五年余駐師於此曾
命軍士植習水戰在此亭閱看也
植祭江一次行二跪六叩禮會客四次皆自湖
口來及吳城送行 廿日 是日寫駱中丞信
件

廿一日

黎明自吳城開船午正至樵舍小泊申初
至江西省城先至中丞署內次至臬署
未見次至單學政署旋至陶家花園公
館見客數次晡時中丞來久談更初
司道來會旋寫信二件三更息是
日在舟中寫家信二件首白罌山信
一件寫望湖亭對一聯付

廿二日記

○高祥麟歹 一說赤川

○燕毅等千六百文作鋁一兩

○撤楚師三局 ○撤馮樁

○撤支應分局 ○留丁應南

○鄱陽胡立孚歹

○水師請撥洋火藥 ○砲位解水軍 二百斤以下不要

廿二日

早会客五起七 午初出外拜客 聯芝圃 鄧綺屏 吳竹莊 徐柳臣 龍翰臣 惲浚明 生處均会 餘款 拜酉初歸 至莊木生二店 旋公館 看清理文件 寄信与九弟 是日專人送信至家 并送駱中丞 左季高信 又專人至德安等處接吳國佐

廿三日記

廣豐 玉都逆匪已於十七日卯刻由排山竄往玉山 玉山有沙溪 大南嶺兩路可竄 又閱浦城尚有一大股在後 不知竄何處 上饒楊令廿日亥字

李次青十七日受傷其送信之人一受傷死一受
傷後二日至廣信　沈幼丹二十寅刻信
玉山之賊十五日在塔山邊扎營　武威軍彭武奇兵九百餘人
入城迎守　十八日大南橋之賊二千餘竄至水南普安
寺扎營　四面圍城甚緊與廣信府城文報不通　廣
信仍守　十九信

聞二陵關有另股約六千歲竄扎關口　石逕寺
踞浦城未動　崇安光澤之賊竄踞溫林關雲
集關不遠　弋陽胡令十七字

廿三日

早料理文件　會客六次　午刻吳竹莊
來久談　申刻出門拜客　酉正至中丞處談
燈後復閱次青受傷之信　莊木生送書十
餘種　是日寄胡中丞信

廿四日記

鄧瓷造冊報銷

吳。多
。發另冊信。復書信
發。蕃素信

又記

陳縮刻李申耆圖　江西全省圖 鉛山縣送
鄧炸明刻圖 借莫祥芝的
安徽全省圖 借李迪庵本郭筠皆畫
安徽江防圖 袁西台送
金陵衛道圖 袁西台送
廣東省河圖 劉聲宝送
江西福建連界闊隘圖 者九峯送
廣信府圖二 者送
廣豐縣圖 者送

廿四日

早飯方伯來久坐旋会客數起清理文件午正少睡未初出門拜客歸 吳學山龍翰臣

會餞親拜中丞，中丞處赴宴，戌正散出城
坐舟中，丞學使司道諸公送至城外。寄李次青
沈幼丹、劉養素信，後各處行

廿五日記

元度號凱廷，管帶水師安旅軍，稽查河道
駐扎瑞洪，共礮船三十六號，東查至安仁西
至省河，東北至春暨，去饒州二十里。分三營
營官一係孫恒山，一係葛衢，一係鍾世禧，哨
官一係蕭寶俊。盛元係丙申進士，楊下
分發江西，丁憂後捐江西知府，六年六月因
事差久不痛革職

廿五日

黎明開船，行五十里至滁汊，又八九十里至瑞洪
上三十里地方宿泊。一望無際，平湖中淺處生茭
蘆各草，盜賊之所聚也。自立安旅軍，游勇不敢
游多搶劫。是日寄家信二件，又寄吳翔岡

信二件 一交雪琴帶去 一交來勇寄川

書橫披一件寄莊木生

廿日記

駱中丞　楊厚庵

左季高　彭雪琴

官制軍　李迪庵

胡中丞　張筱浦

耆中丞　沈幼丹

龍方伯

家信

吉安信

以上各處來往信多均須編号

又記

馬步瀛　臨桂廩生　瑞洪縣丞　楳安　竹友

王世達　臨桂舉人　建昌令　霞軒　軒爽有精神

譚炳勳　賓州舉人　貴溪令　星如若

廿六日

早起風甚舟行三十里至瑞洪停住不可

再行幾十里因等候朱品隆劉養素吳

翔岡遲擬少住二日未申間朱品隆唐家

訓來共船百二十餘號戌刻養素來久談

至二更將船是日定次青信一件令朱德

樹至廣信寄吳翔岡信一件寄橫披一幅

許仙屏求的看宣公奏議卷餘請意城代

作湖口水師昭忠祠九江塔公祠請　錫名歸

摺稿

廿七記

○李筱泉來信

○喻吉三來信

○紀以鳳來信

又記

文輝　号又石　文鷺軒之弟

鄧慶恩 号綺屏

暌、福 号芝圃 江西候補道

顏培嵩 号友庭 長沙令

李達春 号茂甫 善化令

高夢麟 号石孫 南昌令

馬俊良 号厚田行一 新建令

楊泳涵 号璧秋 南昌府

史昌壽 号 進賢令

王嘉麟 号孚士 前瑞州府

李作士 号少山 新淦令

馬永熾 号仙樵 臨川令

李瑞章 号鳳洲 撫州守 甲午同年

程元瑞 号星農 九江守

鄧廷樹 号雙坡 九江道 甲午同年

岑蓮乙 号蓉舫 湖口令

屠懷珠 号星五 四川人前新建令

元善 雲渠

許本墉 号蘋堂 湖北天门人 瑞州守

蕭嚴 号芝屏 四川人 高安令

田博厚 号文甫 吉安守

姚體備 号秋浦 山東人 廬陵令

蔡錦青 号芹舟 廣東人 吳城同知

張賦林 号蘭江 直隸人 袁州守

廿七日

早起清理文件 飯後至蒼素處回拜沁秋汀來久坐 閱湖北各信稿 略有改換 閱許仙屏所起各信稿發者中丞信一件 酉刻惺舟來 走與朱品隆唐家訓言拔營之事 戌刻蒼素來久談 更初去 與意城仙屏小敘

廿八日記

陸營每月領燭二百一六斤 油三百五十斤

米

帳房例半年一換

鹽

又記李迪庵湘勇

湘右中營 迪庵自帶

副中營 希庵自帶

副右營 李續燾 耀階 記名總兵 圖薩春

奇右營 趙克彰 國香 記名副將 摯勇

元右營 沈俊德 克恆 記名副將總兵銜

亨右營 李登梭 經庠 副將儘先

利右營 李長林 楙亭 副將儘先 勇號

貞右營 咸大吉 武臣 副將總兵銜 勁勇

元中營 王載駟 星瑞 副將儘先

亨中營 楊連友 述園 參將加副將銜

利中營 李存淳 代懷 副將儘先

貞中營 蕭慶衍 喬則 副將儘先

義中營 張運蘭 桂卿 參將

強中營 唐家利 桂生 副將

剛中營　趙友文　作舟　參將

毅中營　彭祥瑞　呂華　副將

前營　朱品隆　雲崖　副將　克勇　寧鄉

左營　蔣凝學　芝醇　候補府道銜

副左營　胡裕發　達軒　副將　標勇

後營　周寬世　厚齋　記名總兵　羅冬勇

新後營　黃澤遠　仲仁　副將銜

以上二十三營皆湘營李二所招

馬隊　蕭積卿　惠賢　同知直隸州

凱右營　梁作梓　湘帆　同知銜知縣　邵陽人

凱左營　楊得武　凱臣　副將　進勇　益陽人

前仁營　朱南廣　子朋　副將　道州人

後仁營　李運絡　西山　遊擊　永州人

正仁營　何紹彩　子文　記名總兵　勇號　道州人

左仁營　黃勝日　曉亭　副將　道州人

副仁營　周吉祥　都司　道州人

智營　余雲龍　漢卿　遊擊　湖北人

以上十營係楊
胡中丞所招

信左營 謝永結 青芸 參將 湘陰人

護軍左營 劉建隆 青雲 副將 衡陽人

護軍右營 彭友勝 雲台 參將 長沙人

護軍前營 黃遠培 原名纓之 改文職 湘陰人

江西營楊軍
門護水師者

護軍後營 改湘營 張復泰 松亭 都司

又哨官哨長

雷峰雲 副將 幹勇 池陵 長沙人

李集賢 副將

朱品文 副將

成澤升 副將

彭炳武 副將

又記

寄薛絡彭七古一首共八葉 後有山陰徐

肇顯跋

動靜交相養賦共五葉

東坡次韵米芾 二王書跋尾 五葉

北山移文二葉

祝壽詞一葉 後有柯九思方方壺跋

美人為政詩一葉

寄萬德帖書一葉

韓詩貞娘墓詩共四葉 中有吳寬、王鏊跋

夢入天台詩 三首 四葉

庚子山春賦 一葉

多景樓峴山等詩二葉

遊虎丘詩三葉 橫石二 直石一 後有朱彝尊跋

以上米書

真寅詩 三葉 山谷書

草書論一葉 君謨書

臨寓臺 三葉 子昂印書

聖祖臨米書一葉

共十六種羅港村方伯所送

二十八日

早清理文件　飯後会雷西垣旋寫對聯八
付中有送劉養素一對楔句云組練三千
朝蹋浪貔貅十萬椎鋤書寫家信一封交
物添興帶至吉安寫信寄莊木生一件
寫一信与丁石汸託刻地図開方格子未刻養
素来送ㄉ久後申刻開船ㄉ三十里至木
梶灣宿泊舟中清崇帖一本共十六種酉
刻接沈竹冊信知玉山於廿二日解围次青傷
痕已愈為之忻慰椎早睡是日派朱品隆一
營先ㄉ余因等候吳國佐故開船甚遲酉
刻閱賊竄樂平之信恐途次倉卒遇賊椎
二更派人持令往前途截住朱品隆三船屬
其等候吳再發坐船到時再ㄉ同進

廿三日

早開船ㄉ三十餘里至餘干令莫廷芝來
見又二十餘里至瑞洪津地方駐泊莫令再來

見莫蘐堯叢廣東南海人甲午同年曾在
南康一見也是日在舟中清發湖北信件
羅方伯處自添寄二葉文任吾處添三葉
又寄胡中丞信一件彭雪琴信一件
打包交雪琴轉遞湖北又寄吳青信一件
旁丹添二葉托接九弟廿四日信張正暉楊和貴帶回久不接弟信
四十一日至是日得信極欣慰也是日熱甚与
雷西垣意城仙廟舟上乘涼久談所坐紅船不
能蓋餘千以上以灘多水淺之故即在此換
坐官板船將紅船開發仍歸湖口戈什哈李
絡窗不願管轄是夕遣去

初一日記

○李鄧莽在九弟處捐錢千串

○咨發油燭

初二日

早開船未初至茶山宿泊燥熱異常營山岸

至周家宗祠歇涼酣睡二時許 灌艙舟仍極熱
出戰船至江心乘風三更後出船漸涼矣是日
閱段氏若膺戴氏年譜

初二日

早黎明開船午刻至黄金埠 見安仁令范
維璜楊鳳山同年 昇自廣信晉省亦來一見
申刻至安仁縣運大順風因未停泊戌正至
鳳壜宿泊距鷹潭尚欠十里是日刪改湖口九江
新祠一摺湘鄉忠義祠一摺河淺灘多長龍船
不能上是夕定計 遣各營長龍先回湖口

初三日記

○寄季高信 言鄒國多
○寄次青信 約至河口一会
○寄迪庵信
○沅弟信 交黄金料帶
○寄張小浦信 河口發

初三日

早巳開船矣因閱各長龍船步未來餉銀未
到渡又停候命喻吉三至安仁迎提巳初始
開船午正王人瑞自貴溪來迎未刻遇意城
船去酉正貴溪令譚炳勳龔補同出胡蓋南
龔補孫賀宗瀾及其兄賀宗源來見在宿金
山壟去貴溪尚二十里是日水淺灘多僅行三
十餘里天氣燥熱在船上酣睡不能作一字擬在
岸上支搭帳房歇宿

初四日

早開船行八里過九牛灘又十里午刻至貴
溪孫張凱章蕭啓源王人瑞來見二次胡蓋
南譚炳勳等來見共見客七八起寄家信澄
季一件沅弟一件合之前在瑞洪所寄二件
卅父一 交人一 并抄日記均交老湘營勇專送吉安
初五早起川也又作季高信一件合之昨

寫之兒子信均由六百里遞至湖南撫署又
寄次青信一件 易丹信二葉 翔岡信一葉 喻
吉三赴下游接餉船申刻趕到 久不雨 枯燥之
甚 極以大盆洗澡 暑覺清爽

初五日

早間因謠傳新城失守 少暑起 巳午間大爭
風不能開船 鄉勇導營在四勇鹿角潭 經過被該處團
局殺死四人 殺傷三人 巳刻來稟 即令譚君亦隨來
因令譚審訊 譚審後來拿供詞含糊 僅以查
拏凶手一語塞責而已 因令解送局中 職員曾
守文生員黃宗藩 二屆生植勝生三人來營 營矣
李筠生再審 申刻 坐舟開上三里許 戌刻
李審此案 因局於凶毆四勇之後又復綑送殺
城 揑情誣拿 情殊殘忍 因將曾守文正法而
帶黃宗藩 植勝生二人至河口 如受傷二人中再
有死者 再行議抵也 是日寄六弟信一件 迪

庵信三葉，復李筱泉、瑜吉三各來信，有寄者

中丞信三葉，提（抄）函西摺一件，會四路稿，專

黃金魁送迪庵營次，并六弟一信，又將膺潭

團局稟稿告雲卿，係意城代寄

初六記

○湘鄉祠稟（咨）織造駱中丞，會後衡

○湖口九江祠稟（咨）織告楊官胡者

○會者札撤李大雄、滕加洪等（擬稿并寄一信）

○寄家信言劉華、莊文集

○禁騷擾告示

○禁團練不許妄殺人告示

初六日

早打發黃金魁至迪安處，旋開船，盈行二十餘里至火爐鋪宿。是日灘亂水淺，逆風逆水，舟行極難，申刻停舟以待大食船之至，約一時許。細雨新涼，一洗近日煩燥，然風雨交加，難於行路

姜在貴溪望陸則較便也　在舟次寫九弟
信一件　夜看各信稿

初七日附記

胡長生　芸圃　刂五　弋陽令
六安州人　捐班　收漕　龍泉係舉　欽孫

初七日

早開船　五十里酉刻至弋陽縣令胡長生
來接　劉勝祥　劉芳貴黃招成來接均迎出十里
外　劉勝祥帶祥字營勇六百扎弋陽係新化人
劉芳貴帶寶後營　副後營勝祥之兄也　駐扎鉛
山縣二人均在衡州附隸我麾下　黃招成帶協和營
駐扎弋陽　黃係廣东丙午舉人協和營係余在
江西省城時所立　中隊多廣东人左右隊係嘉應
人　一係湖南貴州人　戌刻徐文蓀來見　徐係丙
申庶吉士　改刑部主事　咸豐元年冬余在刑部
時係京察一等　二年秋因案降調　為府教授
到任數年　七年捐道員　是日郭意誠許仙屏坐

船因壞柁二更始到午刻改平江營守廣豐至
山一摺

初八日

早起改由陸路行走各李貨及各物均坐船
至河口余與郭怀巡捕家丁起旱行二十
里打茶尖三十里至新橋頭飯尖皆弋陽邑
所備也又三十里至河口寓関帝廟係山陝會
館李次青觀察河口同知孫家鐸鉛山邑令黃
思浩來見張蕃營各營哨弁來見梅清凱
章人瑞諸公宴飲天氣甚熱

初九日附記

○與勞丹論米事
○各營下札加勇糧均作一錢罷下夫糧均作一錢
○設立糧台各事宜

初九日

早清理各文件至辰正畢會客數次梅

沈幼丹觀察來談至三更是日發江西司道
函信龍方伯信自添三葉毓中丞信添四葉
天氣燥熱實帶軍中營之吳翔岡自江
西趕到為之忻然其隊伍尚在後約初十可
到也　初八日接部文　旨李廷春前赴
蔣和書軍務現剿閩賊爲余調度籌餉

初十日附記

○一札沈道
○一札劉曾撰
○一札鉛山黃令　委員潘純奎
○一札雷西垣
○一札何敦五　卜宗銓
○一札胡霊衢　李興銳　王澧
一札建寧府
○一札邵武府
一札延平府

一札崇安縣

○一札光澤縣

一札保臬司

一札延建邵道

○一札莫祥芝 黃地炳 杜光邦

○一箋閻猪信咨

●一箋東將軍信咨

○一箋周天受信咨

○一箋周天培信△照會

○一箋錢廷選信照會

○一箋李定太信咨 另有咨

○一札張騰蛟

一札

又附記

鄭元璧 錫侯 建溪書院山長 徒寓西崇

蔣衡　建寧己卯舉人　在府辦團

孟際元　廣宦人　甲午舉人　在崇安多年　選莆田教官

楊春藩　邵武府學教官　長樂人　乙未舉人　結實可靠

何高勳

傅方駒　皆光澤舉人　在團局公正　與雷西垣善

楊紹梅

邱飛熊　署邵武參將　浙江諸暨人　現在杉關　勇敢善戰

以上務丹觀察所開

初十日

早清理文件　已正務丹來邑談　閩閩賊有竄往延平之意　寫家信一封　又筆田拼彭芳六筆一條　申刻改遵旨援閩并陳賊情軍務一摺　極倦甚早睡　是日共見客六次　張韶南號伴山　前任壽城令　現丁憂　在務丹處當營務處　與孫雪舫黃玉波來見　餘皆各營哨也

十一日附記

丁峻部下之勇 号恬生 保[illegible]

奇兵營官 丁玉麟 丁峻之姪

彰武軍前營 于鋼魁 幫辦 于宣

中營 楊洪陞 幫辦 羅澤標

左營 丁廷龍 丁峻之弟 幫辦 滿茂喜

又附記

九江各營送安字来者

萬春 鉛山都司署游擊　　邬學志 德安把總 戈什哈

黃逢祥 後營守備　　汪榮 建昌把總

楊青 後營千總 守備衔　　秦得榮 前營把總

程廷茂 後營把總 守備衔　　曹麟魁 前營千總

龔起榮 德安把總 前營千總　　殷維連 前營外委

龔慶魁 德安把總　　歐陽壂 水師營外委 戈什哈

丁世昌 德安把總 戈什

又附記

戈什哈前哨余星煥　　左哨葉光岳

後營哨羅逢元

右哨李承典

管帶營官喻吉三

戈什哈每人六兩五人一棚每棚給夫三名

保至都守者另給私夫二名保至參遊者給私夫

三名保至千把者給私夫一名充哨官者給馬一 夫一名

匠粮料錢 夫價三兩 馬料價一兩

十一日

早清理文件 飯後寫對聯七付 黃水師營

陳茂祥等四船并未得勝 張定元另舟來久談

已正出外拜客 會吳翔岡 蕭啟源 張凱章 餘

未得見 未正游倦甚久睡 下半天見客四次 鄭銀

弟之世兄前來接劾總段派擢台及營務處行稿

核各札稿

十二日附記

吉右營幫辦朱寬家 号步如

靈烟績 号少鄉

十二日

早清理文件 飯後閱四摺一片 料理黃報母訃遵 旨援閩一摺 廣豐玉山兩城片戰解圍一摺 調喻吉三一片 又派洗勇丹雷西垣兩觀察辦撫台李次青王人瑞獅營務處一片 均單銜二事 又会楊厚庵李迪庵前銜奏湖水師昭忠祠九江塔公祠一摺 会官制軍替胡中丞後銜一摺一事 又会迪庵前銜奏湘鄉忠義祠一摺 調李筱泉一片 共一事 午刻將發巡捕不知誤送鉛山城中 刻派喻吉三至鉛山一查 派史連城至廣信一查 心生忿懥 蓋無養之故也 自酉至亥倦甚 不能作事 心亦疲頹 服黃蘆乘丸 是日添替中丞信二葉 係調丁峻之彰武奇兵 熊庭文之武威軍 由玉山至金溪 是在閩楚勇敗挫奎溪 瀘溪新城失守之信 又思所密某計矣

十三日附記　自九月十四至廿三共見十七人

老湘營　花翎者〇　藍翎者△

九/十五見△　侍勇親兵正百長△何本高　介臣　湘陰人　藍翎都司

九/十七見△　副百長△陳玉恒　家貴　藍翎守備

前壯親兵正百長△張家貴　連城　守備

副百長△朱仲明　仁齋　守備

九/十七見、　後壯親兵正百長△文英武　名賢　守備

副百長△丁惟雲　梯升　千總

九/廿二見　左壯親兵正百長△賀國秀　蔚廷　守備

九/十七見、　副百長△韋勝友　雲如　把總

九/十七見△　右壯親兵正百長△王華國　文亭　都司

副百長△趙仁和　貴連　千總

第一旗官~~黃美友~~〇黃美友　傑軒　副將

九/十四見△　中哨百長△陳青雲　立漳　都司

九/廿見△　左哨正百長△葉明瑶　英茂　都司

副百長△周宗和　藹臣　千總

右哨正百長△譚蔭律 玉堂 都司

副百長△李竟成 興家 守備

九十九見8 第二旗之官 △文恒久 歷山 都司

中哨百長△潘運瑋 金達 千總

九十九見△ 左哨正百長△蔡以成 錦鐸 守備

副百長△方有才 集軒 千總

九廿三見○ 右哨正百長△熊常富 耀春 千總

副百長△龔見四 利安 守備

九十六見8 第三旗之官 ○陳品南 斌全 副將銜 參將

九十五見。 中哨百長△劉光明 必照 都司

九廿三見、 左哨正百長△易開俊 明耀 守備

九廿四見3 、副百長△楊鳴岐 鳳翔 守備

右哨正百長△易榮華 曉亭 守備 都司銜

副百長△李純典、鏡堂 守備

九十五見8 第四旗之官 ○劉松山 壽卿 游擊

九廿四見○ 中哨百長△劉彬山 劉合林 秀卿 守備 游擊

九月廿三見△

右哨正百長△喻勝榮 錦堂 守備 都司銜

副百長△朱華清 平堯 守備 都司銜

右哨正百長△陳世隆 國英 守備

副百長△劉肇政 以德 守備

九月廿四見○

第五旗々官○彭聲茂 振山 參將

中哨百長△喻致惟 澤霖 千總

左哨正百長△尹松友 青圭 千總

副百長△唐玉益 雲宗 守備

右哨正百長△胡光輝 亮庵 守備銜

副百長△趙連玉 璧侍 千總

九月廿二見○

第六旗々官○朱紹輝 印魁 酉陽人 游擊

中哨百長△楊桂武 端章 守備 都司銜

左哨正百長△陳朗南 化り 守備 都司銜

副百長△谷代緯 偉人 守備

右哨正百長△喻煥成 先雲 寧鄉人 守備 都司銜

副百長△曹家勝 福亭 守備 都司銜

十三日

早聞賊竄金溪至安仁界，張凱章稟請前往截剿，即時批准。飯後清理文件，會客數起。接九弟、吉安家信。申刻又聞賊自安仁渡河，將有撲犯景德鎮之信，極清各營差人員。夜後草

十四日

早張凱章差人賫來書，即刻拔隊赴貴溪、安仁剿賊。旋定各員薪水單、夫單。易丹來告之，商定十五日回駐弋陽之事，旋告知各營。會客四次。寫九弟信三葉，旋又添二葉，言捐勇中欠餉請加學額事。寫耆中丞信，告知張凱章回剿安、貴之事。復發畢中丞信，求以摺件、油紙等物見惠。復胡貺生中丞信二件，一係託吳子祥撥款之事。復張小浦信，自添二葉。季高信自添一葉。

十五日附記

營中各貨及賞貨開一水牌存單

發報後由山(雲際)頭關入閩

咨(崔)前湖南添銷夫費并緘

函商湖北添銀一萬

奏請四川協銀二萬

十五日

早 拔營至弋陽會點冊一次 卯正起行 二十里
至田裡丁家祠內早飯 又四十里至弋陽縣住 是日
吳翔岡之義字營在頭隊 楚勝營在二隊 朱品隆在
三隊 余在第四隊 唐義訓在五隊 果字八營在六隊
均於申刻前後到弋陽 夜清理各文件 江西毓
中丞三次咨請派張營一軍 剿辦仁貴溪一帶
楊名聲自湖北撥來 接鄂中丞信 九月十月銀
四萬已起解 王起玉等自太湖撥 接沅弟信 知
迪匪現圍攻太湖

十六日記

營務處哨弁單 花翎者○藍翎者△

巡查四 △彭麒達 先發 都司銜守備

△王佑朝 良臣 寧鄉人 都司

△陳盛世 積富 游擊銜都司

○王桐柏 心齋 都司

百長三 △丁長勝 仙華 都司

△陳達菴 都司銜守備

△李繩武 宗貴 守備

大旗三 △張良青 新寧人 都司銜守備

△鄧昌保 新化人 守備

△曾聚賢 新化人 守備

又附記慶字軍實駐延平摺

建寧鎮林向榮

臬司 保泰

替中軍副將賈開泰

邵武參將所飛熊

參將普鼇

右五人堵剿建陽以保建寧

參將黃樸銳

延建邵道袁績懋

參將惠壽

金門游擊曾濤

右四人堵剿順昌上洋之匯

興化都司練青

羅丞方晉德

福寧鎮池建功

候補道周揆源

右四人攻勦杉溪政和

十六日

早清理文件　旋會客三次巳正至城外營盤

一看申正歸公館已刻寫雪琴信一事在添

耆中丞毓方伯信各一葉 希庵信三葉 核定各
稿 派楊名聲察視病步傷步 是日未接凱
章之信 不知在何處 又聞其多作兩支之一
欄頭一尾 進恐無單力薄甚 懼念也 接
貴溪信 言賊已由安仁竄往萬年 十七早
又接貴溪信 言賊尚踞安仁

十七日附記

弋陽六十里至湖坊 又三十里至陳坊 有兩路
左六十里至山頭關 又六十里至火燒關
右七十五里至雲際關

十七日

早接浙中咨次青 記名以江西道員請 旨簡放
卯正早飯後移入營盤 天雨新涼 竟日至夜
五更雨不息 核寫九弟信一件 是日初移營
未辦一事 夜看水道提綱

十八日

早起 略清文件 飯後會客兩次 派老湘營二人

○方宗照 平江親兵哨長 旌似黃榮貴 二十六歲

○祝鴻恩 平江親兵內把總

十八日

早清理文件 飯後見客六次 李次青薦李仁俊交書辦係一等鎗勇而書法甚佳因令其充謄書 蔡夢熊與其姪蔡樟元來見 樟元之父蔡夏受已未進士任知縣十年 其兄道光壬辰舉人現任武寗教官 樟元前年欲此上送詩一首 添李毅泉兄弟信二葉 添雲栞迪庵信各一葉 檀溫勝文公上下篇 二更後睡 竟夜大雨不止 南城十八都團局敘寶勇三十三人赴營 宋步青等請查辦 因札飭孫凱章訊明究辦 并札南城令黃蔭山隨同查辦 是日采訪紳團僅交出三人 碍難核辦云云

○余以凱章即日拔營入閩 囑其速了此案

十九日附記

紫石鹿茸法 先用磁瓦片去毛 將鹿茸用黃酒泡濕 又用酒泡濕透

白布包茸放入蒸籠內蒸蒸熟後用刀切成片子
再加黃酒再蒸後用杵冲碎　　高麗參切片
再用黃酒蒸後冲碎　　每茸一兩配參二兩或
用黃酒或用蜜糖共和做丸
一法鹿茸用刀去毛酒浸切片炒乾研成末
高麗參切片炒乾研末　　二味和研用黃酒
酒丸

又附記

建昌府東門出城　三里　楊林渡過渡　七里　十里山
十里　小嶺　上山下嶺共五里　五里　洪門　村房五六十家　五里　長塘街
五里　青麻　村莊民房三四十家　十里　硝石　鋪店二三百家三六九日墟場　可札營有聯局
十里　塘頭街　十里　嚴和市　村屋三四十家　有聯局　十里　資福橋
鋪店三四十家　可札營　五里　路窰過渡　五里　五福街　十五里　石硤　鋪店百餘　可札營
五里　新口　十五里　飛鳶　有沉　有聯局　五里　蜂窠　十里　杉關
六里　九里橋　九里　止馬　鋪店二三十家　有聯局　可札營　八里　京平　可札營　右往北口　左往光澤
七里　水口　鋪店八九十家　有小河可通光澤邵武　可札一二營

送信至吉安昨十七日派吳翔岡帶隊至安仁等處剿賊為凱章之援應本日午刻閱翔岡於昨四更至貴溪迅速可愛是日細雨迷濛不止未辦一事因看陸宣公集三卷極(?)二更一點即睡

十九日

早略清文件飯後閱吳翔岡於十八日至安仁旋閱張凱章王文瑞各稟文之軍十八日由樂平一路抄出考(?)先後可至安仁張王潛(?)率團練分扎西北門吳軍扎東門南門斷即河朱德楠平江營水師駐之康國器適(?)勝軍水師亦於是日來見遷擬赴安仁會剿下峻之彰武奇營前扎黏(?)金溪駐防本日來見諭令扎於安仁之對河南岸恐水落灘淺賊潛(?)涉渡南竄也又叙(?)畫一織過剿凱章是日修子壻(?)余營居子壻(?)內為圓圖營務處王人瑞前營朱品隆孫(?)中營唐

蕭訓居中一層墉內王居後朱居左唐居右
王營有门与余內層通朱唐与內層不通也
中層之外又有外墉子以備守禦嗣後札營
俱照此式申刻家中遣曾六來接紀澤兒信
。附七古一首頌有清致而無聲調

二十日附記

○專人至楊厚庵處送会函稿

蕭澤川營哨弁名單 ○者花翎 △者藍翎

果中營營官蕭啓江 幫辦 秦華祝 都司 彭忠信 守備 藍翎

親兵左百長 ○蕭慶高 都司

親兵右百長 △蕭文太 守備

前哨百長 ○朱桂秋 都司

左哨百長 △王勝友 把總

中哨百長 △何勝必 守備

副中哨百長 △姚美裔 千總

右哨百長 △彭樛鶴 千總

後哨百長 △馮翊翔 守備

果前營營官 △李秦勳 直州同 和鳴

前哨百長 △劉作田 千總 守備銜

左哨百長 △彭良作 千總 守備銜

右哨百長 ○梁萬貴 游擊

後哨百長 萬龍光 軍功六品

果左營營官 ○胡中和 游擊 元度

前哨百長 △蘇國忠 守備

左哨百長 △趙國泰 把總

右哨百長 △彭光輝 守備

後哨百長 △劉喜益 守備

果右營營官 ○毛治祺 都司 盛昌

前哨百長 △胡騰芳 千總

左哨百長 △李翠林 千總

右哨百長 △唐星照 守備

後哨百長 △彭東嶽 守備銜千總

果後營々官 △劉藏聆 国盐 靜臣

前哨百長 △劉濩滕 守備

左哨百長 劉祥隆 把總

右哨百長 △李添柏 把總

後哨百長 △謝玉堂 把總

新果營々官 △蕭啓淮 守備 桐柏

前哨百長 △彭秀集 千總

左哨百長 △王世賓 把總

右哨百長 謝華桐 軍功

後哨百長 △曹文和 千總

副果營々官 △蕭積椿 府經縣丞 漆園

前哨百長 △鄧俊元 守備銜司衛

左哨百長 △彭泰和 守備

右哨百長 △李繼東 千總

後哨百長 △唐鳳輝 千總

果勇奇勝軍營官 ○黎得盛 守備

前哨百長 △陳高益 把總
左哨百長 鄧義滄 軍功
右哨百長 程三元 外委
後哨百長 王其發 軍功

二十日

早清理文件 旋閱凱章於十九日辰刻大獲勝仗克復安仁縣城斃賊計三千人吳翔岡一軍後到一刻 未與於戰 午刻寫信示紀澤兒 旋請意城寫漱六信 厚二庵信 駱中丞信 各自添一二葉

二十一日附記

布尺二丈 ○
銅尺 ○
布斗一
布斛一
諮部 補武缺

湘前營 〇者花翎以者藍翎

營官 朱品隆 雲岩

幫辦 朱鎮衡 硯瀾 一 △府經歷

張鴻運 道南 三 監生

張熙琳 碧泉 三 △藍翎外委

哨官 前 黃惠清 鏡寰 一 〇遊擊 擬保參將加副將銜

左 沈寶成 袖珍 二 〇都司 擬保遊擊加參將銜

右 胡輝堂 薌齋 十 〇遊擊

後 成立福 鵠臣 四 〇遊擊

強中營

營官 唐義訓 桂生 縣丞

幫辦 易良豹 晴谷 從九

禹志漣 汲峯 三 從九

李占鰲 少蓮

唐福勝 仁俊 千總

哨官 前 王華雲 景星 △外委

左 王品高 以補△守備衛千總

右 劉長春 厚德△外委

後 胡玉元 其祥△守備

又附記

竹卓罩 小砲二號

門簾

二十一日

早清理文件 飯後見客二次未刻 請意城守

功牌刻々申刻自寫告示豎旗桿升帥旗

極寫家信二葉前遣田々蔣得勝到家後家中

遣曹象五與々同來八月初四自家起行 初

八自省起行 曹象五十九即到 蔣得勝廿

一始到因令責々二次接家信及湖南信數

件 夜閱張凱章叢臣收隊本日可至貴溪

吳翔岡則 進步第年 等處矣

二十二日

早清理文件　飯後寫家信三件 沅季 朱達四 叔父
午正至城內拜客　看許仙屏病　接九弟信　吉安
於十五夜克復　各營來賀喜　應酬刻許　旋閱
吳翔岡一軍追賊至安仁 萬年 先勝後挫　劉隱霞殉
難　李雨蒼不知下落　殊困　呼朱品隆來計多
至人　稍議張凱章一軍　宜暫駐貴溪不動也
寫信與吳翔岡　令其回營　添信一葉寄駱
中丞　寫信與九弟

廿三日附記

弋陽縣南面大河　即廣信河　北面小河　北門外有
橋　去城門不半里　橋內有山坡可扎營　扼住橋
頭　城內有山可扎營　西門外過河以北有平岡
可扎營 利於攻者　西門外附城有小山可扎營 利於守者
東門外多山可扎營　即余駐營地也

廿三日

早帶朱品隆出看營盤　弋陽縣之脈自靈

山來靈山在上饒境在弋陽之東北六峯聳
峙形如華蓋與廬山之五老峯略同縣之對
河南岸有龜峯山形如龜在縣南稍西約三十
里南臨上饒北繞弋溪弋溪發源於靈山西流
至縣之西門匯入上饒江縣北門外有標在城不
半里標南有小山可扎營城內有峭山可扎營
西門外有小平坡可扎營皆守城者所宜占也
西門外過弋溪河五里許有黃土崗可扎營攻城者
所宜占也　東門外有蓋家山最高峯山頂
多時可扎營守者攻者皆宜占也咸豐五年
羅李扎西門外之黃土崗今扎蓋家山之側
見寄三次接吉安九弟信共九葉計一二千字
大致謂委任統領責成功効略小節閱竟復安仁
摺稿寫營門字對聯等核閱李雨蒼在營左
睡熟三江口閱三傑眼藥核寫三信

廿四日

早清理文件 旋看奏片三件 閱匡渊益致
皖青信所陳閩事 是日定二十七日拔營入閩 余
率各營從弋陽啓行 凱章率各營從貴溪
啓行 約於陳坊靈際關等處取齊 二十八九日
分頭擊之 擊完後長行 成剎蔡叔袁漢安
仁摺一件 前年山桂劉本傑請卹一件
胡蕴善病故請卹一件 請四川餉一件
意城寄一摺二件 郭筠陔寄一件也 申刻
自書團練不許妄殺人告示 是日酷熱 与
威夏異未能治事

廿五日附記

平江老中營

營官 △屠蟠 監生 湖口人 見田

幫辦 △鍾輔朝 守備銜 把總

△李昇平 乾州協千總 溆浦人

△王春發 把總

楊以勲 廩生 湖南人
前哨〻官 彭獲英 千摠
哨長 黃菊亮 千摠
左哨〻官 毛金陞 把總
哨長 單恩德 把總
中哨〻官 △吳蘭惠 把總
哨長 楊茂盛 桃源人 把總
右哨〻官 △唐順利 常寧人 千摠
哨長 △張恒彩 把總
後哨〻官 △李佑屏 守禦所千總
哨長 潘先前 把總
得勝軍 自帯護勇十一名 又大旗一人
先鋒四人 五人各帯四人
管理 △哈必發 守禦所千摠 善化人
潮勇 共二十九人
哨官 劉興 廣東普寧人
哨長 劉烈 廣東普寧人

以上老中營得勝軍潮勇首弁勇丁共柒百九十六員名每月大建肆千伍百九十二兩七錢

廿五日

早清理文件　巳刻寫楷字百餘　旋見客三次　摹地圖略畫數小水　寫數十小字　已覺勞神　申刻少睡　酉刻彭山屺到營　渠自湖南七月廿五日開川　也　旋囑莫祥芝畫福建地圖　用鄒氏重刻李申耆圖而展拓之　益以康熙圖之小地名及經行之地名　桂接張凱章字　因耳黄有多請暫緩起川　余批以可由瀘溪分兵赴建　吉安得勝之師亦可移援建也　二更閱次青之母太夫人存年　膀忽痛　不能舉箸

廿六日附記

○

咨部請書

大姊五十壽禮

送劉隱霞銀對

○咨請浙江發火藥一萬牛燭五千斤油五千斤

又記 福建商人由省來二十三日至弋陽所說

邵武之賊八月十四日退往黃土關 建寧、太寧、新城、南豐四縣交界 十六七與官兵戰敗 想即劉印渠之師附以光澤團練 退扎黃土關 十九日賊又敗 二十日回竄入邵武城 唐都司扎光澤西四十里之水口 武都司扎光澤東四十里之龍門 浦城 星村 建陽三處之賊均由汀州至潮州

廿六日

早清理文件 巳午間見客三次 小睡 張凱章字宜黃崇仁被賊竄擾 意欲回援撫建 余批令仍至陳坊入閩中 刻作換聯挽劉隱霞云 五載共兵戈 地下知心王壯武 萬年歆俎豆 沙場瘞骨馬文淵 是日次青代作四六信復沈幼丹 余添二葉 植添張筱浦信二葉

廿七日附記

家中雇長夫百人
前懇南楊喜貴曹象五送葬至吉安并功牌

廿七日

早起發者中丞信就方伯信各添數行是
日拔營采前營第一衛隊營衛務處第二隊湘前營
第三隊余〃第四隊張中營第五隊平江
老中營第六隊采字左右後三營第七隊采
前營拔營最早余已刻寫九市信未刻中飯
後始〃拔營〃至南門過河五里至湯家
村住宿是夜連印功牌五百張送至吉安軍
械委員王灃所製帳房太貴申飭之

廿八日

黎明起飯畢拔營行二十里至荷包塘過半里許
小憩於野策馬登一山名曰響石岩其壯為峭壁
南略斜上為平頂在龜峯之東登此山即
見龜山之背對面東南一山亦壁立高平如臺

形如龜峯路同又行二十里至雙港住宿雙
港係一大鎮余扎營之處名曰五鼓嶺嘴西向
東後曰覓形山月輪山對面曰岩山右脅有一
水從霧嶺來右東南角有一水從陳坊吳坊來會
於雙港東北流至於黃沙港入弋陽江是日在與
中僅甚眾字八營昨日拔營至湯家山者凡四營昨
日同來雙港者僅眾前營餘三營明日始到
其留於弋陽者則待前後川勇到始啟行也

廿九日

早晤清文件因堂友不能啟行　巳刻張凱
章來見言新城有賊黃餘劉印渠一軍
於十五十九二十一廿四五打仗恐賊眾兵單
難以防禦傳先赴建昌改道由杉關入閩余以
十二隻由分水關入閩廿四隻由雲際關入閩
不欲屢遷其說躊躇未決中飯後登山一覽
并至港口街市　聞正月擬從宜改赴建昌由杉

闋入闋之什　寄信与九弟去　睡不成寐五更作
湖口石鍾山水師　昭忠祠聯云　巨石咽江聲長
嘯今古英雄恨　崇祠彰戰績永奠湖湘子
弟魂

廿日

早飯起行因等友而止　仍在雙港扎一日　雷
西垣次青人瑞至湖口雇友又屬張伴山韶南
在雙港雇縴友上半日小睡　旋寫湖口祠聯申刻
又作塔公祠聯云大勇却慈祥　論古略同
曹武惠至誠相許与有章曾薦鄂　汾陽
戌刻寫就復查長夫略有頭緒弋陽劉祥
勝營借来五十人吳坊雇五十人雙港縴雇五十
人派丁鶴士綜理軍械計火藥油燭用夫四十
七名鉛子火繩用夫廿名添羅澹村信一葉寄
家信与澄季寄廿四日摺稿日內日記派弋什
哈張寶魁至吉安約九弟來建昌

九月初一日

早自雙港起行行四十里至潘口扎營植藩次青假滿了派吏速城帶途費至平江迎接李太夫人派易有成迎提鄂餉寄信与雲琴寄湖口九江對聯

初二日

早与次青別次青由弋陽回玉山一行清理數日即妥平江迎養余率師至建昌入閩行行四十里至塘陂灣扎營營盤坐西南向東北遙望東南外山爲天華山最高西南爲雲台山東隔爲降仙峰此至貴溪五十里東至光澤縣一百八十里南至耳口寨四十里西南至上清宮五十里是夜天黑欲雨倦甚不能治事

初三日

早微雨長夫不盡齊擬止行二三十里即行駐扎在塘陂灣園局內雇夫五十五四名每名給百三十文實則

局中每名已給三百文局中首士為龔思滕等雖有
饋如川二十里至高陽皆山徑崎嶇高嶺灰澗無
一處可以扎營者又二十里始得一大壑中為河
左為田右為原寬平可扎二萬人地名許望因
無米可買故未駐營又十里至上清宮與郭意
城同入玉皇殿一觀榜曰太上清宮內有櫺星門下
馬亭有正殿有雍正九年御碑亭極宏偉皆為
賊所毀神像狼籍宮門外有趙子昂玄教碑
為完好前有雍正年一碑上無覆亭剝落矣
矣因帳房未至在米局中飯米局係管務處王人
梅太守所設其法與地方紳耆議定米價以後一局
紳士主之並中派弁目監之無得指價抑買是日
米價每升錢廿文過浮橋里餘在沙洲上扎營
是日因早間微雨有二十里三十里即川安扎之說
各勇亦無長川五十里之志不料所過之皆深
山灰徑無平地可以駐扎又無鋪店可買飯

含又小車難於過嶺又夫馬甚憚於小路碎石又日
昃雨作遂致饑疲怨嗟有三四更後始到其有次
日尚未到者

初四日

早起步營因下日不拔營即在此停駐一日營盤
地名下桂洲稍上里許為上桂洲即前明夏貴溪相國
故宅營坐西向東河水發源於瀘溪自西而東流至安
仁之上合入廣信大河也營在河南岸洲上去河十數丈實
非可安營之地下游西北隅為龍虎山即張真人修煉之
所上游東北隅為象山即陸子講學之所正東為巍姑峰
即饅頭嶺正南為出雲峰正西為西華山東北至塘陂
灣五十里北至貴溪縣七十里西北分三路至鷹潭四十里
至安仁九十里至鄧家埠七十里西南至金溪七十里東
南至耳口寨四十里已刻派余星煥帶夫三十名去接
軍火派彭山屺去查昨日來路恐有擄夫擾民之事未
刻喻吉三始到是日陰雨、雨作時止酉刻大雨夜雨不

息又因雇夫不齊軍行甚滯

初五日

早起雨止未有濛雨因帳房沾濕雇夫未齊
再住一日寄官制軍信共五葉寄六弟信二
葉迪庵信易丹信各添一葉毛寄雲信添
二葉中飯後至西華山頂一望西華山之東一大
壑即上清宮曠野也西華山之西一壑較上清
宮之野略小玄西華山半里許為獅山前明一
天師墳有石人石馬獅山之北接沖天山俯臨江
水即上清宮之水口也酉正後雇夫尚未齊
昨日派人至黃溪擡百金雇夫百名由上清送
至建昌令軍械所暫留上清二三日俟夫到再
行本日因黃夫可雇又令軍械所前存之夫十
六名抽出先送他物起行銀錢所應運之物
暫留上清待黃溪夫再擡赴大營抽出銀
錢所夫廿名先送他物起行又以銀万二千

兩支營務處及朱唐二營各帶四千無
勇身佩百兩亦抽出支廿名先送它物起行
是極固局亦送來支十九名壹支三名略可成
行矣

初六日

早起卯正開行，三十五里至暘田駐營，營坐東
北向西南，地名雀泉源。其東南為雲林山，雄秀聳
特，接連之雄巨鎮也。東北即龍虎山，西北為仙霍峯，
南為白馬峯
南至孔坊十五里，西至青田橋二十里，北至魚塘三十里。
暘田鄧姓村最大，蔡姓次之。紳士鄧蒙薦來見，其父曾
任湖南糧道，其兄即同子佩之妹丈也。金溪鄧令國恩
來見。吳翔岡派支百五十名來接，因以三十二名往上清接
銀錢所寄存之物，其百十八名明日沿途上備用，前三十
日借祥字營支百名至是，令朱雲岩齎信送還，無
人發八日口糧，每日一錢。是日所過孔坊、暘田皆胥腴之
區，惜久被賊擾，民多遷徙未返。

初七日

早卯刻拔營行二十里至青田橋小憩又二十餘里至金溪縣鄧令迎入城借一民居作公館小坐刻許金溪膏腴之區近被賊往來蹂躪殘破不堪城中僅有一二民房未毁餘皆頹垣破瓦目不忍覩申刻至營盤去城二里許 城北為麟鳳岩南為崔梅峯三歸岩諸山南路左至瀘溪百里右至建昌府百一十里西南至撫(似)府百里西至許灣六十里 鄧令襄陽人捐指衙門稿房咸豐四年隨楊昌泗克復武漢案內保縣丞五年在楊厚庵軍門營辦文案旋保知縣申刻閱唐家訓丁母憂余至其營省唁之其兄与姪送新勇九十人來 燈後蕭浚川自鷹潭來見暢談至二更四點其弟啓源其子積椿皆病也因令現在金溪之四營於初九日啓行 赴建昌現在鷹潭之四營俟發餉後再赴建昌

初八日

早卯刻拔營行二十里停輿送甯小生又二十
里至後車扎營營有紳士傅耐亮邀至何姓宅內進
酒菜小住未刻入營營盤地名王家莊南有仙
人莊東有大種山西北有羅家山東北即鄂界申
刻聞九江已由吉安至宜黃因密信派李承典往迎南
豐縣黃令昨日派兵五十二名至金溪縣迎接本日
又派四十名在途次迎接

初九日

卯刻拔營行二十里至乘安橋小歇南城縣派家丁在
此辦早尖家人巡捕轎夫等皆吃飯飯後行三十里至建
昌府城縣令黃鳴珂力疾迎於十五里外旋接見黃
署守秉琛及寶勇四營在郡之營官羅近秋等
又見建昌本營游擊李超群等在城內公館中
飯公館即鳳岡書院也飯後回營營盤在北門外
三里許是日行路較遠見客稍多頗覺倦乏

初十日附記

文

建昌守黃秉琳 東山

南城令黃鳴珂 蔭山

府經歷張壽山

寶營晉欽堂 營務處 貴州安順人優貢庚子舉人以團防保知縣加知州銜但雲湖之戚 延平人在周奕營權捐羽丞 年二十六歲

武

遊擊李超群

袁藻華 新城石峽千總 臨川人

楊懷玉 瀘溪把總 高安人

劉興揚 新城把總 臨川人

吳金真 南豐額外 南城人

崔思坤 世襲雲騎尉 南城人

楊錦斌 存城千總 上饒人

韓步高 南城把總 臨川人

李步青 瀘溪外委 新昌人

羅金魁 瀘溪額外委 新建人

紳

黃家駒 壬子優貢 捐輸中書 同知 保知府 寓此 前任刑部主事黃守訓之子

又附記

寶前營劉光明 游擊 五百人 據稱少八十

副中營羅近秋 游擊 五百人 據稱在瀘溪敗后八十未補

左營朱步青 游擊 五百人

護衛營 即 黃秉忠 二百人

初十日

早起，胡蓮舫來見。見客數次。午刻，劉蔭渠自新城來見，六年不見一面，即深相愛重，喜其與三十年在京相見，樸實仍是樸訥書生氣象，未染軍營氣習，亦無官場氣習也。旋接各處書牘三十餘件。胡潤之中丞奏調次青赴浙，有信寄余並次青。九弟專人送信，言撫勇多於初三日自吉安發來，勇初七日到省，初十日到，運如迅速也。余於本日卯刻專老湘營勇送信與九弟，約其來建昌一會。是夜又回九弟一信，作信寄許仙屏，繳戈什哈維弋陽迎之。作信與次青，告以浙撫奏調之函。來薦安化劉星槎來營，接劾七月廿四日家信，本日始到。接溫離婁篇，是日專人至省帶銀一百兩，為余與意城辦寒衣。

十日附記

○提南城厰漕萬石五千　札一　咨一　函一

○咨省城解油燭　帶丁霧眼鏡

○札沅道解浙江油燭至新城 并解火藥
○采杉關外札營地方 派朱長彩彭述清
○查河道運米至新城并飛弋鳥樵村等處 派朱營四人
○告九市雇夫三百人為一營 營官一人 哨長二人
○擬十四都救寶勇一案
○搜遍麻姑山 派張鎮湘陳孝元去查
○製布帳子

十一日

早請程文炳旋請劉蔭渠早飯 張凱章王錱峯朱雲岩王人樹作陪巳正散 派朱長彩彭述清看沿途營盤地基並問米價 ○派朱營四人查河道可運米否 回耆中丞信 意城寄四葉 自添二葉 僅解油燭 接家信 澄侯信係八月廿四所發 紀澤信係十九所發 遣進寶後營三夫 回貴溪夫每人賞銀五錢二四百文共七十九名 親兵六名每名賞銀一兩 哨長一名賞二兩也

派人至麻姑山路挑麻姑泉水一担来又僧送麻
姑酒殊不見佳本日接李仲雲信有船様三
圖接孙信 房信寄近作古文一本極闊論治
六首通達多理文亦動快傑作也 温弟章
蓄

十二日

早清理文件已刻至人楊霽抄劉印渠
黄蔭山太令来見又見客二次中飯後進城
拜客四家归来身體不甚爽快極接〇文書五
十餘件 遂一清核溫告子至宋確章止是日又
覺有病至四更时起腹泄甚暢快病即愈矣本日
亥刻接劉批摺共四摺二片奉8硃批二道8諭旨四道

十三日

早因病起略晏飯後見黄恩祥 黄麟佑 黄
蓮溪之胞兄弟也 蓮溪名麟祥 甲午舉人
庚戌翰林丁未年殁於京一子名廷賛避亂居鄉景
況甚苦 其年嫂年四十一已生二孫矣因贈其子三十金

印渠來見久談辭別。新城營中雷西垣自陳坊來銷假。寄稿提南城漕米五千石寄積於江西省城。設立遵文府派於蔚之丁石河經理。回九弟信一件。

是日上午稍覺有病，下半日全愈。粵王人樹來久談。言蒲浚川之二弟及其子病皆漸好。去慰溫告子孟子居鄒章，起至未弃，要心上下篇。是日午刻接閩賊回竄新城，官軍既由建昌於閩入閩一摺。紀以鳳至家賞捐輸一件。專黃輔清滸浮勝送至考溪。

十四日附記

查守營门之人是否未離 自查

查各營更鼓是否分明 西桓派人查

查強擄民夫勒買貨物等事 派人查

查稽仔烟館查賭廠 派人查

每日傳哨官來見 自開單

十四日

早起少晷旋見客五起又傳見老湘營百長
何本高陳青雲是日定派張凱章營先入閩
出閩外或此勦洋口或南赴甯化睦凱章至之
余俟部署米粮少有頭緒即行入閩申刻許
仙屏自弋陽來營 桓温梁惠王上下篇

十五日附記

十四 △ 何本高
湘陰塤家人 兄弟六人行三 歲壬三年十月入
王璞山營 侍一百 壯四百 樸實

十四 △ 陳青雲
五都甯家沖人 先充為字号勇在金盤山打仗
四年五月在湘潭大官殿入璞山營 兄弟四人
居三 眼圓而動 不甚可靠 語次作態 眼似
鄧益堂

十五 ○ 劉先明
湘潭石潭人 四年三月十一在岳州城内戰船操
出 年二十七歲 父年四十六歲 母淺
有二弟 明白安詳

十五 8 劉杉山
七都山棗人 曾在季洪處當長夫 四年冬在
銅錢灣入璞山營 甚兄在岳州陣亡 母存 父沒
嫂嫁 有二姪 樣稱 東安郴州之戰最苦 圭九
潭田壇之慷最偉 王枚村不言而善戰
椎拔明白

又附記建昌紳士

蔡夢熊 漁溪 弟年家官

蔡樺元 豫卿 庚子舉人 夢熊之姪

蔣恩輔 儀唐 甲辰舉人

黃士鈖 秀峰 丙午舉人

崔煊 圭圃 崔斌之子

李鴻卓 庚午舉人 己卯進士 黃平州知州

李松齡 小棓

十五日

早各員弁賀朔望畢，多至辰正畢，飯後清理文件，專人晉省，寄家信与者中丞言團練救寶勇多自添一件，寄冊信自添一件，未刻剃頭，傳見劉光明、劉松山二人，極溫公孫丑上下篇

十六日

早起卯正早飯畢，即与意誠、仙屏、瑩皆同遊麻姑山，進城，由壯門出南門，約十三四里入山，山高四里許，中有半山亭，過亭後有試劍石，有雙瀑泉，旁龜潭、水月潭、伏獅潭，又上為金龍潭，為龍門橋，水簾洞，与廬山之栖賢三峽橋最相似，橋內有神功泉，極清冽，又進為一大壑，此為仙都觀，觀之外為會仙橋，觀內有碧蓮池，壁上嵌魯公書麻姑壇記，中會龍麻

姑神像今燬矣廟後為螺蚌岩岩後為高雲峰廟々對門為五老峰 敘左有五忠祠々外有唐大夫松祠側為十賢堂々後為慈惠庵仙都觀之上有碧濤庵々內有大士閣 南城局紳蔡夢熊并姪二人在庵內具酒席供張甚備飯後又遊丹霞洞在仙都觀々西南約五里許 小溪側有大石中窪相傳窪內舊為入洞々門今為砂石所閉塞其上為行人徑路頓足則砉然有聲 土人謂其下空洞故屨々成聲然山色粗獷絕無靈異之象縱有小岩深洞然非佳境不足以宅仙靈矣中刻返仍至觀門橋小憩麻姑岩之勝以此為第一他皆傳會不足稱也薄暮下山返營已亥初矣許仙屏得家信其父患病促之返來余帳畧敘家事是日接公文廿餘件 檢閱清理一遍

十七日附記

王華國 八都人 易世生屋相近 三年入王營當伙兵
有弟名凱章 敘兵

△陳玉恒　二坊人　南门城外　三年入王營　二十四五岁
長而清　可充戈什哈

、韋勝友　三坊人　曾家冲　三年入王營　二十五岁
矮而不精　比趙子麟畧優

、文益武　十二都人　三十岁　其兄三十二亦在王營
抄直長工之才

十七日

早清理文件　飯後送許仙屏回家　天雨竟日　蕭然秋老　蕭浚川来久談　其弟啟源啟淮及彭忠信均赴江西省城養病　九弟信来言自吉安十二日啟行　由樟樹坐陸至建昌来会　所部之勇撤去千餘　第十人来作我親兵　見客七次　寫六弟信六葉　添迪庵信一葉　添雪琴信四葉　植添次青信二葉　添丁石汸胡蔚之信一葉　是日寫對聯四付　寫換帖　寫閱騎體　正寫宗十餘首　係借仙屏之書

十八日附記

8 陳品南　老湘營三旗之長　提拔有靜氣　二十九岁　銅鈸
淳佳　副將銜

○喻科癸　平江親兵百長　年二十四岁　滿面堆笑可愛
矮而精明　畧似陳安南

由硝石分路過渡赤新城驛至新口合路

硝石 十五里 界牌鋪 十五里 八都 舖店廿餘家 二五八日墟場 可扎營 有墟場駐扎 十里 新城驛 五里 五里亭

至白石頭 十二里 十里山 村屋百餘家

可扎營 十里 熊家塘 五里 荷花莊 五里 黃竹源 五里 白沙

十里 新口

又附記

十八、黎得勝 果營哥 勝軍營官 五年冬閏楚 六年援江旋湖 周鳳山統 月勤言肆

十九8 文恒久 四都高沖人 三年九月入王營 岳州城內救出 補缺之娃 有靜氣有良心 二旗之官 父歿母今年沒

十九乙 黎以成 寧鄉人 四年魯家埧入營 神忩

二十、葉有陞 長沙人 年二十九歲 南勇 劉培元營內哨官 眼圓大滑 隨從川出援劾 有妻些子某兄弟

廿九日

早料理文件 巳刻張凱章來久談 又見客三次 午正請藥匠彭計來做鹿茸丸 吳子序自南豐來 会老病龍鍾之狀令人惻然 陪久談 中飯後子序入城拜客 戌刻復來 植与共談至二更盡

二十日附記

○六弟信 送九弟信 送日記

○迪庵信

○雪琴信

○雨三信添片

○黃莘農信添片

二十一日附記

△秦華祝 三十五都洪山殿人 三十五歲 三年在西書池營 矮一 鄉間人 采營幫辦

△何勝必 二都城前人 二十九歲 有妻子 視下 采營百長

△馮翊翊 湘潭石潭人 二十八歲 去年曾薦至余處 其父兄皆在鮑超營中陣亡 矮 微麻 采營百長

二十日

早清理文件 与子序談格物格字頗相合飯後子序欲歸因雨大暫留巳正始去贈銀二百兩以為亂後葺屋補綴之費竟日雨不止寫季高信添三葉胡中丞信添三葉駱中丞信添二葉官制軍李希庵信各添一葉黃蔭山雷西垣来

謨桓溫下孟丞衛靈公止

二十一日附記

盧開甲　号紀年　洋軍　住京城硫廠　已亥舉人　四年部選金溪縣　本年丁丑夏　父先已五年到任六年七月卸事　目動神很

楊迎藜　号素園

九十五兩七錢九分　每日一錢七分　淺杯　計可供三个

月零の三日　廿三日又稱僅十四兩一錢二分　青花瓶盛七兩一錢一分　碎磁瓶盛四兩九錢一分　小花瓶盛二兩一錢

○ 朱紹輝　醴陵人湘潭界　挖煤為生　廣西境內入營　四十八歲　父歿　母七十一歲　樸實開口　極充侍勇　六年冬下岳州分六旗

△ 葉朗瑞　湘潭人易家灣　種田為生　道州入王營　祁充公長夫　面麻小樣　狡詭能戰　形模似三花臉

老湘營

旗長薪水九兩　夫三名七兩二錢　今加作九兩　王加四兩　張加二兩　廿又

正百長薪水九兩　夫三名七兩二錢　今加作九兩　張加二兩　廿兩

副百長薪水六兩　夫二名四兩八分　今加作六兩　張加二兩　拾兩

廿一日

早清理文件　旋見客五次　傳老湘營百長二人來見　寫六弟信　迪庵信　添雪琴信　雨三信　草書信各一葉二葉　申刻親兵自省城接丁石防信　代購余與意城衣服皆到　又代買之書莊木生

皆贈送叶司馬温公集一匣廿四本 五種送規橋
抄四本 欽象樓卅六本 欽象玩占十本 繆刻太白
集四本 江艮庭尚書六本 桓温下論畢 是日
閱九弟可至揚州寄信派夫百廿名戈什哈十
人去接

廿一日附記

○ 賀國秀 五都人 兄弟六人 川二有一兄一弟在營 四年三月廿五入王營 靜而明白 壯勇百長 作田營的

○ 樂帶富 廿五都人 去朱存大甚近 三年十月入王營 曾與年樓肖之後

廿二日

早清理文件 黃森山太守羅近秋朱
步青來見言寶勇拔營口糧余許以
途費給之 蔡棒充來見 與送入京稿儀也、
雷西垣來談 黃蓮溪同年妻子貧苦告幫
與之多 是日請客一席 蒲溪川 張凱章 蔡
漁溪 黃蔚北 四人申初起 酉初散 日暮倦甚
桓温上論至雍也止 接沈多丹信 揚州移初

四日炎守又接匡巳峯信言順昌洋口賊勢頗熾請大軍速入閩以保邵武郡郡紳士舉人張垣等亦有公稟請大兵入閩救光邵生靈查觀察授樹目錄開一清單

廿三日榭記

署南豐縣潘騰新 廣東人潘祥新之弟

代理廣昌縣孔廣晉 代理縣丞陳瀠 鳳岐三

石城縣令張鎔

寧都州牧潘毓瑞

易開俊 城內人草席生理 四年冬入王營 三旗百長 視下多心計 據言小館食藥六錢零 招館食藥二兩六賢不在食而五

陳世隆 四都人 四年冬入副五哨 父母俱殁 一兄早沒 一弟 生子四人 有田三十餘畝 作田營生

廿三日

早清理文件 飯後見客三次 添萼丹信一葉 中飯後剃頭 派王趙玉等查各營小館 招館食藥若干 勞山碓食藥若干 九弟寄溫弟信 昨

日肯二人送江北忘將迪庵一信帶去，派肯馬二匹至前途趕交，本日來回信竟未趕上，須遲日再送也。夜溫上論雍也至末，又溫大學全完。是日意城者我抄陳希夷心相編，因熟玩數過。

廿四日附記

○○8

楊嗚岐　湘潭十四都莫家嶺人　種田營生　四年正月入一三營　目不妄視

韋合才　四都人　三年九月入五營　岳州戰船接出　有祖母有母　提拔誠實　父今年死　言小館食藥一月　招館食一月零

喻致惟　寧鄉二都人　五年正月招副五營入營　據言小館食藥　六年零食子三顆　招館食藥二月零食子一大三小　趙山花食藥　六月七月食子一大十餘小者　明白有情　宿吉三之妃

南城羽解實勇庫平銀叁万三千伍百○伍兩五錢九分
據實勇稱內應除湘營兩年攜帶壹万兩正

寶左營欠二萬五千一百○五兩一錢二分二釐　每月三千九百六十六兩　七百名

寶前營欠一萬九千九百六十六兩二錢九分　每月三千四百十四兩　六百名

副中營欠一萬○七百廿兩○○二分　每月二千一百廿伍兩六錢　五百五十名

護衛軍欠八千四百六十九兩四錢四分　每月一千四百三十五兩五錢　貳百五十名

以上共欠六萬四千二百六十兩零

廿四日

早清理文件　飯後見客二次　巳刻至蕭浚川處回拜　未初歸會客五次　見老湘營百長三次　寫九弟信二葉　核溫中甫全卷　是日張凱章將十四都敕寨勇之案辦畢　開單來告　計正法者十六人　責釋者七人　開釋者二人　均照所擬辦理　凱章了此案後　即於是日拔營入閩　連日苦雨　是日始放晴也　接閩省紳士公信　意欲請余至省一次

廿五日附記張筱浦在徽州布置　九月初事

江長元　皖南鎮總兵　駐太平縣　防青陽石埭之賊

陳大富　都司　平揚勇　赴太平西江鎮

王金魁　千總　率楚勇　赴太平西江鎮

以上徽州西北路之防　青陽石埭

余永椿　參將　先防婺源　後防黟祁

周光順　都司　率浙兵　赴漁亭與余永椿

程紹寧 守備 率安勇 赴漁亭四全办捲

以上徽州西路之防 小门

周天受 漳州鎮總兵 自閩浙折回替攻婺源

李春寅 參將 由上溪口進 隨攻婺源

榮陞 都司 由上溪口進 隨攻婺源

熊廷芳 游擊 率果毅勇 赴清華街回攻婺源

張琪 縣丞 率滬勇 赴清華街回攻婺源

以上徽州西南路攻剿 婺源

張應超 參將

袁國祥 游擊

方國淮 守備

劉祥林 帶銃勇

吳偉奇

曹玉林 都司

黃朝陞 都司

羅灃 守備

馬夫宗

閔步璜 都司

許培酬 守備

蕭占國 守備

唐通文 把總

胡占文 千總

王福安 千總

曾玉豐 把總

楊裕仁 太平縣知縣

楊橋葉 石埭主簿

以上石埭在事之人

王奎 祁門把總

謝祖述 千總 水師

以上祁門在事之人

蘇式敬 同知

吳葆慶 婺源縣知縣

彭定瀾 委員知縣

林廷選 徽州知府 以上四人文職

楊名聲 都司

王夢麟 參將

丁文尚 參將

魯一嶼 都司

江國林 守備 江長貴所派

陳起鮀 婺源守備 以上六人武職

李欽守 石埭人

林用先 祁門縣知縣

程燠 祁門訓導

王恩榮 參將 武職

和順 參將

鄒葉聖言 都司

文瑞 參將

夏寶慶 游擊 以上四人李定太所派

陳殿颺 把總

周占雄 千總

張洪陞 外委 以上三人陣亡

洪修政 紳董

潘國琛 紳董

江馨　紳董　　　　　朱家駿　紳耆
王友輅　紳董
以上婺源在事之人
又附記　蕭營
蕭慶高　三十二歲　三年救江西入李營同剿湖北九江弋陽廣信等處在景德鎮告假入畢營　父母八十　思房侍次叔侄　四十二都人
朱桂秋　瀏陽人　三年救江西在羅營當長夫至吉安當勇同打湖北九江五年正月告假又入羅信南營　茶陵入蕭營　略由
王勝友　六都人　初入羅信南營　後入蕭營　據稱小館食業一兩口　父母俱在　鄉間吞人
姚美崙　年廿一歲　一都人　六兄弟行李四人在營　伯叔有妻姪六　當勇　金溪始充什長　挺拔有情意
胡中和　年廿四歲　廿五都沙木橋人　去太平寺數里　曾在迪庵營　當勇　八年六月假歸　八月取親妻　漂亮

廿五日

早派王禧去接九市添信一葉旋請瑶文件飯後見客三次又傳見蕭營百長四人查張筱浦在徽所用之人閱一清單　接何根雲信、言揚州失守但黃將文清王人瑞便中　飯下半日倦之極温詩至不能舊飛止閱詩譜一過是日派人去查麻源路是日奉到　硃批即八月廿四在弋陽所發

廿六日

早清理文件。飯後寫多鏞指鏞食手食藥來。午初九弟到營，本日行七十里，不料其早到如此。見客四次，皆九弟帶來之人。中飯後九弟至各棚拜客。余添寫張仲遠信二葉、羅少村信二葉。申酉刻九弟偕營成刻復來，極與意城等三人久談溫甫卿。風。是日接劉騰鶴等筆，新淮三都壇截敎湘後營弁勇丁後一百廿四名等語查辦。

廿七日

早清理文件。旋至九弟新營盤吃飯，巳正歸。後川來會，明日拔營至南豐、廣昌等處。九弟所管各營昨日未到者，本日早到二營。又見客七次。寫多鏞指長短一重來。申刻接李希庵信，論事有識。派章壽麟監印。委員莫祥芝患病入城醫治，求一見，語言時明時昧，甚連可憫。送黎警

蕙儀銀式十四兩黎名宗銘雲陵人向在王璞山營
聰明警敏字仿右軍亦體絶肖志趣高亢方期漸
進於誠實遽以疾殁殊為可惜極溫卿衛王風

廿六夜附記

○朱品隆派人回甯鄉招長夫
○戈什哈改兩翼 不能盡改翼長難得其人
○薪水長夫單再加酌定 於三日發刂
○劉星槎派差事 廿九日早發
○李筱泉定建昌粮台章程
○催九弟軍火各船來運 廿九日派人去迎
○復楊泗孫 濱石信○寄雲仙信

廿六日

早清理文件 旋見客二次 飯後寫家信 沅洪
一封 并父一封 紀澤一封 陽牧雲一封 接家
信係王營三右九天人九月十二自家中专送来
并付沅弟一件 紀澤一件 昆八一件 又紀

澤晟八臨三等寄 九弟各件 申刻九弟來
談諄務成正炳玄植溫訪經鄭 喬毅唐風共
廿十葉

廿九日附記

調沈崔嚕多候選知縣 蓮花廳四磨署通同知
奏調趙玉班
戈什哈分為三等給餉

廿九日

早清理文件 飯後閱江良庭少書音疏帖極
未能熟睡本日倦甚寫胡潤之中丞信一件
申已刻發家信添澤弟信四葉因澤信分條來
商辦亦分條答之 申刻九弟來商派朱品隆招
長夫等事 酌加各營蘄水對九與意城共定一單 接
江南文張殿臣於九月十六日克復揚州 接閩省
文周天培克復洋口又清理各文件 溫訪集
陳檜曹甌風

廿日

早清理文件　飯後寄六弟信　迪庵弟信　閱司馬文正公集　申刻九弟來　閱蘄水長交單　添官制台文、藩台信各二葉　見客共四次　戌初至九弟營　二更後溫詩　應酬之件　是日接雪琴三信　水師船求祠記略一首　營務處接凱章信　老湘營新添病勇三百餘人

十月初一日

早各員弁賀朔　飯後清理文件　於見客四次　寫筠仙信一件　倦甚小睡　下半日九弟在此敘談　是日改帳棚架子　自為經理　飯後溫詩　南有嘉魚至節南山止　是日添雪琴信三葉　略論古文　添易丹信三葉　論提漕事　寄化劉星槎經四弟函薦來營投効　昨日病故　買棺木不好　准旋買滙青綾裹　共用去錢十一千零　又贈銀三十兩（余十六　九弟十六）為歸柩之資　其

弟二人亦來營投効因令其四弟扶櫬至安化而留其三弟在營當差渠兄弟五人星槎行二家中尚有一伯兄一季弟也 又衡陽劉純來投効牧雲有信薦之給以途費二十兩 余十六 九弟十 遣爲

初二日

早清理文件 飯後会客二次 添眷中丞信二葉日中目蒙在小睡 旋閱芝房古文 閱温公謹習疏慨然有感 下半日因目蒙不能多事 極 九弟來談至二更 温詩由正月至大東止 是日湖南所解八月餉到 除去王人楊所借之千兩 彭山屺所借之弍百五十兩 实解來銀一萬八千七百五十兩 湖北所解九十月餉四萬亦到 川至樟州起旱 李進发派勇六十八名護送來營

初三日

早清理文件 飯後寫家信 沅季四葉 又

人一葉添駱中丞信二葉季高信一葉閱溫公集一卷中飯時九弟來旋見南屏令潘曜新久談九弟與意城共定酌增壽水長夫單發出酉初九弟移營戌刻余至九弟營小坐更初將溫詩四月維夏至裳華止潘曜新論熬火藥法提硝須放蘿卜吸其鹹氣炭以柳木者為輕妙麻骨炭更輕米亦可以為炭

初四日

早清理文件 飯後見客二次旋看溫公集二卷剃頭中飯後寫格集復葉告示旋看古文辭類纂敘首極寫劉星槎函告知澄侯弟溫詩桑扈至小雅末是日九弟移麻姑山炸石始竣

初五日

早清理文件寫信一件與紀澤 見言寄衣來營 飯後九弟來敘良久 繙閱文選溫三都賦南都賦二京賦一編 會客三次 酉刻

閱漢書註釋之公孫宏傳等篇九弟於
申初刻始去更初復來二更去九弟勸余
於應作之古文未償之風謠每日補作少許
陸續償之

初六日附記

勤梳洗　整衣冠　潔書室　閉三關
清書牘　勤見客　查道里　核營務　辰巳午未
溫熟書　覽生書　償文債　寫劄記　申酉戌亥

又附記

製中毛羊皮阿龍袋一件
買好硯一个
派人至河口買材料
派人至揚州看郭親家
買舊磁瓶數个盛藥
取廣信寄來之書籍火腿
買七政臺曆

又附記

九年二月廿八見 似文官

○沈寶成　新渠鋪人　父六十四 母五十六　兄弟四人 二在家 顯堡一陣亡 三在省 森陣亡 四年十三歲　年二十九歲 有妻廿二　在縣入羅營 三年救江西 四年剿湖北九江 五年廣信袁寧俱在場　現充前營右哨長　清而有情

8 胡暉堂　四都人　父五十六 母五十六 祖父九十　兄弟二人 充當護哨　三年六月廿四入羅營 救江西 四月長沙告假 入王營 岳州之敗 戰卅樓出 四年八月在崇坊再入羅營 同攻武昌田鎮等處 十二月廿九日接塔公 馬渡江賞銀十五兩 同攻廣信袁州等處 在袁州告假 六年四月派哨長　年二十五歲　短小精明　前營右哨長

○成主福　月改潮散　湘潭七都人　父八十二 母七十　兄弟七人 二早死 四人在營當勇　年三十七歲　四年在羊樓峝入營 打蒙寶州後告假一次 七年六月充前營哨長 初由抬鎗班充散勇　樸實壯健

抬鎗班散勇十六人 什長一人 伙勇一人 長夫三人

又由營官處撥來公長夫一人 共十八人 兩棚

刀矛班散勇十人 什長一人 伙勇一人 長夫二人 共十四人 兩棚 鳥槍班亦然

哨長一人 護哨四人 伙勇一人 長夫三人 共九人 兩棚

原制哨長每月口糧九兩 羅公加作九兩六錢 李公因哨長官階漸大 以次而加 守備充哨長者加夫一名 都司加夫二名 游擊加夫三名 參將加夫四名 副

二九一

將加夫五名各哨長於移營時私雇短夫扎營時則不雇其銀稍資津貼

初六日

早清理文件 飯後附記諸瑣事傳見湘前營哨官三人会客四次王人樹在此便中飯閱漢書四篇申刻九弟來談至更初始去温甫文五之件与意城敘談是日聞龍翰臣方伯之妻何夫人於廿日寅刻雉経殉節 殊可敬悼

初七日

早清理文件 劉星房之世兄庠(茀基虎)來見備述南粵受害之慘 房屋概為煨燼侍其母借居鄉間茅屋其妻其弟均以屋太小不能同居其弟侍星房居蘇州景況甚窘 飯後閱文書九弟來談劉印渠自新城來見看漢書二篇中飯後讀揚子雲賦三首 身體不甚爽快 日旰 在營門外小立燈後九弟接到 川知會 旨以知府遇缺即選并

加道銜余至九弟營中談論家事二更後溫詩集
民至蕩日內眼蒙殊甚不耐久觀古櫃中尤甚所帶
第刻詩經傳箋板本太小亦不可讀也

初八日

早清理文件 答李眉生道喜賀九弟
奉 旨晉官也 飯後九弟來久談中飯後去
接家信澄弟一件 澤兒一件 接季高信畫
湖南餉可請益下半日溫西京賦極樓官韻
軍信已得協餉矣 接胡中丞信告初四日
請靈入堂是日添張筱浦信二葉 沈幼丹信
一葉 添馮樹堂信四葉 添饒濂甫信二葉 在
溫抑戒詩

初九日

是日恭逢我 先大夫誕辰五更三點九弟來一同行
禮黎明禮畢與九弟敘談諸務請劉印渠專人
樹早飯亭餞餘也 飯後論拔營事余意欲於

十三日拔營入閩意城九弟與王人樹之意欲俟蕭
張入關後探確賊信再定所向亦實以各營夫
亦可雇也 午刻倦極小睡 旋寫季高信三葉
未正李筱泉太守來與之久談約二時許 櫃人樹
來告凱章入關後營中又發病百餘 且言南
城運米至千石至閩須運費八千餘串 南城
紳士自願捐辦溫諭褒獎各員止 二更後筱
泉意城來敘

初十日

早清理文件 飯後寫胡潤之中丞信 旋接家
信一封 係九月廿五所發 王良五在家帶來
內四弟寄九弟信一件 紀澤信二件 臨隸
書孔君碑一卷 言讀諸經注疏之法 較前
八日信已長進矣 見客三次 九弟來談家事
寫家信一件 日記一本 係曹榮所抄 交九弟
專人帶至家中 飯後出營至盱江東岸寶塔山

下至南路過楊林渡過太平橋至府城東門外

坦墉西北登石仙峯燈时始營桓小泉与九峯

談温詩澧唐之什

十一日

是日余四十八生日早清理文件凡增生者皆辞卻

旋九峯来叙談辰刻至九峯營早飯同吉瑭鄭

氏姪李小泉巳刻始看文選五各小賦未初九峯来

共飯黄大令及揔局送満漢席九峯以之舟始去余

送至舟中營哨送者爆竹甚多桓温臣之什

閲予小子之什送九峯册与之言世家所貴乎者不在

多置良田美宅亦不在多蓄書籍字畫在乎能自

樹立子孫多讀書無驕奢習氣又嘱多習寸以外

大字以便寫碑版又嘱為三女兒訂盟

十二日

早寫勇丹沃青信各一件辰初往遊麻源出府城之

西約二十里有麻嶺巨石峭壁奔立千尋有水繞

於峭壁之北約小半里許 流出是為麻源之洞口入麻
嶺內兩岸皆石壁中央一溪清流激湍東岸摩崖有
靈門二大字西岸摩崖字甚多不可辨識谷●口
有店約二十餘家去谷口二百步許有五谷山羅星
極圓儼護水口又百步許有平岡坡土人名曰曹和 五
谷山自此岡坡似斷似連坡之西一谷坡之東二谷每谷各有
一溪之源約各十五里許 東二溪匯於石橋三溪匯於谷
口店鋪前是之謂麻源三谷東岸山背石壁西岸山背
土東岸上最高者為靈谷峯下有平岡即華子岡
西岸上最峯所之麻姑山後身之天馬峯下有一坳土人
名馬鞍山午刻入棲雲庵憩息黃蘗山大令治具飯
後閱覽各處至洞西口店內小憩日暮返營閱各處
來文料理一切至二更畢 溫讀魯頌商頌是夕接
蘭浚川信 渠營病者一千三百五十六人故者一
百八十二人

十三日

早清理文件 飯後進城因各營患病者太多
且鄉間居民亦病 齋醮三日 禳灾祈福 余亦詣壇
拈香 旋至圍營看糧台等處 向壽出城東門繞南門
外自西門進城 建昌府城守之甚易 攻之頗難
東面及東南隅貼近盱江大河 東門外即太平橋
橋東有洲 洲之南為滙姑山洲 洲尾為新城河與盱江相會處 洲
尾曰楊林渡 兩河相隔約二里 有弯 中有小港横穿通兩河
港有橋曰千江橋 由楊林渡東岸循河而下 約三四餘
為寶塔山 山之下為萬年橋 欲攻圍建昌城者 東岸自經
姑山起至洲尾止 可札三四千人 須於上下楊林渡用[illegible]
搭浮橋以通東岸 此面頭河沿不便札營 宜札於石仙
峯及望馬崗等處 南頭河沿亦不便札營 宜札於六
都山等處 西面宜札師公山王家山等處 西北隅
之鳳皇山側 亦可逶迤連札數營 此圍城之說也
若攻城則三面皆石山 不能挖地道 亦不能起土山 難
為力矣 若守城之計則宜占住太平橋 占住中洲 通東

路路接濟庶不至於圍困中飯後改摺稿片稿核寄迪庵信二葉六弟信一件与小泉意城叙談三更睡不能成寐

十四日

早清理文件 添張凱章信 飯後見客二次 閱又選各論是日眼蒙昧甚不能作字 接浙江咨知六合溧水皆於九月十六日失守 接饒校臣信言病甚請告假六个月情詞懇切之至 核溫書經堯典舜典

十五日附記

買洋 紅

查前此陣亡各員 卹典

咨江西要軍需則例

王華雲 衡陽人玄女子橋甚近羅山之姊姪四年在孔壠入營當長夫五年十月家甯至蒲圻後告假旋回營羅山歿後隨溫甫至瑞州當什長七年隨希庵至九江告假八年二月在縣城派哨長 老實 擬補該哨只十餘人未見過仗 己丑生

五弟六大在家
有妻 三四已死
五及五皆之妻

一八八

西皂佫 有母

△ 劉長春 二十七歲 湘鄉城內人 咸豐五年在後營劉峙衡處當親兵 六年冬在滕雁霖充哨長 八年二月告假回湘 希庵派充哨長 聰明而滑

鼻好耳好目低 一兄被擄 父母皆亡 一妻一女 九年十三月一日見

△ 王品高 三十歲 栗山鋪人 五年五月入易 八年三月在九江升哨長 趙九營援江 十一月楊實臣撤營 四年五月入羅營 岳州武漢九江廣信家常用皆在營 隨溫甫至瑞州 七 年隨希庵至蘄黃 麻黃 目下視 身長 結實

伯耕在 父母故 弟廿一歲在靖州生 意

○ 胡玉元 二十八歲 永豐下洋潭人 三年十月入羅營 至永興打油榨 塘 四年五月與朱雲章解衡州戰船至長沙岳州 至 漢九江 皆在 內 六年至瑞州 溫甫保以藍翎把總 希庵保 守備 迪保都司 粟真 滑

十五日

早各員弁賀朔望 飯後清理文件 見客三次 傳見孫中營四哨長問話 閱方輿紀要江南山川 中飯後小睡 仍看紀要 核溫大升讓皋陶謨益稷 是日發九弟信一件 申刻奉到 硃批 係前九月十三所發之摺 一摺〇批知道了 一片〇批該部知道

十六日附記

○ 丁長勝 三十五都人 前充二旗左哨 本年二月假歸 五哨入王營 四年招副 身大而笨 訥於言辭 目不妄動

尚可 靠

一八九

△ 龔隆貴 二都人 四年二月初十日困在岳州城 破後十五日逃出 在城內敘穿左右頰 十一月復入王營 據稱在湖南與朱洪英戰最狠 七年十一月與石達開戰最狠 身長 視下 有壯氣 好說話 父母年六十二 三年入鍾開誠營

李绳武　湖鄉城內人　種田為業　三年入王營　於王衛州入羅山營同勦岳州武漢田家鎮弋陽廣信均在事　年四十二歲　充二隊旗長　無兵氣　有父母有弟有妾　為老成

問官弟軍要弓箭要馬上鳥鎗

十六日

早清理文件　飯後閱方輿紀要　傳見營務處百長三人　午後目蒙　旋閱漢書刑法志　複溫禹貢　甘誓五子之歌胤征　鄭瑩陵買得松陽講義借閱一卷　是日申刻發捉官軍分道入閩一摺　各營瘴病一片　防守玉山廣豐兩城一摺一單　專馬送至貴溪　數日內眼蒙比前稍好　所發之摺係意城寫　清單十八開係龔柳南瀛所書

十七日

早清理文件　飯後出進城至黄太守處弔喪　至根台　雷李張三君久談　中飯後閱姚姬傳集　見客三次　桓仍閱姚集　因目蒙不敢多看书　与意城久談

十八日

早清理文件。飯後閱姚姬傳集。添官中堂信一葉。李希庵信二葉。李香雪信一葉。又添沈幼丹信一葉。孫芝房信一葉。會客二次。晡時作挽聯一付，挽龍方伯。極因目蒙，不敢看書。是日黃吟台自安徽歸來，備悉潛及皖北廬州失守，及江南何帥軍營潰敗事。

十九日

早清理文件。飯後見曾傳芳言九市雷軍火已到，約火藥三萬斤、子三千斤、火繩千八百盤，從此軍火稍足矣。昨作挽龍方伯聯云：蓬島掇高科，天邊祥瑞；韓忠獻章門弟大雅，地下追隨王文成（伯安）。意城以為尤貼切也。又作一聯云：豫章平寇，桑梓保民，休將書生立功，皆從廿年積累立德立言而出；翠竹淚斑，蒼梧魂返，莫疑命婦死烈，亦猶夫古后

子死忠死孝之常午刻寫畢又寫對
聯數首中飯後閱姬傳集植目蒙不敢看
書默誦詩經

廿日

早清理文件飯後派人至省送龍方伯奠敬
百金聯一幛一送李觀察之配幛一送寫信
一葉託丁石汀買零件見客六次見張伴山
黃蘆山知黃東山太守生附曹等衆黃蘆山也
李筱泉來久談因留此中飯飯後溫書經湯誓
至殷庚下畢傍夕與筱泉談植閱姚姬傳集一
卷意城為余書篆屏四幅寫洪範皇極三德
二章因與久談是日接張筱浦咨來留周天受
在皖南又接和雨亭咨克復溧水縣

廿一日附記

○蕭孚泗 八都人 三年敘援江西在羅營 口操訥 神不
外散 四五二年俱在羅營 八年九月至九弟營
初帶親營 現帶親字營及中軍

○劉湘南　甲午生　八都人　眼黃有神光　鼻梁平沓
口圓有童心　曾經提拔　面英發可愛　五年羊樹崗
入營　六年羅死後出營　十月入沅營　七年七月升哨官
大父母父母俱存　娶妻

○熊登武　廿五歲　八都人　青三三娘　目有精光三道分明
鼻準勾而梁方　口有神而紋俗　畧似禮園　三年入羅
營隨救江西　四年從攻湘潭田家鎮　六年入沅營
未假　本生父故母存　過繼父母皆已

廿一日

早清理文件　飯後見客二次　傳見吉中營哨
長三人　添郭雨三信　葉赤澈六信　三葉沈旁丹信
二葉　接郭雲仙左季高李希庵信　接賀家訃　知丹麓兄
生已故　接九弟信　將由水路回家　下半日見客三次
目蒙不能多看書　極与意誠談家事　接
家信　妻病未愈　閱姬傳集一卷

廿二日附記

○張勝祿　六都碓坎井人　与張開輯凱章同族　二十八歲　兄
弟四人兩兄在家弟在營　四年衡州入羅營　岳州
武漢田鎮　廣信弋陽家寄在營　六年六月在鄂
告假　八月入沅營　口大似王惠三　目有神光　人倜
儻　現充蒙營幫帶

頭髮眉毛有濁氣

○廖世霖　衡陽人　洪渠廟　四年田家鎮入羅營　君護
肖三十五個月　羅山歿後隨溫甫至瑞州　旋

大辮子
尚未保都司

○李楚盛　面有骨格

至吉安張開輯收後充哨長　鼻梁直豐月
正在家小賀營生
湘鄉十二都人　由寧州入羅營　六年六月在
武昌假　八月入沅營　把總　守備　都司皆沅所
保也　目有精光數道　田業為生耕作四十担
樸實可用

寄賀丹麓奠分四十
寄黃南坡之子卷資三十
寄唐竟文五十

廿二日

早清理文件　飯後見客二次　派人至揚州省
郭雨三過　松江胥袁湫六傳見　吉營之哨官三人　下
半日溫書說命至武城　剃頭　在閱姬傳文集

廿三日

早清理文件　飯後見客五次　傳見哨官三人　小
泉來久談　下半日溫洪範　旅獒　在與筱泉意
城等談

廿四日附記

△周惠堂　東曉坪人　初入一一營　次入彭三元營　次入
移左營　次入羅信南營　次入沅營　搭篙

八年七月廿一受大子傷左腿入右腿出從後背抉出

△ 王桂林 九年十二月廿四改〇重

六驤水營 高為充水營二官 顴骨好方口好 面有昏濁氣 色浮不甚可靠

年四十一歲 住五里排 五年二月入羅營 蒲圻右足受傷保千總 六年入沅營 七年改水師 鼻梁正 目清秀 左有眥 鼻尖勾 面似小柳

△ 黃正大 九年二月廿四見〇

清泉東河人 隨亭帯至南康 充前營哨官 六年冬丁艱歸 七年入沅營 八月入水營 貲歸 身長 黃直氣 目清而動

〇 李祖祥

年卅二歲 洪懋廣人 駕船為生 在廣西南至百色北至柳州 東至澳門 勞績六品 文招給六品把總 沅保千總守備 目定鼻定 堅實可恃

〇 傳裕昆

年廿九歲 谷水人 初入厚庵副右營 四年七月入羅營 十二月小池口告假 五年在家練團 六年正八月羅營二月受傷 九月入沅營 鼻歪不可恃 色亦不正 微麻

〇 周玉堂

三年去長沙入羅營 救江西 四年在岳州武漢 五年在廣信家 六年五月受大子傷 迪庵用去百餘金 十二月歸 七年入沅營 目光三道清明

廿四日

早清理文件 飯後吳子序來久談 午刻傳見吉中營哨官三人 劉玉龍帶來五百餘人 來江龍三兄來接四弟信 并父信 言家中可頗詳 李筱泉來久談 中飯後閱咸章鑑 在吳城

病故不勝悲悼 咸以武弁而知忠義愛民謀勇並優方冀其繼塔楊而起 不意其遽逝也

申刻接彭雪琴信 知迪庵有三河之敗 言溫甫弟与孫筱石李璞偕楊得武皆至桐城迪庵衝出至六安州不知果否 又言楊厚庵已至桐城撫慰軍心 都鮑派馬隊至桐城嚴守湖口彭澤之營亦已收渡赴桐云云 若得迪庵無恙則不久可復振也 迪軍分布希庵留於湖北又分八九營守潯湖彭澤 又分九營守桐城又分二營來余處分軍 太多 勝仗太多固宜不免一挫也 与朱西陸談 李營事 因睡不成寐

廿五日

早清理文件 飯後傳見吉中營哨長二人見客三次 午刻李筱泉来久談 留吃中飯 飯後接楊厚庵彭雪琴信 知初十日三河敗挫情形 又接迪庵及六弟初八日信 在三河攻剿不能得手 援賊四

眼狗州已將至方蒙打敗援賊或可徐克壁壘信係初七夜寫其後初九十日即敗挂矣是日寫六弟信一件 九弟信一件 迪庵信一件 雪琴信一件 專湘前營四人送至湖口桐城等處探問確信 中飯後寫純澤一信 会客二次 極寫沅洪信未畢

廿六日附記

△胡松江 年廿九歲 目清明無雄氣 四年入葉國祿中營 十二月十二日陷入內湖 五年六月坊 六年入沅營 花石人 父母沒 吉中營哨長 七年六月喪母回家 僅住一夕 兄一俱做生意

△黃東南 年廿二歲 大邑擬人 三年十月入王營 岳州城內戰船接出 五年二月入羅營 七年入李營 六年告假 九月入沅營 父母沒 目光 三道面麻 聲不雄

△鍾輔朝 二年在勞僕鄉處 四年專入武庠 秋隨李擴大下武漢田鎮 五年入次青營 六年在樟州 七年貴溪告假 目清而不定 朗白 滑

△吳蘭蕙 五年春入次青營 癸未生 蘇官渡升桐頭 七年升哨官 面備神動 目有精光 跐皮

○彭瓊英 三十三歲 平江北鄉 与彭大壽同族 四年在凌煌壽庵下 五年冬入蘇官渡 七年充哨長

父故母存有妻
年子第二十六歲
有子 耳好

八年 在衢州充哨官 鼻正 眼不敢仰視 面有
正色

廿六日

早清理文件｜飯後寫澄洪信畢｜寫辦父信午刻命
要七至四回家送信并父信內夾六弟信一件 抄
雪琴信一件｜澄洪信內附日記一本 初十日至廿五日止 奏章
諭旨一本 紀澤信內寄四孔宙碑 玄叢碑臨本
日中閱漢書地理志未刻請吳子序雷西垣李
筱泉黃冠北黃印山張伴山中飯酉刻散席
夜閱古賦識小錄深有味於柳子厚之囚山賦
与意城論直道難行｜時道易合夜閱何敦五所
呈奏銷冊以湖南北江西十八万為外銀錢所入款以湖
口二万及夏方伯胡長芝三項為內銀錢所入款

廿七日

早清理文件｜飯後接澄侯季洪十月十一日
信係專局勇二人送來言養長若成子多旋傳見
王嘉茂等三人与子序久談中飯後閱福運等

貴來文知陳季牧已到光澤　任矣添帝庵
信二葉王雁汀信二葉陳伯符信一葉在呈九弟
信備夕至李中營与劉坤龍江龍三小敘在間
眼蒙不能看書

廿六日晴記

○王春發　已方　鼻正　眼有清光　色黄　有些少息
初當散勇在吴穆正處打大旗　五年冬當百長
八年二月帮辦　年二十三歲　父四十八母四十

△毛全陞　父亡母存
弟二十四在本哨營
勇　四年至今未撤
衛如充哨官
鼻梁正　中有斷紋　目小睛無神光　眾　不可恃
性平江　五里亭　四年隨李攛夫　六年十
二月在貴溪充哨長　現充哨官

△唐順利　三年至江西羅
至樟下　兄弟四人三
兄皆在家　簽祖
充哨官
三十六歲　帶事人　目小有精光　眉粗　湘鄉人
二年在長沙入蘇營至南京　五年在李卿雲
麾下當散勇　貴溪升哨長　本年三月升哨
官

廿九日

早清理文件　飯後閱看戈什哈親兵操演
其好者酌賞銀三兩戈什哈賞六人後哨親
兵賞四人右哨親兵賞四人河溪兵賞一人旋見
客三次予序來久談中飯後添羅洛村信一葉

張仲遠信二葉 唐蔭雲信一葉 寫扁三付 對
聯六付 夜閱與朱副將論三河事 心甚慌亂 於
接趙克彰十五夜信 六弟與迪庵皆無下落 其
必同殉難無疑 悲憤私感 百感交集 三更睡 徹
夜不寐 是夕盛四在帳內伺候 頗謹 二更咐雲
物黑暗 天容慘淡 日如咽 愁緒 是日專人送澤洪
等信至九江等處 交九弟 並致予一函 待九弟到
家斟酌之 六弟於初七日一信亦寄送九弟

廿九日

早清理文件 飯後寫家信 至申刻始畢
并父函一件 內附趙克彰信 澤洪一件 夫人一
件 紀澤一件 曾罍山一件 夜又添左季
高信二葉 胡潤之信二葉 是日因六弟無下落
恐已殉節 不見客 不吃葷 申刻 王人樹 李小
泉 郭意城來帳小敘 夜接官制軍信 知桐城
十九日師潰 請撥兵援鄂 或欲率 以下

云云朱副將及李郭五等復來小敘

十一月初一日

早清理文件 因閱溫弟信 禁止各員弁等賀拜 飯後發家信及湖南信 查各省鎮道駐札處所 新買玉篇略繙閱 夜請意城來談 筠生來談三日 因閱溫弟信 國事家故 憂鬱填膺 不能辦一事 夜不成眠

初二日

早清理文件 飯後接九弟廿二日在湖口所發之信 言溫甫在桐城無恙 為之喜慰 寫信寄家書慰家中之人 叔父一件 澄侯一件 鄧汪寅皆一件 接耆中丞信 欲余駐札九江 復信言閩境未靖 暫不可去 接雨三親家信 知眷屬在袁江無恙 現被德帥參革查辦 有感亂軍民居心險詐等語 寄楊彭信各添一件 申刻寫對聯四付 夜因眼蒙不能

看書作字

初三日

是日恭逢 先妣江太夫人冥誕，五更二點起，備席行禮。禮畢，天明，紅龍二旋來，禮祭席，即請劉兆龍、江龍三涉人。余以溫甫之故，未與筵席。飯後清理文件。是日心緒極惡，以迪庵、溫甫不久無確音。午刻朱品隆來，久談。渠請赴湖北一查，余告之。未刻寫信與希庵，查問諸事。申刻讀杜詩五言長排。夜讀柳子厚文集。目蒙特甚，夜不成寐。公憤私憂，展轉不能去懷。因思邵子所謂觀物，莊子所謂觀化，程子所謂觀天地生物氣象，要須放大胸懷，游心物外，乃能絕去一切繳繞鬱悒煩悶不寧之習。是日接奉廷寄一道，因王吉岩襄克渡洋口，進規順昌，諭旨令余速速入閩，以便周天培還金陵。

初四日

早清理文件。飯後因念江北迪庵、溫甫等
多懊悶悶。至日中閱玉篇部首，分爲形、名、意、詞
四類，注於目下，至申正止。與筱泉等論湖北多接
子序信，寄論經說一本。接官制軍信，已奏請
余率師剿辦皖北，以固楚疆，原意減來豫，
欲率全軍以行，而江西撫耆達等處又將糜爛，
空計留蕭浚川一軍防守建昌、直莊，張凱
章一軍隨進，現在之吉字中營、朱、唐、平江等
營回顧楚楚疆，先行發信一件，李到諭
直卯拔營赴潯。夜閱子序論經說學
有根柢，其用意往往得古人深處，殊特證據太
少，恐不足以大鳴於世耳。

初五日

早清理文件。飯後鬱悶，見客四次。未正寫玉
篇部目畢。接雪琴信，言迪庵、溫甫、筱石、槐軒
殉難不待此信至，早已知之矣。閱子序論經不能

深入日中因至今送席一請鄧少卿等中飯余以
溫市之故仍吃素飯未陪客也一接家信。渠
復紀澤各一件 接白發泉意城談作愛民
歌未畢竟夕不寐閱大風不知九市已到何處
爲之懸懸

初六日

早清理文件一 飯後添張仲遠厲伯符彭
雪琴等信一葉 添劉傑人信一葉 專朱副將營
勇送去 作愛民歌至初更畢 共八十句 申刻新
任建昌守王霞軒來久談 接李筱泉來久談 是
日復張凱章信 言常渠軍至湖北 俟李到
諭旨余當先行 渠後發也

初七日

早清理文件 飯後念三河之鬱悶之至不能作事
多見客三次 前建昌府黃守淩後其印交存余
處霧是日張府經來請交新任王太守接印繕

閱明史儒林傳中飯後王太守來久談朱劍翁來
談江北之言渭希庵與沅甫二人整理即可為迪庵
溫甫等復仇余深然其言特恐希庵體弱憂憤
之餘其意興蕭索而沅甫痛溫之亡又急於為家改
葬或不肯留鄂耳　植與筱泉談文官加養廉
始於雍正三年之耗羨歸公武官加養廉始於乾隆
四十六年之補缺額名糧閱姚姬傳筆記閱匡謬
正俗心緒惡劣讀書都不能入

初八日

早清理文件　飯後至廠閱看馬步箭午正畢
內營務處彭山屺貢對聯一付巡捕楊鎮南及
戈什哈等七人每月各加薪水一兩親兵二人河溪
兵二人每月加薪水六兩平江營哨官二人各賞一刀
下半日接子序信請札匡守辦江閩交界之防
務旋批子序謝經說至二更因目蒙不能再批
各州縣名有不能盡記者擬照搢紳手抄

一過 是日抄一府

初九日

早清理文件 飯後進城拜客 會王霞軒太
守 糧台 會雷西垣 張伴山 鄧少卿 午正歸
中飯後添陳作梅信二葉 批子序諸經說畢
凡十一條 添信二葉 極因眼蒙不能作字 默念
本朝博學考據之家 信多閎儒碩士 而其中
為人者多 為己者少 如顧閻並稱 顧則為己 閻
則不免人之見存 江戴並稱 江則為己 戴則
不免人之見存 段王並稱 王則為己 段則不免
人之見存 方劉姚並稱 方姚為己 劉則不免
人之見存 其達而在上者 李厚庵 朱可亭 蔡
味經則為己之較多 紀曉嵐 阮芸台則不免人之
見存 學者用力 固宜於幽獨中先察為
己為人之界 分別明白 然後審端致功 種桃得桃
種李得李 未有根本不正而枝葉發生能

自覺茲安也

初十日

早清理文件 飯後添何鏡之信一件 湖北司道信一片 何顛船信數件 巳刻派戈什哈劉錫崐進京送元旦摺由湖北行走 抄摺紳建昌府見客二次 中飯後見老湘營旗長黃芳友 明白有英氣甚可喜 剃頭一次 張鎮湘自湖南歸 接左季高 胡潤之 駱籥門信 每月加餉一万 從此月餉益稍寬矣 至王人樹處看病 旋閱古文淵鑑

十一日

早清理文件 飯後抄摺紳瑞臨二府 中飯後見客三次 申刻接左季高信 胡中丞信 皆言三河敗挫後又駱中丞奏權皖省閩省事情之緩急請 勅余軍赴皖北 旋添季高信三葉 潤之信三葉 言 諭旨令余赴皖 則率蕭張吳朱唐等軍以行 若留余在閩 則派二千人赴閩之楚

毗劉

十二日

早清理文件 飯後抄摺緘袁州府 見客三次
劉慈民世兄庠 將往蘇 省其父星房 都轉言
星房近日目盲 以極閒好看書所致 寄家信 寄澄
沅洪三弟 皆言温弟多添 楊彭信各一葉 打蘇
厚庵專差 海去 接耆中丞信 商派兵赴景德
鎮毗劉 復信 言此間無兵可撥 極温雜騷

十三日

早清理文件 飯後 看操演技藝 賞黃賞罰
旋寫對父信 派吉字營二勇送來 見客二次 中飯後抄
摺緘九江府 添寫毋信四葉 極眼蒙 不能作字
念未看書 與筱泉意城先後敘談

十四日

早清理文件 飯後朱品隆來談 旋寫碑十一
張條湘前營病故勇夫 抄摺緘 南康府 中飯

後又抄饒州府核溫九章　惜線目似偽作　當再
論辯之　申刻至吉字中營　因九弟久未來
信　不勝懸懸　請李筠生占牙牌數　似尚平安
是日見客二次

十五日

早清理文件　因溫甫弟有信　諭各員弁　不
賀朔望　會客三次　談論甚久　抄廣信府　中飯時
吳子序來　久談　劉印渠自撫州來　陳季牧自光
澤來　均與久敘　核溫九辯

十六日

早清理文件　飯後抄摺紳　贛州府與季牧
談京城及途次　有請劉印渠子序季牧中飯
飯後復與子序談　印渠定計　撤勇回湖南一
行　核與子序論立達字道字仁字義等字　俱相合　又
論古來聖賢豪傑私淑之人　俱屬相合　眼蒙不
能閱看書文　念九弟不知已到家否　極為懸懸。計

在湖口發信至今二十五日矣 是日接 廷寄一
道仍係飭周天培赴金陵

十七日

早清理文件 飯後批寧都州 南安府 陳季牧
來敘 談中飯後與吳子序登談 見客一次 接左季高
信 旋接李希庵信 係初九日所發 來勇言九弟已至
潭口後派親兵六人問溫甫弟下落 六人在太湖被搶 乃至
黃梅 李五大人各給以二千文云云 果爾則九弟已至潭
口 路上當平安矣 但不知其何以未至希庵營中一
詢問耳 與子序談至二更 是日買得五經讀本
字大而紙薄 甚愜余心

十八日

是日冬至節 四更起 望闕行禮 建昌府縣兩學
及本營教習 守備 皆隨行同禮 本營文武隨
班者四人 禮畢 各員弁來賀 五更末復小睡 飯
後至廠看操 賞花紅銀者十人 罰薪水者二人 中
飯後會客三次 批摺稿 吉安府 江西 批畢 金溪紳

民來具字，留余久駐建昌，慰勞之。與子序久談。接澄侯弟十一月初五日信，始知三河敗挫之信，係接陳伯符信中所言，極慮迪庵老營必無恙也。植溫大誥夢江岷樵如平生歡，多年未一入夢，亦忽夢之，不勝傷感。但不知溫甫弟果尚生存否。溫與岷亦互交也。

十九日

早清理文件。飯後添養素信一葉、子白信二葉、希庵信四葉。與子序論芝房文章之佳者也。小睡。日中請王太守霞軒便飯，燈時散。與季牧論家事。植眼蒙，不敢看書。是日專人至次青家，專人至饒州，專人至黃州送信。接官將軍淥信，援皖之舉，皇上以余軍病者三千餘人，難以跋涉長途，未令前去。

二十日

早清理文件。飯後抄摺件，安慶府會客

四次中飯後作溫甫弟家信一 未畢 與李牧極談
是日接到 硃批係十月十六所發之摺又
廷寄一道 諭旨一道係保舉廣東玉山守
城案內之員均照准

二十一日

早清理文件 飯後抄摺稿 廬州府見客四次
中飯後見客四次寫意城掛屏四幅又論詩經二則
接希庵信言三河失利 多其咎以李續燾趙克
彰為最大 又開單報各陣亡者溫甫弟亦第
三痛哉 予屢年刻殃去 在思子厚之言於余捐
除雜念 輕視萬事淡泊明志信良友之言余今
老矣忿不能懲欲不能窒客氣累於上焦深
用愧恨古人所以貴於為道日損也

二十二日

早清理文件飯後抄摺稿六安州並閱滁和二州
見客二次寫李牧掛屏八幅係自作論文六則中

飯後寫扇一葉申酉後困倦有放倒之象季圃
希庵昨日到信不勝悲感極閱日記錄

二十三日

早清理文件 陳季牧寄詳 回光澤 飯後見客一次
至季牧處送行 王霞軒太守來久談 寫家信
與澄沅洪三弟抄搢紳 滌和二叔 中飯後寫畢
家信 張凱章來久談 又寫對父信 燈後又寫夫人
信寄銀六十兩與姊妹家 核改摺稿

二十四日

早清理文件 派李學營勇二人送信回家 限臘月
廿六日到建昌 飯後移支帳房 抄搢紳 鳳陽府
中飯後添寫芻丹信二葉 滌川信二葉 與意誠談
李迪庵軍 夕在宴與筱泉談鄭魁士等 溫揚雄
傳

附記

淡泊 精勤 詼奇 文人達人 四子可恃

又附記

○看三行稿　又

○寄鈺夫師銀二百兩　每處均寫一信

○賀丹麓銀三十兩

○少康銀四十兩

○鏡海先生銀二百兩

夏憩庭銀八十兩　來寄

○黃子鈞銀三十兩

○黃南坡之子子襄銀三十兩

二十五日

早清理文件　飯後改摺行　稿添者中丞

信一葉鄭雨三信二葉許仙屏信一葉閱李少荃

已過廣信郡日將來營會晤為之欣喜中飯後

抄類級府大雨如注徹夜不息看溫禮記京寄

來是日接九弟在長沙發信欣慰之至

二十六日

早清理文件　飯後抄泗州大雨如注閱池州府紀
要午刻讀禮記樂記祭法等篇下半天見客
二次與意誠極談渠頃去夕作溫甫哀辭序
畢

二十七日

早清理文件　飯後抄摺紳　池紳府見客一次中
飯後閱左傳悄悉之心畜於方寸自咎局量
太小不足任天下之大事極閱文選中雙聲
疊韻字

二十八日

早送意誠行渠至揚州與劉印渠同坐也飯後
閱操賞五人罰一人午刻後清理文件　添寄丹信一
葉鈺夫師王孝山石信各添行　中飯後抄藏紳
府極倦甚

二十九日

早清理文件　飯後抄摺紳徽寧

國府見客二次。中飯後見客一次。傍夕至天樹處叙四談。是日許仙屏來叙談一切，權閱曾香墅先生湯劉及各種香墅居廷枚賓谷之伯父也。其書仿困學紀聞、容齋五筆之類，特根柢不深耳。

三十日

早清理文件。飯後見客三次。添蕭浚川信一葉，令其寄李迪庵處。真儀象送余處。抄摺稿。太平府申刻至外閒步。是日定護衛軍和前左兩哨原管各戈什哈三十人，哨官余星煥、葉克岳新添哨長二人，各抬抬鎗二排，長矛一排。右後兩哨原各管親兵三十人，新添哨長二人，各抬劈山砲一排，以鳥鎗一排、長矛一排護之。親兵略多，從九弟意也。

十二月初一日

早各員弁來賀朔。飯後清理文件。會客四次。抄摺稿。廣德州中飯後見至營務處看至

人楊〻病屢甚即日告假始去所帶營務處
勇三百文千文錢帶至景德鎮剿賊剿
賊一次接家信澄弟一件紀澤一件因接
子序信寄其姪昌壽之文因閱一過識見
卓越有子序之風惜其早死也已極
爲筱泉仙屏談後作溫弟哀辭首段

初二日

早清理文件飯後見客二次與吳翔岡言識
見高明者特患踐履不平實高明則崇效天
平實則卑法地因進之以腳踏實地〻就平
實上用功張凱章本日拔營赴景德鎮下半日
作哀辭畢此篇作序凡兩日作辭又兩日可
謂遲鈍而文仍不工蓋心力已竭不能深入耳

初三日

早清理文件飯後閱摺午初畢黃贊
堂罰寫家信與澄沅洪共〻葉又寫紀澤信

寄銀壹百兩以送家中 親族 岳母壽禮二十
寶二寶三昌男祖四五七九十各房并母各十兩
凡七家七十兩 另備取親賀儀六兩 顯三爹
九木匠兩家族并祖各二兩 合寄四次 接家信
係十一月十六日從沅市所發 十七日從市發也
接本年高信係廿二日省城所發 並地圖二付
并云有六付交紀澤矣

初四日

早飯畢 至南城燕鄉上塘壇地方李家
觀所藏書籍 李氏兄弟四人 長名甲芸 號
翰卿 三甲英 號佩香 次已死 四外出 其父白
年 家富冠通邑 甲芸置書約數萬卷
亂後不燬於賊 亦可喜也 約川四十五六里
中途小憩一次 同往者 為王霞軒太守 長岩
黃印山兩大令 黃冠北太守 偕余營中 曾西
垣 李小泉 許仙屏 郭笙陵 此八人 其樓 觀所藏

書亦多佳本要皆為無此巨室耳〡權宿
李家

初五日

早起仍看李家書籍已正早飯未初命駕發
營〡二十里至南源港地方打尖昨日亦在此
小憩皆南城王令供具初四酒席係李宅所
具初五早〡則王令及局紳〡黃賢此所具
也余送李甲芸兄弟對聯二付又識李
同村迎候者送對五付曰李廸號瑞菴〡一
曰李均號平甫一曰李沛興號藹泉四曰
李福興增號倩田四曰李丙巽號偉垣二
燦後紙營對極接多丹士荼次青洪人信次青
於以廿七日啓〡來營而其太夫人病殊
未愈將成半〡或不遂之症閔之代為憂
灼

初六日

早清理文件 連日各件較多 至巳正畢 会
客四次 一曾省三係四川 豪官人壬子庶吉士散
館改主部 捐知府來此投効 攜有徐壽蘅
信一件 壽蘅又送之詩一首 字作俱可觀 信
傳才也 王霞軒來 詳言將以明日往南昌 余
告以用紳士之法宜少予以名利而仍不說破以
養其廉恥 霞軒深以為然 中飯後見客何鏡
海應棋談論 尚有條理 改各信稿 批蕭浚川
呈八營名冊 一一手核 添勇丹凱章 鈐峯信
各數行 接李少荃信 言河南之賊 雖
擬江南之徐 擬山東之曹 得免 後失陷 不知
確否 夜溫大誥

初七日

早清理文件 飯後寫李少荃信一封 頗長
改信稿六件 中飯後見客一次 旋與筱泉仙
屏久談 困倦殊甚 燈後又戲筱泉仙屏一談 寫雪琴

信一封是日接九弟季弟之信係廿日廿一日
所發
初八日
早清理文件飯後閱摺至午初畢罰二人
見客四次改信稿三件片稿一件係与王將軍
会奏銑鋐軍因病乞假之摺校閱姚姬傳集
寫官將軍信是日接和將軍咨言石達開
將由茶陵犯湖南陳玉成將由潛山犯武漢李世
賢將犯高淳東壩將探探咨來并跳渡熾
頗不可解
初九日
早清理文件飯後閱姬傳集倦甚小睡剃頭
会客程鉌齡送其先人墓碑王壬秋来午
飯請客坐中有曹佑卿太守省三鄧令尔昌
及壬秋筱泉仙屏諸人申刻散寫對聯數首夜
与壬秋談仍閱姬傳集寫官將軍信畢添附

中丞信一葉

初十日

早清理文件｜飯後与壬秋敘談旋改摺稿午
初至城内程氏家廟閱看碑文係元程鉅夫文
海々妻楚國夫人徐君碑趙孟頫
書又有蒙古文碑一道又有草書歌碑一道係宣
德間御書賜程南雲者程氏在南城盛世家也程
篠巖係壬子科舉人邀余至其廟一觀王少岩
太令黃冠北太守同往一觀旋至粮台拜雷西垣張
伴山鄧日少卿王令治具留余中飯雷張鄧黃在
坐申正歸李少荃來久談旋改摺畢閱各處
文件｜與少荃壬秋久談至三更

十一日

早清理文件｜飯後与壬秋々似帘等久談作目
蒙詩假仲橋会客一次下半日与少荃暢談和
雨亭福元修近予燈下批壬秋古文十餘條旋与壬

秋談至三更睡是日發报由驛五百里馳奏覆奏
閩皖軍情一摺目疾請假一片

十二日

早清理文件 飯後見客三次寫王壬秋書具
祖碑額篆字日中陳客壬秋少荃何鏡海王少岩
此後圍正散稍閱左傳

十三日

早清理文件飯後閱操賞罰改遲三日嗣後
閱刀矛步箭逢八日閱馬箭鎗炮打靶王壬秋
告辭進京午刻寫家信澄沅洪一件紂
父一件友人一件稍又寫劉正翁一件寄
銀百兩與劉峙衡之子稍與少荃論江南
此各路軍務

十四日

早清理文件飯後改湖北各信稿見客
次與少荃暢談一切稍與筱泉鶴敘日

內心緒煩惱 思念六弟三河之變 復思念家中 不能作一事

十五日

早清理文件 各營弁賀朔望 巳刻見客畢 接家信 叔父大人於十一月廿七日受病 說話不甚圓轉 有似中風 現服參茸 云云 接澂弟信 將我書送至湘鄉 又借我書數十種存於楊江 下半日見客二次 次青於傍夕來 別後三个月又半月矣 在與次青談至二更 撤 是日添芻丹信一葉 雪琴信二葉 九弟信中有言家中不可說利害話 此語最為精當

十六日

早清理文件 辰後寫家信一件 派曾德麟 王法六將送鹿茸與叔父也 又添魏蔭亭信二葉 中飯後閱王伯申書 在與次青少荃暢談 是日午初李筱泉回江西省城 未刻王霞

軒自南豐、廣昌拔來營叙

附記

何應祺

王必昌

沈寉鳴

十七日

早清理文件　接家信二次　一係壽字中營親兵取到回信　澄弟沅弟十二月初四日所發者　一係朱家二送來　澄弟初四夜所發者　欣悉叔父之、病體好　手足能動　然常掉舌根不甚圓轉耳　飯後見客三次　新城孫令雷豪澍　廣西南寧人　癸卯優貢　丙午舉人　尚結實可靠也　繙閱經義述聞　經傳釋詞等書　係新從於江府戴彩謙取回者　讀之好　逢坡人　蓋用怡悅　極以孫芝房古文一冊與次青看　前於十九日派二兩勇送信至希庵黃梅軍營　至是已滿一月

尚不見到殊為懸懸

十八日

早清理文件 因大雨不能看操 閱經籍述聞數各信稿 日中小睡 中飯酒席係南城令送次青共王霞軒在堂邀來同席 申正散 酉刻接希庵信 知迪庵之尸至霍山矣 希信一件筆一件 清單一件 溫甫弟即係清單之第一名也 傷哉 又附潤之中丞信一件 迪庵殉節請邮摺一件 戰功清單一件 桐城三河殉難各員請邮摺一件 清單未到 又方子白信一件 又迪庵生前克復潛太桐舒四縣摺一件官都十月十一月奏稿一件 極為次青論古文之法

十九日

早清理文件 飯後見客四次 因希庵信中言九弟所派六弁皆為溫弟之忠骸不可得而覓

不傷（勝）懸萬因派人再去三河尋覓楊名聲楊鎮南
張吟三人告舊勇須去又派朱營二人之自賊中
來投者一帶總人一四川人寄信一封托霍山縣令
王自韓又令少荃寄二信一與霍縣令一與六安團
總三人又信托潤之中丞希庵觀察信中并言
宜調察哈爾馬三千匹下半日閱曾子固文集
復與少荃次青談

廿日

早清理文件飯後楊名聲楊鎮南等三人
回門天雨少霽意者吾溫甫可得湯骨乎見
客二次閱讀書雜記數篇下半日心緒作惡因無
耐性故刻刻不自安適又以心中實無所得不能
輕視外物成敗毀譽不能無所動於心甚為愧
淺陋也是日早寫家信交劉良二帶至家中
限章內到

廿一日

早清理文件飯後見張伴山屬其寄書與周念慈沙筠擬調求此事也作歐陽生文集序至二更未畢 巳刻函胡潤之中丞信一件勸其不必赴宿松 添雪琴信一件

附記

託位西買康熙圖

託漱六買圖

廿二日

早清理文件飯後會王霞軒太守談頗久旋作歐陽生文集序申刻畢 寫對聯八付 旋與次青談八股文旋溫莊子是日接胡潤之中丞信二件內有為溫甫請卹片稿 接芝房信內有先大夫墓表係~~[illegible]~~邵位西所作

附記

請卹 黃國光 成章鑒 李大雄 張桂齡 蕭啓源

請客 朱南桂之父 王人梅之祖

廿三日

早清理文件飯後看操罰二人是日操步箭齊亂發箭較快而手器不高規模矩不甚嚴是晝為一憲接家信九弟一件又屋圖一紙沅弟一件天而閒都未能多治事夜溫史記四公子傳數次書所為石鐘山祠記都有氣勢夜雪甚大至黎明少止

廿四日

早起雪未止飯後人甚悶懶於治事午初接吳翔岡信知十九日景德鎮開仗小挫韋張凱章為未接仗吳翔岡之仗約失去數十人軍械十之五六王人瑞之劉兩營及營勦霆勇亦敗為未接其第探日中備席遇小岑下半日溫范睢蔡澤樂毅傳夜与沅書詩文

廿五日

早起清理文件 飯後王霞軒 王少岩來久談 接
余進城在於府署居住 二十七日進城 又見客一
次寫對聯條幅十餘付 子亭來自南昌 因与久
談申刻至二更 又久談 三更接 廷寄諭旨一道
飭通籌全局具奏

廿六日

早清理文件 飯後与子亭暨府君久談
巳正寫對聯條幅 并寫大字手卷 申飯後又寫條
幅 会張伴山 雷西垣 閱首淩雲查鄉翻授植
深騐中丞信四葉 左季高信四葉

廿七日

早清理文件 飯後与子亭暢談 巳正移寓城內
住建昌府太守衙门 会客九次 暢談 傍午南城縣
辦席 余与子亭同席 王太守陪坐 燈後散 在与
子亭談 渠明日回南豐遇事

廿八日

早清理文件。飯後見客六次。日中寫復胡中丞信一件，添耆中丞信三葉。剃頭。日來聞景德鎮之信甚切，吳翔岡十九日敗挫後，王鈐峯不知何以并無一字來。張凱章昔一字後，不知何以無續字來。懸系之至。蕭浚川在甯都縣起行後，將至雩都、過會南安，吳守崇茂隔雲南雄，凌隔贛郡，可危。屬浚川赴贛救援，不知趕得及否。而福建連城城賊又聚其田寨，瑞金不保，一帶斷難平平。後路或與建昌老營不通，均屬可慮。用為焦灼。

廿九日

早清理文件。飯後見客一次，與少泉久談，旋出門拜客，至家玉霞軒太守、恒觀察處均拜會。午正歸。下半日閱祁春浦相國䜌亭集二卷。燈後王太守請吃飯二席，即在本局館。張筵二更散。批吳國佐二十日一字。

卅日

早清理文件 各員弁來叩歲 接家信 四弟一件 沅弟亦一件 係十六日所發 欣悉叔父大人病體已愈 不成弔症 萬幸萬幸 見客七次 与次青少荃仙屏笙陵同吃年飯 酉刻散 与少荃等久談 燈初接王文瑞等稟 十九日敗挫之狀 營務處陣亡十二人 劉淞營三十七人 吉左營九人 因將其稟細閱 用京治輿圖核對一次 請次青批稟 并寫信與張凱章 王文瑞 吳國佐各一件 余每信添一二行 昨稟有批 切責吳國佐 本日書詞略平 三更睡 守明至寅正刻 行賀禮